한국근대사산책 1권

한국 근대사 산책 1
ⓒ 강준만, 2007

초판 1쇄 찍음 2007년 11월 12일 • 초판 10쇄 펴냄 2021년 12월 29일 • 지은이 강준만 • 펴낸이 강준우 • 편집 박상문, 고여림 • 디자인 최진영 • 마케팅 이태준 • 관리 최수향 • 펴낸곳 인물과사상사 • 출판등록 제17-204호 1998년 3월 11일 • 주소 서울시 마포구 양화로7길 6-16 서교제일빌딩 3층 • 전화 02-325-6364 • 팩스 02-474-1413 • www.inmul.co.kr • insa@inmul.co.kr • ISBN 978-89-5906-071-9 04900 [978-89-5906-070-2(세트)] • 값 13,000원 • 이 저작물의 내용을 쓰고자 할 때는 저작자와 인물과사상사의 허락을 받아야 합니다.
파손된 책은 바꾸어 드립니다.

한국 근대사 산책

1권
천주교 박해에서 갑신정변까지

강준만 지음

| 머리말 |
자위와 자학을 넘어서

근대사에 임하는 우리의 자세

『한국현대사산책』에 이어 『한국근대사산책』을 내놓는다. 개화기에서 일제강점기까지 다루었다. 먼저 근대사에 임하는 우리의 자세에 대해 말씀드릴까 한다. 그 자세를 바로 하지 않으면 자칫 우리의 근대사를 폄하하거나 부정적으로만 볼 위험이 있기 때문이다.

선대에 오랜 시련과 고통을 겪은 집안이 있다고 가정해보자. 그 집안의 어른은 자녀들에게 집안의 역사에 대해 어떻게 가르치는 게 좋을까? 선대의 시련과 고통에 대해 있는 그대로 말하는 것이 좋은가, 아니면 가급적 미화해서 말하는 것이 좋은가? 시련과 고통을 겪게 된 배경에 선대의 큰 잘못이 있었다면 그 잘못마저 있는 그대로 말하는 것이 좋은가, 아니면 오직 억울하게 당했을 뿐이라고만 말하는 것이 좋은가?

결코 쉬운 질문이 아니다. 두 가지 경우로 나누어 생각해보자. 첫째는 그 집안의 시련과 고통이 과거보다는 덜할망정 아직 끝나지 않은 경우다. 둘째는 그 집안이 과거의 시련과 고통을 이겨내고 크게 성공했으며 앞으로 더 성공할 가능성이 높은 경우다.

어느 경우를 막론하고 질문에 대한 답은 같아야 한다고 말할 수 있을까? 첫번째 경우엔 진실을 말하는 것이 자녀들에게 만성적인 패배주의를 심어주고 자학마저 하게 만들 가능성이 높다. 두 번째 경우엔 과거에 겪은 시련과 고통이 밑거름이 돼 오늘의 성공을 이루었다고 볼 수 있기 때문에 진실을 말하는 게 자녀들에게 오히려 더 큰 자신감을 심어줄 수도 있다.

왜 이런 가정이 필요한가? 국가를 집안에 비유하는 것엔 문제가 있을 수 있지만 위에 제기한 문제들과 유사한 문제들이 실제로 우리의 근대사 연구에서 치열한 논쟁과 논란의 대상이 되고 있기 때문이다. 물론 그 논쟁과 논란은 주로 무엇이 '진실' 인가 하는 걸 중심으로 벌어지고 있지만 '근대사에 임하는 자세' 가 '진실' 의 판단에 큰 영향을 미치고 있다는 걸 부인하기는 어렵다.

이 책은 그 어떤 주장을 내놓기보다는 모든 논쟁과 논란을 다 소개하는 데에 충실하겠지만 근대사에 임하는 자세만큼은 "과거에 겪은 시련과 고통이 밑거름이 돼 오늘의 성공을 이루었기 때문에 진실을 말하는 게 오히려 더 큰 자신감을 심어줄 수 있다"는 쪽을 선호한다. 즉, 오늘의 한국을 성공으로 보며 앞으로 더 큰 성공을 할 수 있다고 보는 것이다.

나는 독자들께서 그런 자세를 갖고 근대사를 산책해주실 걸 권하고 싶다. 개화기도 그렇지만 특히 일제강점기에 겪은 우리의 시련과 고통은 가끔 혈압을 오르게 할 만큼 분노와 비애를 가져다 주기 때문이다. 나는 독자들께 요청드린 자세를 확실하게 갖춘 덕분에 그런 분노와 비애마저, 오늘에 감사드리고 보다 나은 내일을 위한 자신감을 갖는 데에 도움이 되게끔 소화해낼 수 있었다. 나의 경험을 믿어 보시기 바란다.

전문화 · 세분화에서 종합화 · 총체화로

이 책을 쓰면서 그간 나름대로 고생한 걸 생각하면 뿌듯하고 자랑스러워야 할 텐데 정반대로 새로운 부담감을 느끼고 있다. 남들이 잘 모르거나 인정하지 않으려고 하는 내 생각을 납득시켜야 한다는 부담감이라고나 할까. 이 책의 명백한 한계 때문이다. 그걸 밝히면서 그럼에도 왜 이런 책을 내게 되었는지 말씀드리겠다.

이 책의 가장 큰 문제는 1차 자료가 아니라 2 · 3차 자료에 의존해 쓰였다는 점이다. 이는 이 책의 각주(脚註), 아니 미주(尾註)를 보면 잘 드러난다. 이 책의 미주는 대부분 이 대목을 어디에서 가져왔느냐 하는 걸 밝힌 '윤리적 목적'에 충실할 뿐이다. 단순한 역사적 사실만 가져왔을 경우엔 글을 좀 고쳐 쓰면서 미주에 출처를 밝혔지만 필자의 주장이 담겨 있거나 표현법에 창의적 요소가 있다고 판단될 경우엔 필자의 이름을 본문에 밝히면서 글을 그대로 인용하는 방식을 취했다.

그럴 만한 사연이 있다. 『한국현대사산책』도 그렇지만 『한국근대사산책』의 집필 동기는 그간 내가 강의해온 '한국언론사' 과목과 관련이 있다. '한국언론사'는 언론에 대해서만 말한다. 물론 언론의 시대적 배경에 대해 최소한의 설명은 들어가지만 그것으론 턱없이 모자라다는 게 나의 판단이었다. 학생들에게 언론의 배경지식으로 읽힐 만한 근현대사 책이 없을까? 그간 나온 책들은 너무 간결하게 압축돼 있거나 특정 주제만을 다룬 전문서들뿐이었다.

개화기만 해도 한 학자가 다루기엔 너무 광범위해, 개화기 연구자는 갑신정변전문가·갑오개혁전문가·독립협회전문가·러일전쟁전문가 식으로 사건별로 전문화·세분화돼 있다. 정치·경제·군사·사회·문화 등 주제별 전문화·세분화도 깊이 진척돼 있다.

물론 그건 꼭 필요한 일이다. 그런데 왜 이 모든 걸 종합한 책은 없을까? 전문화·세분화 못지않게 종합화·총체화도 중요한 게 아닐까? 아쉬웠다. 전문적 연구에만 몰두하는 학자들의 학문성과 학구열엔 경의를 표하면서도 일반 학생과 대중을 위한 '교육'을 소홀히 하는 게 아닌가 하는 생각이 들었다. 이게 바로 내가 나서게 된 이유다.

이 모든 걸 종합하면서 1차 자료까지 챙겨 읽는다는 건 적어도 내겐 사실상 불가능한 일이었다. "그래, 방법론상으론 비판을 받을망정 이런 시도가 필요하다는 데에 공감할 사람들이 많으리라"라는 생각으로 밀어붙였다. 미국 미래학자 존 나이스비트(John Naisbitt)가 역설한 '익은 과일 따기'의 효용을 믿기로 했다.

역사의 현재화를 위하여

나이스비트가 『메가트렌드』(1982)라는 책으로 유명해지자 사람들은 그에게 "나는 당신이 책에서 말한 것들을 대부분 이미 알고 있었습니다. 하지만 당신은 그 모든 조각들을 한데 모아 정리해주었지요"라고 말하곤 했다. 칭찬 같으면서도 듣기에 따라선 폄하의 의미도 담겨 있는 평가였다.

그러나 나이스비트는 『마인드 세트』(2006)라는 책에서 그런 평가에 대해 "'익은 과일 따기'는 내가 하고 있는 일에 대한 최고의 찬사다"

라면서 "문제는 무엇을 따서 어디에 놓을까 하는 것이다"라고 여유를 보였다. 사람들이 이미 알고 있는 것들을 연관 지어 하나의 커다란 그림으로 엮어내는 게 중요하다는 것이다.[1]

'익은 과일 따기'라는 재치 있는 표현을 접하면서 이 책도 그렇게 볼 수 있겠다는 생각이 들었다. 사실 이 책의 첫 번째 특징은 '종합'이다. 사람들이 이미 알고 있는 것들을 연관 지어 하나의 커다란 그림으로 엮어내는 일이다. 이질적인 것들을 종합하는 데 있어서 가장 큰 어려움은 이야기의 흐름을 죽이기 쉽다는 것이다. 실제로 이 책을 쓰면서 내가 가장 많은 시간을 투자한 게 바로 그런 어려움과 씨름하는 일이었다. 가급적 흐름을 살려보기 위해 애를 썼다.

두 번째 특징은 '역사의 현재화'다. 신문을 정독하는 분은 잘 알겠지만 신문엔 하루가 멀다 하고 개화기 역사와 관련된 이야기가 등장한다. 새로 발굴된 사료, 학자들의 새로운 주장, 역사적 사건에 대한 기념과 재해석, 역사적 사건이 지금 우리에게 주는 교훈 등 수많은 이야기가 등장한다. 1차 자료가 외국에 많아 자주 새로운 사실들이 밝혀지며 그 와중에서 이미 알려진 사실인데도 '최초'로 착각하는 해프닝이 벌어지기도 한다.[2]

모든 역사가 다 그렇긴 하지만 특히 개화기 역사는 현재진행형 이야기라고 해도 과언이 아니다. 개화기 이전은 너무 멀고 개화기 이후는 너무 가깝다는 이유도 있겠지만 이 시절 조선은 열강들의 각축전의 와중에서 생존을 모색해야 했다는 점이 오늘의 상황과 비슷하다고 보기 때문에 지식인들은 주로 개화기 사건을 거론하면서 오늘을 논하고 있다.

예컨대 하영선은 실패로 끝난 개화기의 개혁 시도들을 거론하면서

"한반도에 100년의 세월이 흘렀음에도 불구하고 우리는 다시 한 번 보수와 진보라는 구시대적 구분 아래 외세관·대미관·통일관의 국론분열을 뒤늦게 겪고 있다"며 다음과 같이 주장했다.

"오늘의 국론분열을 극복하기 위해서는 정치주도세력이 우선 외세와 자주의 19세기 이분법적 사고를 하루빨리 졸업해야 한다. 더 나아가서 '자주적 세계화'라는 21세기 진보의 시각으로 오늘의 보수와 진보 세력들은 국론통합의 정치를 추진해야 한다. 다음으로 친미와 반미라는 20세기 냉전의 이분법적 사고에서 자유로워져야 한다. 21세기의 시각에서 본다면 친미가 보수인 것만큼이나 반미도 보수이다. 따라서 정치주도세력은 21세기 용미의 시각에서 국론통일을 이뤄야 한다."[3]

개화기 시절의 처절한 국론분열과 정치주도세력 간 갈등을 생각하노라면 위와 같은 주장에 적극 동의함은 물론 그 실현을 위해 애써야 함에도 불구하고 우리는 '과거는 과거, 현재는 현재'라는 식으로 대응하고 있다. 그래서 더욱 개화기에 대해 말해야 할 필요가 커지는 것인지도 모르겠다. 또한 주요 사건들의 빈발로 변화의 속도가 가장 빨랐기 때문에 그에 따라 판단력의 중요성이 가장 부각되었다는 점도 개화기가 오늘날 주목의 대상이 되는 또 다른 이유일 것이다.

이 책은 이 모든 현재의 이야기를 역사적 사건과 연계시켜 본문에 풀어쓰는 새로운 기술방식을 시도했다. '참고문헌'엔 책과 논문 등만 열거했지만 이 책의 특징은 오히려 신문 기사·칼럼 등을 광범위하게 이용했다는 데에 있다. 정통 역사학자들은 잘 거들떠보지도 않을 그런 자료들을 소중하게 생각한 건 개화기를 오늘의 맥락에서 이야기해보고 싶다는 이 책의 취지에 따른 것이다.

역사는 외우는 것이 아니라 생각하는 것

세 번째 특징은 언론·문화·커뮤니케이션에 큰 관심을 기울였다는 점이다. 이 책의 집필 동기이기도 한 만큼 언론·문화·커뮤니케이션은 이 책의 주변적인 것이 아니라 중심적인 것이다. 언론·문화·커뮤니케이션과 직접적인 관련이 없는 사건을 다루더라도 언론·문화·커뮤니케이션의 관점에서 보고자 노력했다.

E. H. 카(E. H. Carr)는 "역사는 역사가와 사실과의 상호작용의 부단한 과정이며 현재와 과거와의 끊임없는 대화"라고 했지만 그 상호작용·대화의 성격과 질이 문제의 핵심이다. '대화' 보다는 넓은 의미의 '커뮤니케이션' 이라는 단어가 더 적합하지 않을까?

역사는 커뮤니케이션이다. 그래야만 한다. 역사를 그렇게 이해할 때에 인간이 역사에 끌려 다니거나 이용당하지 않는 주체성을 조금이라도 확보할 수 있으리라. 기존 역사 서술은 커뮤니케이션과 과정을 소홀히 하면서 구조와 결과에 과도한 의미를 부여함으로써 '거대담론의 폭력성' 을 은연중 드러낸다고 볼 수 있다.

네 번째 특징은 이른바 '메타 역사' 서술을 시도했다는 점이다. '메타 역사' 란 '역사에 관한 역사' 다. 개화기 시절의 어느 사건에 대해서건 여러 가지 설이 존재하며 수많은 주장과 이견들이 난무한다. 당연한 일이다. 그런 점에서 명쾌한 역사란 있을 수 없으며 '교과서' 는 늘 위험하다. 특정한 주장을 내세우기보다는 '종합' 에 의미를 둔 이 책은 다양한 주장들을 다 보여주는 데에 주력했다.

선명한 그림을 원하는 독자는 혼란을 느낄지도 모르겠다. 나름대로 애는 썼을망정 이 책의 흐름은 매끄럽지 않다. 수많은 인용이 돌출해 흐름을 방해할 것이다. 왜 이 저자는 자기주장은 않고 남의 주장만 소개하느냐고 짜증을 낼 수도 있겠다. 그러나 바로 그게 이 책의 목적이자 특성이기도 하다.

김영민의 표현을 빌리자면 '나는 다르다는 허영을 버'리고 '실없는 지적 독창성으로 치닫' 지 않는 게 '공부의 요체' 일 수 있다.[4] 그런 자세는 역사 공부에서 더욱 필요한 게 아닐까? 역사는 단순명쾌할 수 없으며 매우 복잡하다는 기본적인 사실을 재확인해보자는 뜻이다. 과거의 복잡성은 지금 우리가 살고 있는 현재의 복잡성과 전혀 다를 바 없으며 현재라는 변수가 더해져 현재보다 오히려 더욱 복잡할 수밖에 없다는 걸 이해할 필요가 있다.

그런 이해가 선행될 때에 "역사는 외우는 과목"이라는 잘못된 생각에서도 벗어날 수 있을 것이다. 역사는 '외우는 것' 이 아니라 '생각하는 것' 이며 그래야만 한다. 혹 재미 때문에 단순명쾌를 선호한다면 단순명쾌가 제공하는 재미만이 재미의 전부는 아니라는 점에 주의를 돌려보는 것도 좋겠다. 복잡성이 제공하는, 한 차원 높은 재미의 가능성에 주목해보는 게 어떨까. 매 사건마다 각기 다른 여러 전문가들의 주장을 감상하면서 "아, 똑같은 사안을 이렇게까지 다르게 볼 수도 있구나!" 하는 놀라움과 더불어 재미를 만끽해보자는 것이다.

역사 서술 시각의 문제

당연히 이 책은 특정한 지향성을 갖고 있지 않다. 보수·진보 시각이 충돌을 빚으면 둘 다 균형 있게 소개하려고 했으며 개화기 역사에서 잘 나타나곤 하는 민족사적인 서술 시각도 공정하게 보려고 애를 썼다. 이와 관련해 3종의 검정교과서가 머리말에서 밝힌, 다음과 같은 민족사적인 서술 시각을 음미해보자.

"한국 근현대사 과목을 통해 민족사에 대한 긍지를 지니는 한편, 올바른 역사의식을 가지고 우리 사회가 당면한 역사적 과제를 해결하는 데 능동적으로 참여하는 데 기여"(법문사), "한국 근현대사의 전개 과정 속에서 우리 민족이 걸어온 시련의 극복과정과 그들의 구체적인 삶의 모습을 있는 그대로 전달하는 데 주안점을 두고"(천재교육), "한국 근현대사에서 우리 민족이 걸어온 구체적인 삶의 모습을 접하고 숨결을 느낄 수 있도록 하는 데 주안점"(금성출판사).

윤선자는 『한국 근현대사 교과서의 '독립운동사' 서술과 쟁점』(역사학회 편)에서 과연 위와 같은 시각이 바람직한 것인가 하는 문제를 제기한 바 있다.[5] 이 책이 시도한 '종합'은 민족사적인 서술 시각도 여러 시각 중의 하나로 다루는 걸 의미하는 것이다. 『한국 근현대사 교과서의 '독립운동사' 서술과 쟁점』에 실린 글들은 모두 특정 시각에서 문제제기를 하는 게 아니냐는 반론도 가능하겠지만 역사는 '외우는 것'이 아니라 '생각하는 것'이라는 교훈을 주기엔 부족함이 없다.

독자들의 '거리두기'와 냉정한 태도를 위해 문제제기를 하나 더 소개하겠다. '자유주의자'를 자처하는 이주영은 '한국 근현대사' 교과서들이 "일제시대의 상류층을 뺀 상태에서 사실들을 설명하려 하고 있다"며 다음과 같이 주장했다.

"친일 혐의 때문에 그들의 이름을 빼다 보니 별로 중요하지 않은 인물이나 사건이 등장하는 경우가 많다. 예를 들면 애국계몽운동과 관련하여 모든 교과서가 대한자강회를 언급하고 있지만 윤치호 등의 이름을 빼다 보니 누구에 의해 운영되던 단체인지 전혀 알 수 없는 내용이 되고 있다. …… 민족주의와 민중주의의 명분, 다시 말해 '민족대 반민족' '엘리트 대 민중'의 대결 구도에 대한 집착은 '그 시대의 엘리트층'에 끼지 못하는 위정척사파 유학자들이나, 또는 민중주의자나 사회주의자와 같은 '운동가들'을 중심으로 역사를 서술하게 되는 것이다."[6]

왜 그렇게 되었을까? 그건 아마도 상당 부분은 한국의 근대사가 너무 비참하다고 생각했기 때문이 아닐까? '저항'이라도 강조하지 않으면 젊은 학생들이 근대사를 읽고 자괴감이나 패배주의에 빠질지 모른다고 염려했기 때문이 아닐까?

도식주의를 넘어서

실제로 개화기 역사를 읽다 보면 가슴 한구석이 답답해진다. 동화식으로 이야기하자면 당시 우리나라의 처지가 사나운 늑대 떼에게 포위된 한 소년의 모습을 연상케 한다. 부모님의 말씀을 안 듣고 위험한 곳으로 간 소년의 잘못에 대해 인과응보(因果應報)라고 말하기엔 살기 위해 발버둥치는 소년의 몸부림이 너무 눈물겹다. 그 소년은 나름대로 꾀를 내보기도 하지만 다 실패로 돌아가고 결국 늑대의 밥이 되고 만다.

훗날 지식인들은 망국(亡國)의 책임을 놓고 '외부'와 '내부' 어느 쪽에 더 무게를 두느냐는 걸로 논쟁을 벌이게 되지만 19세기의 조선이, 매관매직(賣官賣職)의 관행이 말해주듯이, 썩을 대로 썩었다는 건 부인하기 어려울 것 같다.

한반도에 '늑대 떼'가 본격 출몰한 건 국운이 기울기 시작한 1870년대부터였다. 개화기를 언제부터 언제까지로 볼 것이냐에 대해선 학자들마다 의견이 다르긴 하나 바로 이 시기에서부터 1910년에 이르는 30~40년간을 개화기로 보는 시각이 유력하다.[7]

개화(開化)란 본래 『주역』에 나오는 '개물성무(開物成務) 화민성속(化民成俗)'에서 연유한 것으로, 모든 사물의 지극한 곳까지 궁구(窮究), 경영하여 일신(日新)하고 또 일신하여 새로운 것으로 백성을 변하게 하여 풍속을 이룬다는 뜻이다. 이런 개념이 조선왕조 말기의 위기상황에 적용돼 국가적 근대화·변혁·진보의 뜻으로 사용되었다.[8] '개화'라는 용어는 영어 'civilization'을 일본에서 번역한 것으로서 서구중심적인 시각이 내재되어 있다는 주장도 있다.[9]

'늑대 떼'의 출몰과 함께 개화기가 시작되었다는 건, 그들을 무조건 막아내 싸우는 것만이 능사일 수는 없었으며 그 만큼 대처 방안을 놓고 내부의 혼란과 갈등이 심할 수밖에 없었다는 것을 시사하는 것이다. 그 혼란과 갈등은 크게 보아 '개화론'과 '수구론'의 대립에서 비롯되었지만 이런 이분법 자체에 문제가 있다는 주장도 있다.

예컨대 강상규는 "당시의 지식인·위정자들의 사고를 개화 혹은 수구의 어느 한쪽에 끼워 넣으려는 것은 당시 조선의 정치지형, 그리고 현실 정치의 역학관계 및 문맥을 이해하는 데 오해를 낳기 마련이다"라며 다음과 같이 주장했다.

"이런 시각에 입각하게 되면 동요하고 있던 시대를 살았던 당대인들의 정치적 고뇌와 선택의 의미가 생동감 있게 느껴지기 어렵다. 19세기를 살았던 인물들의 사고의 경직성을 탓하면서 정작 우리 스스로가 이분법적이고 도식적인 사고에 빠져 있는 것은 아닌가 하는 의구심이 든다."[10]

독자들께서 앞으로 이 책을 읽으면서 내내 유념해야 할 점이 아닌가 한다. 감히 성공했다고 말할 순 없겠지만 '도식주의'를 넘어서자는 게 이 책의 한결같은 뜻이기도 하다. 독자의 자괴감이나 패배주의를 염려해 특정한 시각을 강조하기보다는, 오히려 "그럼에도 불구하고 우리가 이렇게 성장했다는 건 우리의 저력이 무섭다는 걸 말해주는 게 아니겠는가"라고 발상의 전환을 해보길 권하는 게 옳으리라.

식민사관과 안티 식민사관을 넘어서

그런가 하면 아예 역사 기술 자체가 크게 잘못되었다고 주장하는 학자들도 있다는 걸 유념할 필요가 있겠다. 우리가 아직 일제의 식민사관과 그에 따른 역사 기술에서 벗어나지 못했다는 주장이다. 그 대표적 학자는 이태진이다.

이태진은 "고종시대사를 연구하면서 나는 자주 착잡한 심경에 빠져들었다. 이 시대의 역사가 딱해서가 아니라 이 시대에 대한 우리들의 이해와 인식이 너무나 안이하고 무책임한 것으로 느껴졌기 때문이다"라며 다음과 같이 주장했다.

"지금 우리들에게 한말의 역사는 반면교사로만 의미가 부여되고 있다. 즉 이 시대는 우리 민족사에서 국왕을 비롯한 정치 지도자들의 무능과 무력이 가장 심하게 드러난 때로서 지도층이 그런 지경이었으니 나라가 망할 수밖에 없었다는 인식이 일반화되어 있다. 이런 역사야말로 민족이 다시는 되풀이하지 말아야 할 대상이라고 강조하고 있다. 그런데 이 시대에 관한 나의 늦게 시작한 공부가 이런 부정적 역사상이 일본 침략주의에 의해 조장된 것이라는 사실을 발견하는 데는 긴 시간이 걸리지 않았다."[11]

이태진의 새로운 '발견'은 앞으로 개화기 내내 주요 사건들을 다루면서 소개할 것이니 본문에서 감상해보도록 하자. 식민사관의 잔재들을 거둬내려는 그의 치열한 노력에 경의를 표하면서 말이다. 다만 여기서 말할 수 있는 건, 평생을 이 시절의 역사 연구에 바친 전문학자들 사이에서도 양극을 달리는 견해들이 충돌하곤 한다는 사실은 그 어떤 '틀'이나 '시각'이 그 큰 효용에도 불구하고 가질 수밖에 없는 그 어떤 함정을 시사해주는 건 아닐까 하는 점이다. 달리 말하자면 식민사관을 넘어서는 건 절대 필요한 일이지만 그 일에 집착하다가 '안티 식민사관'의 지배를 받는 것에도 문제가 있을 수 있다는 뜻이다.

식민사관은 "계급사회에서 보이는 보편적 현상을 한국 사회의 특수성으로 부각시켜 자체 발전의 불가능함을 역설하는 데 집중되어 있다"고 볼 수 있다.[12] 그 '보편적 현상'이라 함은 주로 상층 지배계급의 부패와 무능이다. 그러나 식민사관으로 오인받지 않기 위해 조선 상층 지배계급에 대한 비판을 자제하거나 그들을 미화할 필요는 없을 것이다.

일본인들이 한국인을 폄하했던 것처럼 우리가 일본인들의 지능을 폄하하려는 게 아니라면 식민사관은 단순·무식한 것으로 보기보다는 복잡·교묘한 것으로 보아야 한다. 식민사관의 단순·무식성을 공격하는 건 쉬운 일이지만 우리가 주목해야 할 것은 그 효과다.

그럴 만한 바탕이 없는 가운데 왜곡·날조를 해봐야 먹혀들기 어렵다. 어느 정도 근거가 있는 걸 부풀릴 때에 의도한 효과를 낼 수 있다. 식민사관이 많은 한국인들을 사로잡았다는 게 그 증거다. 그런 한국인들을 어리석다고 매도하기는 쉽지만 너무 쉬운 일만 하다 보면 또 한 번 역으로 우리가 당할 수 있다. 식민사관을 공격하느라 본의 아니게 우리의 어떤 점을 정당화하거나 미화할 때에 생겨날 수 있는 부작용도 생각해보아야 한다는 뜻이다.

예컨대 이태진은 "일제강점하 양반문화에 대한 매도는 거의 습관화된 담론이었다. 양반의 잘못으로 나라가 망했다는 이야기는 더 이상 의심할 것이 없는 사실이 되었다. 이런 담론은 계속될수록 조선총독부의 '시정개선' 선전효과가 생기게 하고 조선인의 복종심을 더 키울 수 있는 것이었다"고 개탄했다.[13]

또 이태진은 "박은식 같은 이조차 이제는 조선왕조시대의 유교문화를 허위의 문화로 규정하면서 그것에 의한 조선왕조의 역사를 전면적으로 신랄히 비판하였다. 이러한 회오(悔悟)에 찬 비판은 병탄의 현실 앞에서 피할 수 없는 것이었지만 어디까지나 그것은 하나의 자비심(自卑心)으로서 일인들의 당파성론이 침식하기 좋은 온상이 될 뿐이었다"고 했다.[14]

일면 얼마든지 공감하고 동의할 수 있는 주장이다. 그런데 문제는 이것이 양자택일할 수 있는 성격의 것은 아니라는 데에 있다. 즉, 일본이 그런 나쁜 의도로 퍼뜨린 말이니 반대로 생각하라고 말할 것인가? 그래서 양반과 당파성을 옹호해야 할 것인가? 이는 일본이 부린 한 번의 술책에 우리가 두 번 놀아나는 건 아닐까?

역사의 명암을 보자

나는 '명암(明暗) 이론' 이야말로 '식민사관'과 '안티 식민사관'을 모두 넘어서는 제3의 길이라 믿는다. 나는 우리의 과거를 일방적인 타도와 극복의 대상으로 삼는 것에 반대하는 동시에 그런 시도에 대항하기 위한 정반대의 시도에 대해서도 반대한다. 동전의 양면처럼 명암의 양면을 다 보고 끌어안자는 뜻이다. 축복이 저주가 되고 저주가 축복이 되는 역사의 문법 위에 바로 서자는 뜻이기도 하다.

조선조 500년은 축복인 동시에 저주였다. 안정된 체제 유지가 축복이라면 그로 인해 축적된 내부모순이 저주다. 무엇보다도 체제의 안정성이 국가 중심이 아니라 가문 중심으로 이루어졌다. 개인의 능력보다 소속 가문이 더 중요했다. 정두희는 조선 양반사회의 명암 또는 축복과 저주를 다음과 같이 지적했다.

"양반사회의 출현으로 한때 국가체제의 건전한 발전을 이룩하였으며 보편적 유교문화와 전통문화의 꽃을 함께 피울 수 있었지만 이제는 정반대로 양반사회의 존재 그 자체가 국가권력을 쇠퇴시키고 개인의 창의력을 말살하며 다가올 새로운 시대를 외면하게 만들어버리고 말았던 것이다."[15]

개화기는 외세의 침투·침략이 이루어진 가운데 그 모순이 폭발한 시기였다. 그래서 내부개혁과 외세에 대한 저항의 방향이 하나로 집결될 수 없었고 효과를 발휘할 수도 없었다. 그로 인해 당하게 된 망국의 세월은 저주였지만 다시 이 저주는 한국인들에게 새로운 축복을 만들어낼 수 있는 심적 터전을 닦는 씨앗이 되었다. 부끄러워할 것도 많지만 자랑할 것도 많다. 그 어느 한쪽에 집착할 필요는 없는 것이다. 간단히 말해서 역사를 이렇게 보는 게 내가 말하는 제3의 길이다. 매우 쉬운 것 같지만 의외로 널리 받아들여지지 않고 있는 관찰법이다.

이 책은 개화기 역사에 대한 '자위(自慰)'와 '자학(自虐)'을 모두 넘어서고자 한다. 물론 그 누구도 개화기 이야기를 하면서 '자위'나 '자학'은 하지 않는다. 어떤 시각이나 주장에 동의하지 않는 사람들의 눈에 그렇게 보일 뿐이다. 그렇게 보는 것마저 넘어서자는 뜻이다. 쉽진 않겠지만 시종일관 자신감을 갖고 냉정하게, 요즘 유행하는 말로 '쿨'하게 대응해보자.

 이 책에 대한 부담은 이 책을 완성하고 나서 생긴 것일 뿐 이 책을 쓰기 위해 역사학자들의 책과 논문을 읽는 내내 즐거웠고 행복했다. 미주와 참고문헌에 밝힌 책과 논문의 모든 필자들께 넙죽 엎드려 절을 하고 싶은 심정이다. 모두 다 재미있고 유익했다. 오랜 시간 노동을 하면서도 "아니, 이렇게 재미있고 의미 있는 이야기는 많은 사람들에게 알려야 하는 거 아냐?"라는 생각으로 피곤한 줄 몰랐다. 내가 느꼈던 재미와 기쁨의 10분의 1이라도 독자들께 전달할 수 있다면 더 바랄 게 없겠다.

2007년 10월
강준만 올림

차례

머리말 자위와 자학을 넘어서 •4

제1장 **천주교 박해**
　동방의 조상숭배는 우상숭배다 •25　당파싸움으로 증폭된 신유·기해박해 •37
　이양선의 출몰과 여항문화 •53

제2장 **농민항쟁의 폭발**
　삼정문란으로 수탈당하는 백성 •67　고종 즉위, 대원군 등장 •74
　동학 창시자 최제우 처형 •84

제3장 **대원군의 척화투쟁**
　병인양요를 불러온 병인박해 •93　제너럴셔먼호 사건 •100
　병인박해를 악화시킨 병인양요 •106　보부상의 정치조직화 •114
　오페르트의 남연군묘 도굴 사건 •119　조선과 미국이 충돌한 신미양요 •124

제4장 **강요된 개항, 근대의 시작**
　대원군 퇴진과 의자 뺏기 놀이 •135　일본이 조작한 운양호 사건 •148
　조선을 강제 개항시킨 병자수호조약 •155　수신사 파견과 개항 이후의 풍경 •163
　1870년대의 생활문화 •171

제5장 **개화파의 등장**
　　박규수의 개화파 육성 •181　칸트는 알아도 최한기는 모르는 한국인 •186
　　급진개화파 · 온건개화파 · 위정척사파 •192

제6장 **1880년대의 새로운 도전**
　　이동인, 고종을 만나다 •209　후쿠자와 유키치는 누구인가? •213
　　황준헌의 『조선책략』 파동 •220　일본 시찰단 파견과 아시아주의 •228

제7장 **서양에 문을 연 조선**
　　1882년 조미수호조약 •237　축구를 싣고 온 영국 군함 •246
　　외국군의 주둔을 불러온 임오군란 •250　태극기의 국기 제정 •269

제8장 **근대 언론의 탄생**
　　미국공사 입국, 미국 보빙사 파견 •277　유길준과 사회진화론 •284
　　한국 최초의 신문 『한성순보』의 창간 •292　『한성순보』 이전의 언론 •306

제9장 **급진파와 온건파의 충돌**
　　조영신조약과 조러수호조약 •317　미국 보빙사 단장 민영익의 귀국 •322
　　의료선교사 앨런의 입국 •326　3일 천하로 끝난 갑신정변 •330
　　갑신정변 평가 논쟁 •343　갑신정변 주역들의 일본 망명생활 •353

주 •361　참고문헌 •5권 338　찾아보기 •5권 369

제1장 천주교 박해

01

동방의 조상숭배는 우상숭배다

장례문화와 천주교문화의 충돌

개화기는 새로운 외부 문화와의 충돌을 경험한 시대였다. 그 충돌은 개화기 이전부터 일어났으니 그건 바로 천주교에 대한 대응이었다. 그 대응은 박해로 나타났다. 조선 정부의 천주교 박해는 당파싸움으로 인해 증폭되었다. 이는 개화기가 결국 망국(亡國)으로 종결된 과정을 이해하는 데에 매우 중요한 의미를 갖는다. 조선의 자폐적 시스템과 더불어 내부갈등이 나라의 진로를 결정하는 주요 변수였다는 사실을 폭로해주기 때문이다. 개화기로 들어가기에 앞서 천주교 문제를 살펴보고 넘어가야 할 이유가 바로 여기에 있다.

한국은 관혼상제(冠婚喪祭)문화가 매우 발달한 나라다. 많은 걸 중국에서 들여왔지만 곧 중국을 능가했으며 21세기에도 한국인의 삶에 큰 영향을 미치고 있다. 1990년대 중반 한국의 가정의례비는 혼례·

상례만 해도 정부 예산의 25퍼센트 규모였으니 더 말해 무엇하랴.

관례·혼례·상례·제례를 줄인 말인 관혼상제는 대부분 조선시대에 형성된 것으로, 그 기준은 주희가 저술한 『주자가례』였다. 『주자가례』는 고려 말에 도입되었지만 16세기 들어 성리학적 소양을 강하게 지닌 사림(士林)을 중심으로 퍼지기 시작해 17세기 후반에 양반사회에 일반화되었으며 19세기에 사회 전체로 확산되었다.[1]

18~19세기에 이루어진 조선 정부의 가혹한 천주교 탄압엔 국내 당파싸움이 중요한 역할을 하긴 했지만 그 탄압이 민중의 호응을 얻거나 적어도 큰 반감을 자아내지 않게 한 결정적인 이유는 바로 관혼상제, 특히 장례문화와 천주교문화의 충돌 때문이었다.

1715년 교황 클레멘스 11세는 "동방의 조상숭배는 우상숭배다"라고 선언함으로써 사실상 그런 충돌의 문을 연 셈이었다. 이 선언은 1939년 교황 비오 12세가 동방의 조상숭배는 우상숭배가 아니라는 칙서를 발표할 때까지 계속되었다.

이와 관련해 신복룡은 "여기에서 우리가 되돌아보아야 할 것은 1939년의 칙서가 조상숭배를 우상숭배가 아니라고 허락했다면 그 이전에 조상숭배 문제 때문에 배교했거나 순교한 그 수많은 사람들의 죽음의 의미는 어찌되는가 하는 문제이다"라며 다음과 같이 말했다.

"왜 이 문제가 중요하냐 하면 당초에는 가톨릭에서 시작되었으나 이제는 개신교에서 오히려 더 완고하게 강요되는 조상 제례 배척의 문제가 이 나라의 신앙에 많은 혼란과 아픔을 안겨주고 있기 때문이다. 더구나 초대 교회의 목사들이 한국의 조상숭배를 하나의 문화로 이해했지 우상숭배로 몰고 가지는 않았음에도 불구하고 지금의 한국기독교는 이 문제로 너무 많은 대가를 치르고 있기 때문에 이 문제는 언제인가 풀어야 할 이 시대 기독교의 문제일 것이다."[2]

1785년 천주교를 사교(邪敎)로 규정하다

16세기 말엽 중국에 전파된 천주교는 17세기에 베이징을 왕래하는 사신들에 의해 조선에 소개되었다. 당시엔 종교라기보다는 서양 문물의 하나로 여겨졌다. 천주교는 18세기 후반 영조 말엽부터 종교화되기 시작했는데 실학자들의 일부가 신앙운동에 앞장섰다.

베이징에서 들어온 서학(西學, 천주학) 서적을 접한 소장파 학자 중 권철신·권일신·정약용·정약전·이가환·이벽·이승훈·이기양 등은 1777년 겨울 천주교 교리를 연구하기 위해 외딴 절간에 들어갔으며 혹시라도 관가에 발각될까 봐 1779년 겨울 경기도 양주 앵자산에 있는 주어사와 천진암을 오가면서 강학회(講學會)를 열고 천주교 신앙을 키워나갔다. 이들 중 이벽은 '천주공경가'를, 정약전은 '십계명가'를 지어 노래 불렀는데 이벽이 지은 '천주공경가'는 "어와 세상 벗님네야 이내 말씀 들어보소 / 집안에는 어른 있고 나라에는 임금 있네 / 네 몸에는 영혼 있고 하늘에는 천주 있네"라고 노래했다.[3]

강학회에 참여했던 이벽은 이승훈의 부친 이동욱이 부연사행 일행으로 베이징에 간다는 말을 듣고 이승훈(1756~1801)으로 하여금 부친을 따라 베이징에 다녀오도록 했던바 1783년 12월 이승훈은 부친을 따라 베이징으로 떠났다. 베이징에 도착한 이승훈은 곧 북천주당을 방문해 프랑스 신부를 접촉했다. 이승훈은 북천주당 그라몽(Jean Joseph de Grammont) 신부로부터 세례를 받고 베드로라는 세례명을 얻었다.[4]

명동성당은 한국 천주교 최초의 순교자 김범우의 집이 있던 명례방 자리에 세워졌다. 성당 공사는 1887년에 시작되었고 10여 년에 걸쳐 완공되었다.

베이징에서 돌아온 이승훈은 1784년 최초로 조선 땅에 천주교회를 창설했다. 이승훈은 서울 수표교 부근에 있던 이벽의 집에서 이벽에게 천주교 세례를 주었는데 이 사건이 조선 천주교회의 창설로 여겨지는 것이다.[5] 이후 신자들을 중심으로 천주교식 의례가 행해졌다.

당시의 천주교 열풍과 관련해 안정복(1712~1791)은 "계묘년(1783)부터 갑진년(1784)에 이르기까지 젊은 층에서 재주 있는 자들이 천학(天學)의 설을 주창하니 마치 상제께서 친히 내려와서 그들을 사자(使者)로 임명해준 것 같았다"고 표현했다.[6]

1785년 이른 봄 이벽(1754~1786)의 주재로 명례동(지금의 명동성당 자리)의 김범우 집에 수십 명이 모여 '설법 교회'를 열다가 모두 체포되었다 곧 풀려났지만 양반·명문 출신이 아닌 중인(中人) 김범우는

혹독한 고문을 받고 밀양으로 귀양 가 죽음으로써 천주교 순교자 제1호가 되었다.[7]

양반·명문 출신들은 처벌은 받지 않았지만 문중의 거센 추궁에 시달렸다. 이벽의 아버지 이부만은 경주 이씨의 문중회의에 여러 차례 호출돼 족보에서 삭제하겠다는 위협을 받았다. 이부만이 아들을 설득하기 위해 대들보에 노끈을 걸어 목을 매달자 이벽은 "그럼 안 나가겠습니다"라고 한발 물러섰지만 15일간 식음을 전폐한 채 기도와 명상을 하다가 탈진해 죽었다.[8]

천주교를 비난하는 논의가 표면화되자 1785년 정부는 천주교를 사교(邪敎)로 규정하고 금령을 내렸다. 1786년 정월 박제가(1750~1806)는 정조에게 제출한 소회(所懷)에서 서양인 학자를 조선에 초빙해 젊은 학자가 그 학문을 배우도록 해야 한다는 대담한 제안을 했다. 그는 당시 척결의 대상인 '양이(洋夷)'를 '서사(西士)'라고 부르면서 이용후생(利用厚生)을 역설한 것이다.[9]

천주교는, 1787년 조정에서 한글로 번역된 천주교 서적의 폐해가 논의될 정도로 이미 널리 전파돼 있었다. 한글 천주교 서적은 목판으로 간행되어 비교적 저렴한 가격에 보급되었고 서울의 일부 책방은 천주교 서적을 빌려주고 거금을 벌 정도였다. 1788년에는 이러한 한글 천주교 서적들이 충청도 지방의 산골마을에까지 전파될 정도로 많은 독자층을 확보했다.[10]

1789년 프랑스혁명

1789년 7월 14일 프랑스에선 파리 시민이 바스티유감옥을 함락하는 것으로 시작된 프랑스혁명(1789~1794)이 일어났다. 7월 21일 하루에 만 왕당파 718명이 처형되었으며 이후에도 수천, 수만 명의 피를 부르는 학살극이 계속되었다.

신복룡은 "참극의 정도를 말하기로 한다면 서유럽의 정치사가 더 참혹했다"며 프랑스를 비롯한 서구의 정치사를 거론하며 한국 역사와 정치를 폄하하는 시각에 이의를 제기했다.[11] 그는 "우리의 역사에서 영국의 청교도혁명이나 프랑스대혁명에서 나타난 것과 같은 대량 학살이 보이지 않는 것은 한국인의 민족성이나 심성이 근본적으로 사악한 것이 아님을 의미한다"고 했다.[12]

개화기의 지식인들은 프랑스혁명을 어떻게 보았을까? 윤치호 · 유길준 · 『독립신문』의 견해를 차례대로 감상해보자.

윤치호는 1895년 2월 18일자 일기에서 "그들(동학당)은 어디에서나 양반들에 대해 극도의 증오심을 나타내었다. 동학당들이 양반들을 다룸에 있어 보여준 잔인성은 (프랑스)혁명 당시 프랑스 귀족들이 겪었던 유혈적 폭력사태를 연상시킨다"고 썼다.[13]

유길준은 『서유견문』에서 "근대 프랑스의 소란 때 고금(古今) 무비(無比)의 폭행을 마음대로 휘두른 무리들이 다 무식하고 방탕하고 어리석은 무뢰한들이라 좋은 정부 밑에 있었다 해도 그 생계를 유지하지 못했을 것이다"며 프랑스혁명을 비판했다. 이에 대해 박노자는 "철저한 우민관(愚民觀)으로 무장했던 그가 동학의 무장운동을 진압한 일본군에게 감사의 뜻을 표했던 것은 강자(强者)에 대한 단순한 아부가 아니었다. 그야말로 그의 소신에 따른 행동이었던 것이다"라고 주장했다.[14]

그러나 유길준만 조선 민도(民度)를 그렇게 낮게 본 건 아니었다.

『독립신문』 1898년 7월 9일자 논설은 "백여 년 전에 불란서에 났던 민변이 대한에 날까 염려라 하니 …… 대단히 다른 것이 몇 가지라 첫째 법국(프랑스)은 본래 민회가 있던 나라이라 그런 고로 비록 압제가 심할 때에도 백성이 민권이 무엇인지 알았거니와 대한은 자고이래로 민권 이 자는 이름도 모르다가 겨우 근일에 와서야 말이나 듣고"라면서 다음과 같이 주장했다.

"법국 민변 나기 전 여러 십 년에 유명한 학사들이 서책을 반포하여 연설과 신문으로 인민의 자유 권리와 정부의 직분 등사를 널리 교훈하야 백성들이 다만 자유 권리를 어찌 쓰는 것을 깨달은 사람이 많은 까닭에 압제 정부를 번복하고도 오히려 그다지 낭패 보지 아니하였거니와 대한에는 그러한 학사들의 교훈도 없었고 신문과 서책도 없어서 인민이 다만 자유가 무엇인지 알지도 못할 뿐 외라 자유권을 맡기더라도 쓸 줄을 몰라 어린아이에게 칼 준 것 같을 터이요. …… 법국 사람들은 나라를 사랑하야 사혐(私嫌)을 잊는 고로 평시에 서로 다투다가도 국가에 유사(有事)하면 모두 일심이 되야 민변 후에 능히 토지와 국권을 보전하였거니와 대한 사람들은 사사(私事) 싸움에는 용맹이 있다가도 나라 싸움에는 겁이 많으며 국가는 다 망하더라도 사사 애증(愛憎)으로 붕당만 일삼으니 ……."[15]

이 논설은 그 밖에 프랑스혁명 당시보다 대한제국의 교육이 발달하지 못한 점과, 군사적으로 약해 혁명에 간섭하는 외국군을 물리칠 수 없다는 점 등을 들었다.

이 논설에 대해 강만길은 "이 시기는 일부 젊은 층의 개혁운동가들에게서 국민혁명을 일으켜야 한다는 움직임이 있을 때였고 이 논설은 그것을 견제하기 위하여 씌어진 것이라 생각되지만 이 논설은 국민혁명이 시기상조라는 생각에서 나온 것이라기보다 오히려 철저한 국민주권의식이 없는 계몽주의사상만을 바탕으로 하고 있는 것이 아닌가 하는 생각을 가지게 한다"고 평가했다.16)

1791년 진산 사건

프랑스에서 혁명의 기운이 소용돌이칠 때 조선에선 프랑스에서 전래된 천주교를 믿는 자들이 고통을 받고 있었다. 프랑스에서도 천주교는 혁명세력들에게 모진 박해를 당했지만 박해의 이유는 각기 달랐다.

1791년 여름에 일어난 '진산 사건' 또는 '신해박해'는 장례 문제가 빌미가 되어 일어난 사건이었다.('박해迫害'는 '사옥邪獄' 또는 '교난敎難'으로 부르기도 한다) 전라도 진산(지금의 충남 금산) 고을의 양반 교인이었던 윤지충(1759~1791)이 모친상을 당했을 때 신주(神主)를 불사르고 제사도 드리지 않고 천주교식으로 장례를 치른 것이 문제가 되었다. 윤지충은 맹렬한 비난을 받았지만 물러서지 않았다. 그의 외사촌이자 같은 천주교인인 권상연이 윤지충을 옹호하고 나서면서 이 문제는 당쟁으로 비화되었다.

당시 서학 탄압에 앞장서온 홍낙안은 좌의정 채제공에게 보낸 글에서 "저들 지충의 무리는 제사를 폐한 것도 부족하여 부모의 상을 당하고서도 혼백을 세우지 않았고 부모가 죽었음에도 조문을 받지 않으니 천지가 생겨난 이래 어찌 이와 같은 변괴하고도 사악한 일이 있을 수 있을까? 그 죄는 살인한 것과 같다"고 주장했다. 그는 윤지충의 체포와 사형을 요구하고 나섰다.17) 윤지충은 전라감사 정민시의 심문을 받는 가운데 다음과 같이 주장했다.

"거듭 말씀드리거니와 천주교를 신봉함으로써 제 양반 칭호를 박탈당해야 한다 해도 저는 천주께 죄를 짓기는 원치 않습니다. 뿐만 아니라 신주를 모시지 않는 서민들이 그렇다고 하여 정부를 반대하는 것이 아니라는 것과, 또 가난하기 때문에 모든 제사를 규정대로 지내지 못하는 양반들도 엄한 책망을 당하지 않는다는 것을 고려하여 주십시오. 그러므로 제 낮은 생각으로는 신주를 모시지 않고 죽은 이들에게 제사를 드리지 않으면서도 제 집에서 천주교를 충실히 신봉하는 것은 결코 국법을 어기는 것이 아닌 듯합니다."[18]

그러나 윤지충의 항변은 받아들여지지 않았다. 윤지충과 권상연은 무군무부(無君無父)의 난행(亂行)을 범한 죄목으로 사형이 선고돼 1791년 12월 8일(음력 11월 13일) 전주 풍남문 밖 형장에서 참수되었다. 이때에 윤지충의 피가 튀어 붙은, 전주성의 돌을 주춧돌로 삼아 1908년 전주에 세운 성당이 그 유명한 전동(殿洞)성당이다. 전동성당은 명동성당·대구성당과 더불어 한국에서 가장 오래된 성당 건축물로, 국가기념물로 지정되었다.[19]

조선 정부는 동시에 홍문관에 소장되어 있던 한역 서양서적을 소각하는 등 천주교의 전파를 억제하는 데 적극성을 띠기 시작했다.[20] 이때만 해도 천주교에 극단적인 탄압은 가하지 않았지만 진산 사건은 양반 신자들이 대부분 동요하여 떨어져나가는 계기가 되었다.[21]

한국기독교역사연구소는 "서학→천주학→천주교로 이행되는 과정에서 신앙 실천의 용기가 없었던 많은 학자들이 이탈되었으며 더욱이 진산 사건으로 인해 천주교가 종교적 정치적 탄압의 대상이 되자 역시 많은 양반계층 교인들이 배교하였다"며 "그 공백을 중인계층이 메우게 되었는데 이로써 조선 천주교회의 주체세력의 변화도 불가피

하였던 것이다"라고 평가했다.[22]

문체반정 논쟁

진산 사건을 전후해 이른바 문체반정(文體反正)이 일어났다. 정조가 직접 나서 서학 금단책의 일환으로 주도한 사건이었다. '반정(反正)'은 '바른 곳으로 되돌린다'는 뜻이다. 그는 당시 유행하던 신체문(新體文) 이라는 문체가 명나라와 청나라에서 유행하던 패관소설(稗官小說)의 영향으로 순정성을 잃고 잡문체로 전락하고 있다고 인식했던바 순수한 고문(古文)으로 돌아가야 한다고 생각했다.[23]

정조는 문체와 문풍을 타락시킨 주범으로 박지원(1737~1805)의 『열하일기』를 지목했다. 정조는 1792년(정조 16년) 다음과 같은 지시를 내리면서 과거시험을 포함하여 사대부계층의 글쓰기 전반에 대해 대대적인 검열을 실시했다.

"성균관의 시험 답안지에 조금이라도 패관잡기에 관련되는 답이 있으면 전편이 주옥같을지라도 하고(下考)로 처리하고 이어 그 사람의 이름을 확인해 과거를 보지 못하도록 하여 조금도 용서가 없어야 할 것이다."[24]

이런 비판에 대하여 박지원은 신체문도 먼 훗날에는 고문이 될 것이라는 등의 논지를 내세우고 고문(古文)과 시문(時文)의 차이를 들어 반박하면서도 반성의 뜻으로 정조에게 순정한 문체의 『과농소초(課農小抄)』를 써 올림으로써 자숙의 뜻을 표했다.[25]

윤사순은 문체반정은 "비단 문예운동뿐만 아니라 당시 남인에 대한 노론의 탄압을 견제하려는 정조 나름의 탕평책의 일환으로 전개되었다"며 다음과 같이 말했다.

"그러나 정조가 이렇게 적극 저지하였음에도 불구하고 18세기 이후 문인들의 소설 애호는 식을 줄을 몰랐고 소설은 중서민층과 더불어 양반세계에서 날이 갈수록 일상화되기에 이르렀다. 여성 독자가 생기고 소설 대여점이 생기고 『옥루몽』, 『삼한습유』, 『완월회맹전』과 같은 장편소설이 애독되는 상황마저 생겼다. 조선 전기의 양반문화가 금욕적으로 절제된 수양 위주의 성향이었던 데 비하여 조선 중후기에 이르러 점차 '정서'와 '정감'을 중요시하는 성향으로 질적인 변화를 일으켰던 것이다."[26]

그 숨은 뜻이 무엇이었건 문체가 뭐가 그리 중요하다고 국왕이 손수 나서서 그 난리를 떤단 말인가? 아니다. 그렇지 않다. 문체는 대단히 중요하다. 고미숙은 "문체는 한 시대가 지니는 사유체계 및 인식론의 표현방식이다. 그것은 단지 내용을 담는 그릇이나 매개가 아니라 내용을 '선규정하는' 표상의 장치이다"며 '논문'을 예로 들어 다음과 같이 주장했다.

"학위논문이 아니라 레포트 수준에서도 좀 개성 있는 문장을 시도해 볼라치면 가차 없이 '그건 비평체 아냐' 하는 질책을 받아야 했다.(비평이 뭐 어때서?) 그러니까 대학에서는 비평 스타일조차도 허용할 수 없었던 것이다. 지금도 사정이 크게 달라진 거 같진 않다. 문체야말로 체제가 지식인을 길들이는 가장 첨단의 기제라는 사실을 충분히 인지하고 있기 때문이다. 물론 바로 그런 이유 때문에 문체는 지배적인 사유를 전복하기 위해서는 반드시 넘어서야 할 '문턱'이기도 하다."[27]

문체의 그런 규제력에 공감할 수 있다면 조선의 천주교 박해도 정신분석학적으로 고찰할 가치가 있는 사건으로 볼 수 있지 않을까. 우리 인간은 그 어떤 새로운 형식적 틀에 강한 거부감을 느끼며 그 거부감은 곧잘 공포·증오와 뒤섞여 히스테리컬한 반응으로 이어지기도 한다.

02

당파싸움으로 증폭된 신유·기해박해

주문모·강완숙의 활약

1794년 12월 중국인 신부 주문모가 조선 천주교인 지황(池璜) 등의 안내로 조선인 역부(驛夫)로 가장해 얼어붙은 압록강을 건너 조선으로 들어왔다. 서울에 도착한 주문모는 배교자 한영익의 밀고로 체포령이 내려지자 강완숙(1760~1801)의 집에 있는 광을 은신처로 삼았다.

강완숙은 충남 내포(內浦)의 양반가에서 태어나 충청도 덕산에 사는 홍지영의 후처로 시집갔다. 그녀는 남편 친구로부터 천주교를 전해들은 뒤 스스로 베이징의 예수교 신부 마테오 리치(Matteo Ricci, 1552~1610)의 『천주실의(天主實義)』 등을 구해 읽고 이미 천주교 신앙을 받아들인 상태였다. 그녀는 시어머니와 친정부모에게 신앙을 갖게 했다는 이유로 체포되었으나 여자라서 석방되었다. 그러나 이에 위협을 느낀 남편으로부터 절연을 당하자 그녀는 시어머니·아들과 함께 서울로

이사하여 살고 있었다.[28]

주문모는 강완숙에게 영세를 주고 조선 교회 최초의 여회장(女會長)으로 삼아 여인들의 전도를 맡게 했고 그녀는 자기 집을 거점으로 삼아 신앙공동체를 꾸려나갔다. 이덕일은 "천주교의 여회장이 된 강완숙은 위로는 왕실부터 아래로는 여종에 이르기까지 수많은 여인들을 천주교로 인도했다"며 다음과 같이 말했다.

"당시 경희궁에는 은언군(恩彦君)의 부인 송(宋)씨와 그 며느리 신(申)씨가 살고 있었다. 은언군은 강화도에 귀양 가 있었고 그 아들은 사형되었으므로 양반가에서 태어나 왕실로 시집온 이 여인들에게 현실은 절망뿐이었다. 강완숙은 주 신부를 모시고 가서 현실에서 절망한 이 여인들에게 영세를 주게 했고 두 왕실 여인을 정약종이 주재하던 교리연구단체 '명도회(明道會)'에도 가입시켰다. 두 여인은 자신의 시비(侍婢)들까지 모두 입교시켜 경희궁은 한때 교인들의 궁전이 되었다."[29]

은언군(1755~1801) 이인은 누구인가? 그는 사도세자와 숙빈(肅嬪) 임(林)씨 사이에서 난 정조의 이복동생이었다. 정조의 비 효의왕후 김씨가 후사를 낳지 못하자 홍국영은 은언군의 아들 상계군(常溪君) 이담에게 정조의 뒤를 잇게 하려다 상계군은 사형당하고 은언군은 강화도로 귀양 갔다. 노론 벽파의 계속된 사형 요구를 정조가 거부함으로써 목숨을 부지한 셈이었다.[30]

주문모는 전라도 전주까지 방문하는 등 적극적인 포교활동을 펴 그가 입국할 때 4000여 명이었던 신자 수는 5년 후인 1799년엔 1만 명에 달하게 되었다.[31] 그러나 공식적으론 금지했을망정 천주교에 대해 비교적 너그러웠던 정조가 재위 24년(1800) 6월 세상을 뜨고 순조가 즉위하면서 천주교에 대한 박해가 시작되었다.

신유박해와 오가작통법

열한 살 먹은 순조 대신 수렴청정을 한 정순대비(노론 벽파)는 정치적 반대파인 남인 시파 가운데 천주교에 연루된 사람이 많다는 보고를 받자 즉각 대대적인 천주교 탄압에 들어갔으니 이게 바로 1801년(순조 1년) 신유(辛酉)박해다.[32]

숙종과 영조의 대까지는 주로 노론(老論)이 집권했으나 정조가 즉위하면서 남인(南人)계 인물들이 많이 등용되었다. 정조의 부친인 사도세자의 죽음을 계기로 당쟁의 판도는 시파(時派)와 벽파(僻派)로 나뉘었는데 사도세자를 동정하고 정조의 정치노선을 지지하는 사람들이 남인 시파였다. 벽파는 "시류는 무시하고 당론에만 치우쳐 있다"는 의미로, 시파(時派)는 "시류에 영합한다"는 의미로 붙여진 이름이었다. 이제 남인 시파를 두둔하던 정조가 죽자 외척세력인 노론이 다시 집권하여 세도정치를 하게 되었고 그 와중에 천주교를 탄압하는 피바람이 불게 된 것이다.[33]

정조는 천주교 즉, 사학을 탄압하기보다는 유교 즉 정학을 분명히 하면 그것은 저절로 없어지게 된다고 보는 교화주의를 실시했었다. 1801년 2월 정순대비는 정조의 교화주의를 비판하면서 오가작통법(五家作統法)을 실시하여 천주교를 발본색원하라고 지시했다.[34] 당시 반포된 교서의 내용은 이랬다.

"각 고을 수령들은 각기 자기 관할지역 전역에 서로 연대책임을 지는 오가작통의 법을 만들어 만일 그 다섯 집 중에 사학을 따르는 자가 있으면 그 감시를 맡은 통수(統首)는 수령에게 보고하여 개심케 해야 한다. 그런 다음에도 마음을 돌리지 않으면 국법이 있으니 그들을 싹도 나지 않도록 뿌리 뽑아버려라."35)

오가작통보다 더 무서운 건 포졸들의 부정부패였다. 이규태는 "신유박해로 천주교 탄압이 시작되자 포졸들은 기세가 사뭇 등등해졌다. 그들은 눈에 불을 켜고 다니면서 천주교도나 천주교도로 보이는 사람들을 잡아들였다. 신도를 검거하면 신도의 집과 가산을 송두리째 약탈해도 묵인해주었기 때문이었다"며 다음과 같이 말했다.

"이 '묵인'은 포졸들이 신도 색출에 의욕을 불태우기에 충분했다. 포졸들의 횡포는 갈수록 심해져 무고한 사람을 신도로 몰아세우는 일까지 벌어지더니 나중에 가서는 가짜 포졸까지 나돌게 되었다. 그 무렵엔 사형선고를 받은 신도라도 돈 20냥만 포졸 손에 쥐어주면 탈옥도 쉽게 할 수 있었다. 1865년 베르뇌(Siméon François Berneux, 1814~1866) 주교를 대접하다 붙잡혔던 신도 변주헌은 만년에 이르러 그의 아내 송씨가 마련해준 20냥을 뇌물로 바치고 탈옥할 수 있었다고 회고했다. 또 이미 사형된 유체(遺體)를 팔아먹는 포졸도 있었다. 상부의 명령을 가장하여 시체를 지키고 있는 척하다가 유가족이 돈을 가져오면 시체를 내어주곤 했던 것이다."36)

바로 이 신유박해 때에 이승훈·이가환·정약종·주문모·강완숙 등 300여 명이 처형되고 정약전·정약용 등 수많은 사람들이 유배를 당했다. 외국인 신부 주문모는 음력 1801년 4월 19일 한강의 새남터에서 참형당함으로써 최초의 외국인 순교자가 됐다. 은언군과 부인 송씨·며느리 신씨는 모두 사사(賜死)당했다.

동정녀 신드롬과 도모지 사형

당시 여성 신도들의 신앙활동은 당대의 사회윤리나 가족제도에 비추어볼 때 상상을 초월하는 파격의 연속이었다. 무엇보다도 남녀칠세부동석을 어기고 남녀가 뒤섞여 집회를 갖거나 내방에 외간 남자를 들이는 것이 가장 큰 문제가 되었다. 정해은은 "특히 동정녀들의 독신 고수는 사회윤리에 직접적으로 반기를 드는 패륜적인 행동으로 여겨졌다"며 다음과 같이 말했다.

"유교사회에서 후사의 단절은 가장 큰 불효였기에 혼인이란 인륜의 근본이었다. 그런데 동정녀들은 결혼을 거부하고 자신만의 생활방식을 추구했다. 동정을 지키기 위해 거짓으로 머리에 쪽을 올리거나 과부라고 속이기까지 했다. 요즘으로 보자면 수녀이기를 고수한 행동들이었다. 이들의 결혼 거부는 여필종부·일부종사·삼종지도·칠거지악 등 여성을 제약하는 사회 이념을 무색하게 만들었다. 여성들은 처음으로 자신의 의지와 판단으로 결혼을 거부했고 자신이 추구하는 가치를 몸소 실천했다."[37]

심지어는 결혼을 해놓고서도 남편을 설득해 몇 년간 동정을 지킨 여인들도 있었다. 그런 식으로 4년간 동정을 지킨 한 여인은 순교 직전에 쓴 편지에서 동정을 잃을 수 있는 위기 때마다 "우리는 서로 맞붙들고 흐느끼면서 그 악마의 구렁텅이를 빠져나오곤 했습니다"라고 말했다. 또 결혼 후 15년간 동정을 지킨 한 여인은 순교를 당하면서 "저와 같은 죄인에게 천주님은 순결을 지키는 커다란 은혜를 베풀어 주셨습니다"라고 감사를 했다고 한다. 정약종의 딸 정엘리자베스는 이성에 대한 욕망에 사로잡혀 동정을 파계할 위기를 느낄 때마다 벌거벗은 등짝에 피가 나도록 매질을 했다니 모두 다 지금으로선 도무

지 믿기지 않는 이야기다.[38]

천주교 신앙은 가문의 재앙이었기에 각 가문에선 천주교를 믿는 자식이 말을 해도 듣지 않으면 '도모지(塗貌紙)'라는 사형(私刑)으로 죽이는 일이 빈발했다. 오늘날 '아무리 해봐야 ……'라는 뜻으로 쓰이는 '도무지'라는 말의 어원이 된 '도모지'는 몇 겹의 종이에 물을 묻혀 얼굴에 발라 숨이 막혀 죽도록 하는 사형(死刑) 방법이었다. 잔인하지만 가장 간편하고 소리 없이 죽일 수 있는 방법이었다. 정확히 언제부터 시작된 것인지는 알 수 없지만 천주교를 믿는 가족을 집 기둥에 묶어두고 이런 방식으로 죽였다는 사례가 많이 수집되고 있다.[39]

황사영 백서 사건

주문모를 따라다니며 전도를 하던 양반 신도 황사영(1775~1801)은 베이징에 있는 프랑스인 주교에게 무력을 동원하여 조선에서의 신앙과 포교의 자유를 보장받아 달라는 서신을 보내려다 발각되었다. 이게 바로 1801년 9월에 일어난 황사영 백서(帛書, 비단에 쓴 글) 사건이다.

백서는 1만 3000여 자에 이른 장문의 서한이었다. 거기에는, 청의 황제를 통하여 선교의 자유를 주도록 조선 국왕에게 압력을 가할 것, 청조가 친왕(親王)을 조선에 파견하고 조선 국왕을 청의 공주와 결혼시켜 조선을 청의 영토로 병합할 것, 서양에 요청하여 무력으로 위협해서라도 선교사를 받아들이도록 조선에 압력을 가할 것 등이 포함되었다.[40]

황사영은 열여섯 살에 진사시에 합격한 수재로 정약용의 큰형인 정약현의 사위가 되면서부터 천주교에 경도돼 주문모로부터 세례를 받

1801년 당시 조선 천주교에 대한 박해 실상이 빽빽하게 기록돼 있는 황사영 백서.

은 인물이었다. 이 사건이 조선 정부를 더욱 자극해 천주교에 대한 박해는 더욱 가혹해지게 되었다.[41]

황사영은 정약용·정약전에겐 조카사위였기 때문에 이들은 다시 체포돼 감옥에 갇혔다가 유배지를 이동하게 되었다. 정약용은 이후 전라도 강진에서 18년간 유배생활을 하면서 『목민심서』『경세유표』 『흠흠신서』 등을 집필했다. 정약용은 신해박해 이후 천주교와의 관계를 청산했지만 최초의 세례를 받은 이승훈은 그의 매형, 최초의 천주교 교리 연구회장으로 순교한 정약종은 셋째 형, '진산 사건'으로 순교한 윤지충은 외사촌 형이었다. 그러니 마음속의 청산은 했을망정

천주교로부터 자유로울 순 없었다.[42]

정약용이 석방된 것은 1818년인데 1836년 일흔다섯의 나이로 죽을 때까지 500여 권의 저작을 남겼다. 1885~1886년에 고종은 정약용의 『여유당집』을 진상하도록 명하고 그와 동시대에 살지 못한 것을 개탄했다는 말이 있다.[43]

정약용의 둘째 형인 정약전은 전라도 흑산도로 유배를 가 16년에 걸친 고독한 생활 끝에 1816년 유배지에서 생을 마쳤는데 흑산도의 어류생태를 조사, 분류한 『자산어보(玆山魚譜)』를 저술했다.(『현산어보』로 읽는 게 옳다는 주장도 있다)[44]

신유박해(신유교난)가 식민지화 원인의 시작

1801년 조선에 전래된 한문본 천주교 서적은 대략 120여 종이었으며 이 가운데 86종 111책이 한글로 번역되어 읽히고 있었지만[45] 정부의 가혹한 탄압으로 천주교는 크게 위축되었다. 한국기독교역사연구소는 "정치적으로 볼 때 신유박해로 남인 시파는 전멸하여 재기불능의 상태에 이르렀다. 박해를 주도한 노론·남인 벽파로 보아서는 완벽한 승리였다"며 다음과 같이 말했다.

"종교적인 면으로도 사학으로 규정된 천주교는 멸절된 것처럼 보였다. 오가작통법은 서울뿐만 아니라 지방의 교인 색출에 효과적이었다. 천주교를 믿으면 본인은 물론 가족과 이웃까지도 해를 당한다는 인식이 생겨나게 되면서 천주교의 침투 가능성은 더욱 약해질 수밖에 없었다. 무엇보다 천주교에 대한 사회 전반적인 배척의 분위기가 성숙된 것이 보수세력으로서는 큰 소득이었다. 천주교를 '무군무부'의 종교, '대역무도'한 사학의 무리로 규정한 정부 측 입장은 황사영 백서와 같은 증거로 보장을 받게 된 셈이다."[46]

이 신유박해의 와중에 5년 전 '서사(西士)' 초빙을 역설했던 박제가도 봉변을 당하고 말았다. 1801년 베이징 여행에서 돌아온 박제가는 신유박해의 주모자의 한 사람인 임시발이 무고하여 천주교와는 관계가 없는대도 체포돼 장형(杖刑)을 받고 조선반도 최북단인 경성 유배에 처해졌다.(박제가는 1805년 3월에 석방되었지만 그 후의 소식은 자세히 알려져 있지 않다) 박제가의 수난에 대해 강재언은 다음과 같이 말했다.

"아마 서자 출신이면서 정조의 과분한 신임을 받았던 그가 눈엣가시로 여겨졌을 것이다. 모난 돌은 정을 맞기 마련일까. …… 박제가의 이런 사상은, 우리보다 장점이 있다면 오랑캐라도 스승으로 받들어 배워야 한다고 한 박지원의 사상을 계승한 것이라 하겠다."[47]

강재언은 "1801년 이후 천주교 탄압에 따라 서양의 천주교서나 과학서를 집에 두고 연구하는 것은 곧바로 죽음과 연결되는 험악한 분위기가 팽배하게 되었다"며 이런 분위기가 조선에 미친 영향에 대해 다음과 같이 주장했다.

"더욱이 중대한 것은 옥사한 이가환(1742~1801)의 말을 빌린다면 '수리가 무엇인지, 교법(천주교)이 무엇인지를 구별 못해 공갈하는' 보수파가 반천주교적인 풍조에 편승하여 서교와 서학을 한데 몰아서 배척한 것이다. 손자(孫子)가 '상대를 알고 자기를 알면 백전백승'이라고 한 바와 같이 서양의 외압에 적절하게 대처하기 위해서는 서양을 연구해서 알아야 할 것이 아니겠는가. 조선의 자주적 근대화의 좌절, 그로 인한 식민지화의 원인이 1801년의 신유교난에서 시작된다고 나는 보고 있다."[48]

부정부패와 1811년 홍경래의 난

부정부패는 더욱 심해졌다. 세도가문의 매관매직은 아예 공식적인 것이 되었는데 그것이 바로 공명첩(空名帖)이었다. 공명첩은 이름을 밝히지 않는 관직 임명장으로, 어떤 신분이거나 돈으로 살 수 있는 사람이면 다 구입할 수 있었다. 세도가문은 한 번에 수천 장씩 공명첩을 팔아먹었는데 1809년 전라도에 1000장, 충청도에 700장, 경기도에 900장, 수원에 200장을 팔았다는 기록이 있다.[49]

그러나 이태진은 공명첩이 1530년대부터 시작된 제도로, 자연재난으로 흉년이 들었을 때 곡식을 내는 사람들에게 그 대가로 준 것이라며 "공명첩제도 운영에는 비리도 많았지만 이처럼 공익성을 지니고 시작된 점을 유의할 필요가 있다"고 주장했다.

"군주가 주관하는 매관은 공명첩이 그랬듯이 공익의 명분을 전제로 한 것이 아닐 수 없다. 군주가 무엇이 부족해서 자신의 공기를 치부의 수단으로 삼겠는가. 다만 그 그늘 속에 세도정치기에 성행한 인사 관련 권력자들의 음성적 매관행위가 덩달아 성행한 점이 문제였다."[50]

이태진은 "누가 이것을 나쁜 정사라고 할 수 있겠습니까?"라고 물었는데[51] 정작 문제 삼아야 할 것은 '세도정치기에 성행한 인사 관련 권력자들의 음성적 매관행위'이며 이에 대한 책임을 누가 져야 하느냐에 대해서도 답을 해야 하는 게 아닐까? 이태진은 '일본인들의 고종 죽이기'로부터 고종을 구해내려는 자신의 시도에 대해 "왕조사관 부활이란 비판이 있는 것으로 안다"고 했는데[52] 이런 비판은 부당할망정 그런 오해를 유발한 책임은 이태진에게도 있는 것 같다. 즉, '고종 구하기' 열의가 앞선 나머지 국왕의 책임을 너무 협소하게만 보고 있다는 것이다. 어찌 보면 이미 문화로 굳어진 체제 자체에 문제의 근원이 있었던 건지도 모르겠다.

공명첩을 산 부친 이외의 조상들은 양반이 아니었기 때문에 공명첩을 산 양인(良人)의 자식들은 과거에 응시할 수 없었다. 공명첩은 양반에겐 면제였던 군포(軍布) 납부의 의무에서만 벗어나게 해줬을 뿐이다. 오히려 문제는 공명첩보다 그런 실속 없는 공명첩이라도 필요했던 엄격한 신분제였다. 이덕일은 "조선에서 심심찮게 위조 사건이 발생하는 분야는 사조단자(四祖單子)였다. 과거에 응시하는 거자(擧子)들은 친가와 처가 쪽의 증조부·조부·부친·외조부의 명단과 이력이 담긴 사조단자를 제출해야 했다"며 다음과 같이 말했다.

"사조단자를 제출하게 한 것은 부패 관료들의 명단인 '장오인녹안(贓汚人錄案)'에 기록된 인물들 자손의 관직 진출을 막으려는 뜻도 있었지만 본질은 양반 사대부 가문이 관직을 독점하려는 의도였다. 양반 사대부의 필수 교양이 족보에 대한 지식인 보학(譜學)이었던 것도 마찬가지였다. 가짜 양반을 가려내 배타적 특권을 유지하겠다는 의도였다. …… 사회 밑바닥에서는 폐쇄적인 신분제 철폐 움직임이 강해졌으나 양반들은 요지부동이었다. 실력보다 신분만을 중시했던 조선의 국력 약화는 필연이었다."[53]

진짜 매관매직은 비공식적으로, 그것도 연고 중심으로 이루어졌기에 문제가 더욱 심각했다. 이규태는 "정삼품 이상 당상관은 내외 8촌까지 먹여 살려야 했다. 이런 관습은 거의 의무적이었다. 또 지금의 장관인 판서나 관찰사 같은 지방장관이 나면 20촌이 넘는 먼 친척 간이라도 살림이 어려우면 돌봐야 하는 것이 상식으로 통했다"고 했다.[54]

훗날 동학농민전쟁 때 고부 봉기를 촉발시킨 탐관오리 조병갑도 자기 가문에선 예의 바르고 의리 있는 인물로 통했을 것이다. 신복룡은 조병갑이 물욕에 눈이 뒤집힌 것은 "자신의 개인적인 영화를 위해서도 필요한 것이었지만 그를 그곳에 심어준 문족(門族)들에게 상납하기 위해서도 어쩔 수 없는 일이었다"고 했다.[55]

매관매직을 어떻게 평가하건 민생이 피폐해진 건 분명한 사실이었다. 1811년(순조 11년) 음력 12월 18일 평안도에서 일어난 홍경래의 난이 그 좋은 예였다. 몰락양반 홍경래(1780~1812)가 일으킨 농민전쟁은 주변 농민들의 호응을 얻었고 농민군은 가산·정주에 무혈 입성했으며 이후 불과 10일 만에 일곱 개 고을을 거의 전투 없이 점령했다. 정부군의 공격으로 농민군은 정주성에 들어가 1812년 3월까지 싸우다 결국 함락되었는데 이때 잡힌 농민군 3000명 중 약 2000명이 처형되었다.[56]

당시 민중은 소극적 저항의 한 형태로 괘서(掛書, 이름을 숨긴 벽보)를 이용하기도 했다. 벽보를 이용해 관리의 가렴주구(苛斂誅求)를 폭로하고 당면한 사회문제의 개선책을 개진한 것이다. 1804년에 일어난 관서비기(關西秘記) 사건이나 1826년 청주 괘서 사건이 두드러진 사례다.[57]

개신교 선교사 귀츨라프의 충청도 방문

조선에서 홍경래의 난이 터진 그때에 영국에선 기계 때문에 직장을 잃은 노동자들에 의한 기계파괴운동(러다이트운동)이 일어나고 있었다. 18세기 중엽 영국에서 시작된 산업혁명의 물결은 그런 진통을 겪으면서 1830년대에 이르러선 기계에 의한 대량생산체제를 확립해나가고 있었다.

서양의 1830년대는 '신문 혁명의 시대'이기도 했다. 16세기 중반에 출현한 신문이 대중화의 단계에 돌입한 것이다. 영국·프랑스·미국 등에서 동시에 일어난 이 혁명은 파격적인 가격인하를 통해 노동자들까지 신문을 접할 수 있게 만들었다.

때는 바야흐로 제국주의의 시대이기도 했다. 제국주의의 선두주자인 영국은 1819년 싱가포르, 1824년 말레이시아, 1826년 미얀마를 식민지화했다. 조선은 아직 밖에 널리 알려지지 않은 '은둔의 왕국'이었다. 한국이 처음 외신에 등장한 것은 1824년 5월 미국 오하이오주의 한 일간지에 실린 '인어(人魚)' 기사에서였다. 한국 연안에서 빗과 거울을 든 인어가 산 채로 잡혀 미국 버지니아주 리치먼드에서 전시되고 있다는 황당한 내용이었다.[58]

천주교가 위축된 가운데 한국 땅을 밟은 최초의 개신교 선교사는 네덜란드 선교회 소속의 독일인 귀츨라프(Karl F. A. Gützlaff)였다. 중국에서 활동하던 귀츨라프는 영국 동인도회사 소속의 상선 로드 애머스트호를 타고 1832년(순조 32년) 음력 6월 26일 충청도 홍주만 고대도 앞바다 금강 입구에 정박했다. 그는 동인도회사의 통역으로 일하면서 그 기회를 이용해 선교를 시도했다. 귀츨라프는 훗날 다음과 같이 말했다.

"국왕에게 서한과 선물을 보내려고 한나절 넘게 짐을 꾸렸다. 린제이 선장은 내가 갖고 있는 성서 한 질과 전도문서 전부를 함께 쌓아 국왕에게 선물하라고 아주 정중하게 요청했다. 갑판 위에 찾아온 사람들에게 성서를 주어 기뻐하였고 이로서 나는 아주 만족하였는데 이제는 외로운 나라의 통치자에게 하나님의 말씀을 읽어 유익을 얻으리라고 갈망하게 된 것이다. 이 나라 통치자에게 많은 사람에게 예수 그리스도의 말씀보다 더 귀한 선물이 있을까?"

　귀츨라프 일행은 홍주 성읍의 관리를 만나 성경과 전도문서지를 국왕에게 선물로 전해달라고 요청했다. 회답을 기다리고 있던 귀츨라프 일행은 고대도 섬주민들과 접촉하면서 성경과 전도지를 나누어주었으며 한국인의 도움으로 최초로 한문으로 된 주기도문을 한글로 번역하기도 했다. 그는 포도주 만드는 법을 가르쳐주고 감자도 선물로 주면서 심는 법까지 가르쳐주었다.[59]

　귀츨라프 일행의 서한은 통상 요청이었다. 8월 9일 서울에서 통역관을 대동하고 내려온 특사는 귀츨라프 일행의 서한과 선물을 도로 돌려주면서 중국 황제의 허락이 없이는 외국과 통상할 수 없다고 말했다. 당시 관원이나 지식인들도 로드 애머스트호의 통상 요청을 거절한 정부의 조치를 대체적으로 지지했다. 귀츨라프는 일본 류큐열도(현 일본 오키나와)로 떠나 그곳에서 정착해 선교활동을 했다.[60]

왕만 바뀌면 재개되는 천주교 박해

1831년 로마 교황 그리고리우스 16세는 조선 신도들의 요청에 따라 조선교구를 베이징교구에서 독립시키고 파리외국(외방)전교회에 조선교구를 지원하도록 조치했다. 초대 교구장으로 브뤼기에르(B. Bruguiere)가 임명되었지만 조선에 부임하지는 않았다. 파리외국전교회는 1836년 겨울에 신부 모방(Pierre Philibert Maubant, 1803~1839), 1837년 겨울에 신부 샤스탕(Jacques Honore Chastan, 1803~1839), 그리고 1838년 겨울에는 주교 앵베르(Laurent Marie Imbert, 1796~1839)를 파견했다. 이들은 각각 신도의 안내하에 얼어붙은 압록강을 건너

국내에 잠입하여 포교를 했다.[61]

그러나 당시 조선은 왕이 죽으면 나라 전체가 흔들리는 사회였다. 1834년 순조가 죽자 또다시 여덟 살의 헌종(재위 1834~1849)이 왕위에 오르고 궁정 내 연장자인 순원황후가 대왕대비로서 수렴청정을 하게 되었다. 그런데 헌종의 생모가 풍양 조씨였기 때문에 안동 김씨와 풍양 조씨 사이의 싸움이 더욱 치열해졌고 그 와중에서 '천주교 박멸'이 다시 정치적 의제로 떠올랐다.[62]

강재언은 "구태여 말하자면 숨죽이면서 간신히 살아남은 신유교난의 잔류자를 박멸하겠다는 것"이라고 보았다.[63] 다시 불어 닥친 강력한 천주교 탄압정책에 따라 1839~1841년 3년 동안 외국 선교사 세 명을 포함해 순교자 70여 명, 고문으로 옥중에서 죽은 신자가 60여 명이 넘었다. 이게 바로 기해박해다.[64]

그런데 1836년 겨울 조선에 잠입한 모방은 조선인 신부 양성을 위해 김대건·최방제·최양업 등 세 명을 선발해 마카오에 유학을 보냈다. 이들 중 김대건(1822~1846)은 1837년부터 5년간 마카오 포르투갈 신학교에 체류하면서 라틴어·프랑스어·영어 등 6개국 언어를 구사하는 천재성을 보이면서 1845년 9월 조선 최초의 신부가 되었다.

김대건은 제3대 조선 교회 주교로 임명된 신부 페레올(Jean Joseph Ferreol, 1808~1853), 신부 다블뤼(Marie Antoine Nicolas Daveluy, 1818~1866)와 함께 해로로 충청도에 잠입했다. 국경지대 수비가 강화돼 더 이상 육로로 잠입하는 것이 불가능하게 되었기 때문이다. 이후 모든 천주교 선교사들은 해로를 통해 국내에 잠입했다.[65]

김대건은 지하활동을 벌이다가 황해도 연안을 답사하던 중 1846년 5월에 체포돼 음력 9월 16일 스물여섯의 나이로 20여 명의 신자와 함

께 순교했다. 이를 병오박해라고도 하나 1839년 기해박해의 연장으로 보는 것이 일반적인 추세다.[66]

기해·병오박해는 기존 안동 김씨 세도세력에 대한 풍양 조씨 세도세력의 도전이라는 정치적 상황 변화를 배경으로 하여 이루어진 천주교 박해 사건이었지만 1849년 헌종이 아들 없이 죽고 왕위 결정권이 다시 안동 김씨에게 넘어가 철종이 즉위함으로써 풍양 조씨 세력은 다시 몰락의 길을 걷게 되었다.[67]

철종이 누구인가? 그는 신유박해 때 사사당한 은언군의 손자 덕완군(德完君)이다. 강화도령이라 불렸던 그는 천주교를 둘러싼 이런 비극적 가계 때문에라도 천주교에 비교적 관대했다.[68] 이런 정치적 변화에 따라 천주교회는 '유례없는 발전'을 할 수 있었다.

페레올 주교가 1853년 병으로 죽자 베르뇌 신부가 4대 주교로 임명되어 1856년 황해도 장연을 통해 입국했다. 이후 10여 명의 프랑스 신부가 입국해 왕성한 선교활동을 폄으로써 기해·병오박해 직후 1만 명을 넘지 못했던 교인 수가 1865년에 이르러 2만 3000여 명으로 증가했다.[69]

그러나 베르뇌는 1864년 사목 서한을 통해 "제삿상에 올랐던 음식을 먹는 것도 죄가 된다"고 발표함으로써 천주교와 조선 문화와의 정면충돌을 예고했다.[70] 동방의 조상숭배는 우상숭배가 아니라는 교황청의 칙서가 발표될 때까지는 70여 년의 세월을 더 기다려야 했으니 이런 판단착오로 인해 이제 수많은 사람들이 흘리게 될 피에 대해선 도대체 누가 책임을 져야 하는가?

03

이양선의 출몰과
여항문화

아편전쟁과 태평천국의 난

기해박해의 와중인 1840년 중국에선 이른바 아편전쟁이 일어났다. 표면적으론 인도산 아편의 무차별 중국 유입에 대한 청의 강력한 반발의 결과였지만 실제론 서양 제국주의에 대한 동양의 저항이었다. 이 전쟁은 영국의 승리로 끝났다. 청은 1842년 8월 굴욕적인 난징조약을 맺음으로써 '잠자는 사자'가 아니라 '종이호랑이'임이 입증됐다.

진정한 패인(敗因)은 꼭 무기의 열세 때문만이 아니었다. 조선이 중국으로부터 이어받은 숭문주의의 처절한 패배였다. 마루야마 마사오는 "중국이 보기에 전쟁에 강하다는 것은 곧 문화의 수준이 낮다는 증거지요"라면서 다음과 같이 주장했다.

"'중화'라는 것은 근본적으로 예(禮)적인 문화질서라서 '문(文)'이 '무(武)'에 비해 우월하다는 관념이 바탕에 깔려 있습니다. 때문에 억지를 부려서 '어차피 놈들은 오랑캐니까 완력은 강하게 마련이야' 라는 이유를 갖다 댈 수 있지요. …… 아편전쟁 때에도 '어차피 오랑캐니까 국토의 자투리쯤은 줘버려도 돼' 하는 정서입니다. 국토가 넓은 탓도 있겠지요. …… 제일 옥신각신한 것이 '예' 문제였고 어떤 의미에서는 토지의 할양보다도 더 중요한 문제였습니다."[71]

중국을 조롱한 발언으로 볼 수도 있겠지만 중국이 조약을 맺으러 온 영국 사절에게 황제에 대한 예를 갖추라고 요구하면서 그걸 가장 중요하게 생각했다는 건 분명한 사실이다. 중국은 땅이라도 넓으니까 그럴 수 있다지만 조선은 땅도 넓지 않은 데다가 그걸 지킬 만한 최소한의 무력조차 키우질 못한 탓에 이제 곧 중국보다 더 큰 치욕을 겪게 된다.

청은 쇄국의 빗장을 열어야 했으며 향나무를 실어내던 향기로운 섬 홍콩(香港)을 영국의 식민지로 넘겨줘야 했다. 난징조약은 홍콩 할양 외에도 청이 다섯 항구를 개방하는 동시에 영사재판권·최혜국대우·협정관세 등을 보장하는 불평등조약이었다. 새로 개방된 상하이를 중심으로 아편 유입량이 증가해 1850년대에는 5~7만 상자에 육박했다.[72]

프랑스도 1844년 청국과 황푸조약을 체결하여 영국과 동등한 통상권리를 획득했으며 미국도 같은 해 청국과 왕샤조약을 체결하여 중국 진출의 기반을 만들었다.[73]

1848년 칼 마르크스(1818~1883)는 『공산당선언』을 발표했다. 『공산당선언』은 "오늘까지 모든 사회의 역사는 계급투쟁의 역사였을 뿐이다"라고 단언하면서 "노동자들이 잃을 것은 사슬이요, 얻을 것은 세계이다. 만국의 노동자여, 단결하라!"고 외쳤다. 이 선언 이후 유럽 각국에서 혁명 시도가 동시다발적으로 명멸(明滅)했으며 각국 정부는 내부갈등을 밖에서 해소하기 위해 약소국들을 희생으로 삼는 팽창주의 전략에 박차를 가하게 되었다.

1850년 중국에선 유럽과는 전혀 다른 성격의 혁명이 일어났으니 그건 바로 태평천국의 난이다. 상제교주(上帝敎主)인 홍수전은 타만흥한(打滿興漢)을 표방하고 반란을 일으켜 1851년 광둥성을 함락한 후 태평천국을 수립하고 스스로 태평천왕이라 일컬었다. 1853년 3월 홍수전은 100만 명의 태평군을 이끌고 난징에 입성해 3만 명의 만주족 군대를 몰살시키는 등 위세를 떨쳤다. 태평천국은 영불연합군에 의해 1865년에 멸망하게 되지만 15년 동안의 전란으로 무려 2000만 명이 죽고 국토는 황폐해져 청조 멸망의 원인이 되었다.[74]

태평천국의 난은 조선에도 큰 충격을 주었다. 김용옥은 "그것은 조선반도의 민중에게 있어선 그 반도가 소속되어 있는 대륙질서의 근원적인 붕괴를 의미하는 것이며 그것은 그들의 중화중심의 천지론적(天地論的) 세계관에 있어서 '땅의 꺼짐'을 의미하는 경천동지의 사건이었다"고 평가했다.[75]

1854년 일본의 개항

중화권 민중이 충격에 정신을 차리지 못하고 있을 때 서양 제국주의 열강들은 굶주린 이리 떼처럼 탐욕스럽게 아시아 국가들을 계속 집어삼켜나갔다. 프랑스는 1862년 베트남, 1863년 캄보디아를 집어삼켰다. 영국은 1858년 인도 전체를 식민지화하는 등 제국주의의 선두주자였지만 신흥 강국 미국의 활약도 만만치 않았다. 1823년 이른바

'먼로 독트린' 이후 영토 확장을 도모하여 열강의 지위를 확보한 미국은 1840년대 캘리포니아 점령, 오리건 지역 병합, 1860년대의 알래스카 및 하와이 등 진출로 태평양세력의 기반을 구축하고 있었다. 이런 역량으로 미국은 1850년대 일본의 개국을 주도했다.[76)]

1853년 7월 미국의 동인도함대 사령관 페리(Mattheu C. Perry, 1794~1858) 제독은 흑선(黑船)이라 불리던 군함 네 척을 이끌고 무력시위로 일본을 충격에 빠트렸다. 이른바 '포함외교(Gunboat Diplomacy)'였다. 훗날 일본에선 "한 발의 포성은 200년의 긴 꿈에서 일본인을 깨어나게 했다"는 말까지 나왔다.[77)]

페리는 1854년 250문의 대포로 무장한 열 척의 군함을 이끌고 일본을 다시 찾아왔다. 이때에 일본은 페리 제독과 미일화친조약을 체결했으며 1858년엔 미일수호통상조약을 체결했다. 이어 일본은 네덜란드 · 러시아 · 영국 · 프랑스와 조약을 체결했다.

이양선은 충격과 공포의 대상

세계정세가 그러했던 만큼 1850년대부터는 조선에도 이양선의 출몰이 없는 해가 없을 정도였다.[78)] 이양선(異樣船)은 '이상한 모습을 한 배'라는 뜻이다. 서양인들의 배는 조선 선박과는 전혀 다르게 생겼는데 조선인들이 보기에 선체는 마치 태산과 같았고 범죽은 하늘 높이 치솟았으며 빠르기가 마치 나는 새와 같았다.[79)]

한국 연해에 출현한 최초의 서양 열강의 선박은 부솔호 등 두 척의 프랑스 군함으로 추정되는데 이들은 1787년(정조 11년) 5월 제주 · 울릉도 해역을 조사 측량했다. 본토 연안에 출현하여 최초로 조선 관원의 문정(問情)까지 받은 서양 선박은 1797년 9월 동래 용당포까지 온 영국 탐험선 프로비던스호였다. 이 배는 동아시아 일대의 해도를 작성하다가 식량과 식수를 얻기 위해 온 것으로, 이게 조선과 영국의 최초의 만남이었다.

1997년 '한영 만남 200주년'을 기념하기 위해 전국 곳곳에서 50여 가지의 행사가 열렸다. 이 가운데 가장 눈길을 끈 것은 5월 24일 부산에 입항한 영국 최대의 항공모함 일러스트리어스호였다. 14층 건물 높이의 거대한 항공모함을 구경하기 위해 수천 인파가 몰려들었다.[80]

프로비던스호의 출몰 이후 수많은 선박이 출몰했다. 주로 영국이나 프랑스 선박이었으며 러시아와 미국 선박은 1850년대부터 나타났다.[81]

이런 일도 있었다. 1816년 라이라호를 비롯한 세 척의 영국 군함이 측량을 위해 조선 서해안 일대로 왔다. 9월 8일 배질 홀(Basil Hall, 1788~1844) 함장 일행이 신안 앞바다의 한 섬에 내려 부녀자들이 모여 있는 골짜기로 가려 할 때 한 조선인이 홀의 팔을 꽉 잡아 눌렀다. 다급해진 홀은 "페이션스 서(Patience Sir, 노형 참으시오)!"라고 외쳤다. 주민들은 한참 동안 "페이션스 서"라고 따라했다. 그날 홀은 어두워질 때까지 언덕 위에서 주민들에게 영어 단어를 가르쳐줬는데 발음을 곧잘 흉내냈다. 한국인에게 '영어교육'이 이뤄졌다는 최초의 기록이다.[82]

앞서 소개했듯이 1832년엔 영국 동인도회사 소속의 로드 애머스트호가 황해도 장산곶과 충청도 고대도에 나타나 조선 정부에 통상을 요구하다가 돌아갔는데 통상 요구로는 이것이 첫 번째 사건으로 기록되고 있다.[83]

1853년 1월 부산 앞바다에 나타난 미국의 고래잡이 배.

 1845년에는 6월 25일부터 7월 말까지 영국 군함 사마랑호가 제주도와 전라도 해안을 탐사하고 갔다. 군인들이 제주도의 우도에 상륙해 가축을 약탈하고 달아나자 제주도민들이 놀라 피난을 가는 등 큰 소요가 발생하기도 했다. 그들은 7월 6일 여수 앞바다의 거문도에 도착하여 4일간 측량을 했는데 이 섬을 자기들 멋대로 영국 해군성 차관의 이름을 따서 '해밀턴항(Port Hamilton)'이라고 명명했다. 영국은 이때의 측량과 그간 축적된 서양인들의 관찰을 종합하여 1849년 조선에 관한 가장 정확한 지도를 발간했다. 훗날(1885) 거문도 점령을

위한 사전 준비작업인 셈이었다.[84]

1846년 7월엔 세실 함장이 이끄는 프랑스 함대가 충청도 외연도에 나타나 1839년 기해박해 때 있었던 프랑스 신부 세 명의 처형에 항의하는 서한을 조선 정부에 전달하고 돌아갔다.[85]

이양선들 중엔 탐험과 연안 측량에만 머무르지 않고 재물을 약탈하거나 사람을 죽이는 등 난폭한 행동을 하는 경우도 많았다.[86] 그래서 많은 경우 이양선의 출현은 당시 조선인들에게 충격과 공포의 대상이었다.

시계와 피아노

신기한 서양 물건마저 조선인들을 공포에 떨게 만들었다. 시계와 피아노가 그 대표적 예일 것이다.

조선에 기계시계가 들어온 것은 1631년(인조 9년)으로 명나라에 사신으로 갔던 정두원이 몇 가지 서양 문물과 함께 가지고 돌아온 자명종이 시초이지만[87] 보통사람들이야 그런 기계가 있다는 걸 알았을 리 없다. 1847년 여름 세실 서한의 회답을 요구하기 위해 온 프랑스 군함 두 척이 전라도 앞바다에서 암초에 걸려 만경과 부안의 경계인 신치도라는 섬에 닿았을 때 주민들이 겪은 '공포' 해프닝이다.

"이 배에서 건져낸 물건은 거의 대포나 총이었는데 관리들은 이것들을 재빨리 창고로 옮겨놓고 문을 굳게 잠가버렸다. 창고 문을 잠근 뒤 마을사람들은 한시름 놓을 수 있었다. 그런데 창고 안에서 똑딱똑딱 하는 야릇한 소리가 새어나오는 바람에 섬은 다시 공포에 사로잡히고 말았다. 그 무기들 속에 시계가 들어 있었던 것을 사람들은 알

턱이 없었다. 일주일이나 계속해서 똑딱 소리가 들려오자 마을사람들은 회의를 열었다. '서양 귀신이 우리 섬을 해치기 위해 일부러 도깨비를 떨어뜨려놓고 간 게 틀림없다!' '당장 굿판을 벌여 서양 도깨비를 몰아내자!' 뭍에서 불러온 용하다는 무당이 한바탕 굿을 한 뒤 얼마 지나지 않아 우연의 일치로 똑딱 소리가 뚝 그쳤다. 감겼던 시계의 태엽이 다 풀어져 소리가 멈추었던 것이다."[88]

1854년 러시아 군함 팔라다호가 조선 탐사에 나섰다. 이 탐사에 동행한 러시아 문인 곤잘로프는 항해기에서 다음과 같이 말했다.

"오늘은 안개로 인해 측량에 나서지 않았기 때문에 여러 명의 조선인들이 우리를 찾아왔다. 막 음악 연주가 시작되었을 때 선실에 있던 나는 깜짝 놀라 어리둥절해하는 조선인들의 표정을 볼 수 있었다. 그중 한 사람은 피아노 소리에 놀란 나머지 그만 객실 마룻바닥에 나자빠지고 말았다."[89]

한양 중인계급의 여항문화

그즈음 한양에선 여항인 의식이 자리잡기 시작했다. 한양이 상업도시로 변모하면서 나타난 결과였다. 여항(閭巷)은 원래 사대부가 아닌 일반 백성이 사는 골목을 의미하는 말이었지만 대개 '일정한 지식을 소유한 서울의 저자 사람'을 지칭하는 경우가 많았다. 여항인은 시전상인층과 더불어 실무행정을 맡은 하급관리가 대부분으로 넓은 의미의 중인계층을 의미했다. 이들은 축적된 부를 기반으로 사대부와 같은 시간적 여유를 누리면서 이를 통해 여항문화를 형성해나간 것이다.[90]

화폐경제가 한양의 모든 것을 지배하게 되자 남공철(1760~1840)은 이러한 사정을 "사람들이 살아가는 수단은 한양은 돈, 시골은 곡식이다"라고 표현했다. 1842년(헌종 8년) 가짜 암행어사 행세를 하다가 붙잡혀 포도청에 끌려온 한 죄수도 "서울은 시골과 달라 돈이면 안 되는 일이 없다"고 주장하기도 했다.[91]

고동환은 '여항문화'에 대해 "이들이 형성한 도시문화적 양상은 문화 예술적 욕구의 증대와 유흥문화의 발달로 대변된다. 여항인의 문화 예술적 욕구는 다양한 생활 취미를 추구하는 데서 잘 나타난다"며 다음과 같이 말했다.

"18세기 한양에는 집안 치레를 위한 그림시장이 형성되었는데 예컨대 김홍도의 그림을 구하는 사람들이 날로 늘어 대문에 가득 찰 지경이었다. 또한 가옥·그릇·복식·수레와 말 등의 사치가 사회문제로 대두되었으며 소나무와 매화 분재 따위에 광적인 취미를 보이는 사람도 있었다. 그리고 서민들 사이에 골동품 수장과 감상 취미가 생기고 이런 수요에 응해 분재나 골동품 중개상도 출현하였으며 도시민들 사이에 바둑·화훼·서책·고검(古劍)의 수집 등 새로운 감각의 생활 취미가 생기고 있었다."[92]

유흥문화도 발달했다. 고동환은 "18세기 한양에는 술집과 기방이 번창하고 도박이 성행하였다. 술과 매음을 업종으로 하는 색주가나 음식점이 번창하였다"며 다음과 같이 말했다.

"18세기 후반 한양의 주점들은 수십 가지 안주를 제공하여 젊은이들이 술보다 안주에 몰려 술값으로 패가망신하는 경우가 허다하였고 쇠고기와 어물의 절반 이상이 주점의 안주로 소비되어 한양 시민의 찬거리 값이 폭등하기도 하였다. …… 원래 기녀가 제공하는 각종 춤과 기악·성악·성적 서비스는 궁정과 관료를 위한 것이었으나 18세기 이후에는 소비층과 향유방식에서 상당한 변화가 일어났다. 여항인이 새로운 향유층으로 등장하면서 시정에 기방(妓房)이 출현하였다. 여항문화로서 기방은 기녀의 예능·술·성을 판매하는 곳이자 도시민의 사교장이며 도박장이기도 하였다."⁹³⁾

차라리 여항문화가 조선의 지배적인 문화였다면 조선의 운명은 달라질 수 있었을까? 부질없는 가정법이긴 하지만 나중에 개화사상 수입과 유통에 앞장선 선구자들이 주로 중인계급이라는 점에서 한번쯤 생각해봄직한 의문이다.

1860년 베이징 함락에 대한 낙관주의

1856년 청국 관헌이 영국 선적 애로우호를 임검한 것이 발단이 되어 일어난 이른바 애로우호 전쟁(1856~1860)은 영국과 프랑스 연합군이 중국의 베이징을 점령하는 결과를 낳은, 중국엔 비극적인 사건이었다. 영국과 프랑스는 청국에 톈진조약(1858)·베이징조약(1860)을 강요하여 개항장을 추가하고 공사관의 베이징 개설과 내지포교·통상권 등을 획득했다. 미국도 1860년 청국과 톈진조약을 체결하여 영국·프랑스와 동등한 통상권리를 획득했다.⁹⁴⁾

베이징이 영불연합군에 의해 함락되고 중국 황제가 열하(熱河, 러허)로 피난 간 사건은 조선 사회에 엄청난 충격을 안겨주었다. 조선 정부는 이 소식을 수개월이 지난 1860년 말에서야 알게 되었고 1861년 2월 동지사행이 돌아옴에 따라 자세히 알게 되었다.⁹⁵⁾

동지사로 중국에 다녀온 신석우는 "양이(洋夷)가 조선에까지 쳐들어오지 않겠는가 하고 우려하는 이들이 있으나 저들은 교역이 목적이고 우리나라는 교역할 물건이 없으므로 우리나라에는 들어오지 않을 것"이라고 전망하고는 오히려 우려되는 건 국내의 일부 세력(천주교세력)이 저들을 불러들이지 않을까 하는 것이라고 보고했다.[96] 문안사로 파견되었던 박규수(1807~1877)도 러허에 다녀와서 특별한 위기의식을 표명하지 않는 등 조선 정부는 중국 사태에 대한 위기감을 갖지 않았다.[97]

서양의 침략 가능성을 부정하는 낙관적 시각이 조선 정부를 지배했다. 장인성은 "이 같은 불감증은 베이징조약 체결 후에 다소 안정을 회복한 중국을 보았기 때문일 수도 있고 국내의 정치적 혼란을 야기할 소지가 있는 대외문제를 과소평가하거나 축소해석하는 관료들의 일반적 경향 때문일 수도 있다. 그러나 보다 중요한 이유는 현상유지의 심리가 '견문'을 무의미하게 만들거나 내용을 왜곡시켰다는 데 있다"며 다음과 같이 말했다.

"한편 도쿠가와 일본의 정치가와 지식인들은 아편전쟁과 베이징 함락에 큰 충격을 받았다. 그들은 서세동점(西勢東漸)의 군사적 성격을 간파하였고 동아시아 국제 정치 현실에 주목했다. 특히 영국의 군사력과 일본 진출 가능성을 두려워했다. 그리고 영국에 대비해 해방(海方) 의식을 다졌다."[98]

안타까운 일이었다. 중국의 몰락에 경악해 혹시 올지도 모를 위험에 대비하느라 천주교 관련 물품들을 장만하려는 사람들만 생겨났을 뿐,[99] 또 가족을 피난시키는 일부 관료들이 나타났을 뿐[100] 조선 조정은 낙관주의가 팽배한 가운데 충분한 대비책을 강구하지 않았으니 말이다.

제2장

농민항쟁의 폭발

01

삼정문란으로
수탈당하는 백성

전정·군정·환정의 문란

동양 각국이 서양 제국주의 국가들의 먹잇감으로 전락하고 있던 당시 조선 지배층은 천하태평이었다. 당시의 민생은 어떠했던가? 진덕규는 "순조 재위의 후반기에 안동 김씨의 세도정치를 대신해서 풍양 조씨의 세도가 한때 행해졌지만 안동 김씨의 세도는 대원군의 등장까지 그대로 지속되었다"며 다음과 같이 말했다.

"특히 헌종의 재위기간 15년(1834~1849)은 안동 김씨의 독점적 세도기간이었다. 이 시기에 안동 김씨의 가렴주구로 삼정은 극도로 문란했고 홍경래 난을 비롯하여 전국적으로 민란이 일어나기도 했다. 천주교도에 대한 탄압으로 민심도 크게 동요했으며 이양선의 출몰 등 조선왕조의 말기적 증세가 나타났다."[1]

원래 세도정치란 조광조(1482~1519)가 도학의 원리를 정치사상으로 심화시키면서 주창한 것으로, 사림파가 표방했던 통치원리였지만 이 것이 변질되면서 전혀 다른 의미를 갖게 되었다. 사림 정치가 지향했던 본래의 '세도(世道)'와는 본질적으로 다른 '혈연 패거리 독재정치'가 발호했던바 표기도 '세도(勢道)'로 바뀌었다.[2]

삼정은 정부수입의 근간을 이루는 것으로, 토지세인 전정(田政), 군역을 포(布)로 받는 군정(軍政), 정부의 구휼미제도로 사실상 고리대가 돼버린 환정(還政) 또는 환곡(還穀)을 의미하는 것이었다. 한홍구는 "이 가운데서 가장 무거운 부담이 군정이었다"며 다음과 같이 말했다.

"균역법의 시행으로 세율은 낮아졌지만 세원을 확대하다 보니 16세 이상 60세 이하의 장정이 아니더라도 군역의 부담을 져야 했다. 갓난아이도 군적에 올려 군포를 부과하는 황구첨정, 죽은 사람도 살아 있는 것으로 꾸미거나 체납액을 이유로 군적에서 삭제해주지 않고 가족들로부터 계속 군포를 거둬가는 백골징포, 도망간 사람의 군포를 친척이나 이웃에 부과하는 족징·인징 등은 군역이라는 이름 아래 농민들을 쥐어짜는 고전적 수법이었다. 견디다 못한 농민들이 도망갈수록 남아서 땅 파고 있는 농민들의 부담은 더욱 무거워질 수밖에 없었다."[3]

안길정은 "이 지경이니 군역을 지지 않는 양반이 오죽이나 부러웠을까. 돈이 있으면 기필코 양반이 되고자 했다. 돈이 없는 자들은 수령에게 탄원서를 올려 자기는 원래 양반의 자손이라고 우겼다"며 다음과 같이 말했다.

"웬만히 말해서 통하지 않으면 밑져봐야 본전이라는 심보로 자기 조상이 흥무왕(김유신 장군)이라거나 태조와 한 핏줄이라며 아예 왕가를 사칭했다. …… 모두가 양반이랍시고 군역에서 빠져나가려 한다면 대체 역은 누가 질까? 왜놈과 되놈에게 호되게 당하고도 정신을 못

무거운 세 부담으로 백성들의 생활은 더욱 궁핍해졌다. 한 가난한 농가의 여자아이가 소 대신 쟁기를 몰고 있다.

차렸으니 나라가 망할 게 뻔한 노릇이다. 군포의 혹독한 징수는 이농을 부르고 국가재정의 원천인 양인을 고갈시켜 위기감을 자아냈다."[4]

  삼정 가운데 환곡의 폐해가 가장 컸다고 보는 이들도 많다. 환곡의 기원은 지방의 특산물로 세금을 바치던 것을 쌀로 일원화하여 바치는 제도인 대동법(大同法)으로까지 거슬러 올라간다. 1608년(선조 41년)에 경기도 지방부터 시작되었다. 대동법은 조세제도 일원화 차원에서 꽤 합리적인 것이었는데 보릿고개라고 하는 계절적 빈곤 때문에 대동법은 백성들의 짐이 되기 시작했다.[5]

  이러한 상황에서 실시된 환곡은 춘궁기에 백성들에게 쌀을 꾸어주고 가을에 싼 이자를 붙여 되돌려 받아서 그 이자를 나라에 바치도록 하는 빈민구휼제도였다. 이 제도가 상설 제도로 정착된 것은 인조 4년(1626)이었는데 당초 환곡의 이자는 봄부터 가을까지 6개월 동안 20퍼센트(연리로 치면 40퍼센트)였고 조선조 후기에 들어오면 6개월에 10퍼센트(연리 20퍼센트)였다. 고리(高利)였을망정 가혹한 정도는 아니었지만 토호 지주들이 쌀을 매개로 축재를 시작하면서 이자는 날이 갈수록 높아지기 시작했다. 조선 말에 이르러 환곡은 사실상 합법적인 수탈제도로 변질되었다.[6]

특히 매관매직이 성행하면서 벼슬을 돈 주고 산 관리들은 원금은 물론이고 몇 배의 이익을 챙기고 더 좋은 벼슬을 사기 위해 쌀 수탈에 일로매진했다.[7] 조선 후기의 실학자 정약용이 하늘 아래 환곡처럼 나쁜 것은 없다며 환곡은 비록 부자간이라도 시행할 수 없는 법이라고 개탄한 것도 바로 그런 이유 때문이었을 것이다.[8] 신복룡은 "환곡은 그 당시로서 달러 빚과 같은, 세계에서 가장 높은 악덕 이자놀이였지 결코 백성을 위한 것이 아니었다"며 다음과 같이 말했다.

"소작농에 대한 환곡의 악폐는 여기에서 멈추지 않고 그들의 인권마저도 유린하기 시작했다. 그 대표적인 예가 곧 초야권(初夜權)이었다. 초야권이라 함은 소작농의 딸이 시집가기 전 순결을 지주에게 먼저 바쳐야 하는 악습을 의미한다. 그러니 소작농에게 과연 인간으로서의 존엄성이 티끌만큼이라도 있었는지 의심스럽다. 지금도 슬픔과 분노를 느끼게 하는 대목이다."[9]

농민의 간도 · 연해주 이주

환곡의 폐해는 조선 후기 숱하게 발생한 민란의 주요 이유가 되었다.

1811년 홍경래의 난 이래로 1862년까지 70개 군 이상에서 농민들이 들고 일어났다. 1863년(철종 13년) 2월에 일어난 진주민란은 삼남(三南, 경상·전라·충청) 각지로 퍼져나갔다. 정부는 박규수를 진주 안핵사(按使, 지방에서 발생하는 사건을 수습하기 위해 파견한 관리)로 파견하여 무마케 했지만 민란은 3개월 이상 삼남지방을 휩쓸었다. 진주민란 이래로 1860년대는 농민항쟁의 폭발 시기였다.[10]

공식적으로 국경을 넘는 행위는 참수형에 처해졌으나 가난과 학정과 수탈을 못 이겨 압록강과 두만강을 넘어 간도(젠다오)와 연해주(옌하이저우)로 이주하는 농민들이 생겨나기 시작했다. 간도와 연해주 이주는 1860년 무렵부터 시작되었다. 그 이전에도 있었으나 그때는 대개가 계절에 따라 거주지를 이동한 사람들이었다. 1869년을 전후로 한 함경도 지방의 대흉년으로 이주자가 크게 늘었다. 1869년 한 해 동안 연해주로 이주한 함경도의 가구 수는 776가구에 이르렀다.[11]

1860년에 무슨 일이 있었던가? 1860년 러시아와 청국이 베이징조약을 체결, 광활한 우수리 지역이 러시아 영토로 편입되면서부터 조선과 러시아는 두만강 유역을 경계로 국경선을 맞대게 되었다. 당시 청의 속국으로 여겨졌던 조선은 협정대상에서 아예 배제되었으며 1861년 8월 1일 청러 양국이 동부국경 최남단을 뜻하는 국경표지인 토자비(土字碑, 러시아 측은 이 비석을 세운 러시아군 장교의 이름 첫 자를 따 T자비라고 불렀다)를 두만강 연안에 세울 때까지 조선은 이 같은 사실을 까맣게 몰랐다.[12]

베이징조약의 영토조항인 제1조에 의해 러시아는 서북쪽으로는 아무르강, 동쪽으로는 타타르스키해협과 동해를, 남서쪽으로는 두만강 하류에 이르는 이른바 연해주 땅을 통째로 집어삼켰다. 연해주가 러시아의 영토가 되면서 1872년 러시아 극동함대가 니콜라예프스크에서 블라디보스토크로 옮겨왔다. 극동노령의 최동남단이며 조선의 국경과 가까운 블라디보스토크가 러시아 극동함대의 기항이 됐다는 사실은 앞으로의 한러 관계에 큰 파장을 예고하는 것이었다.[13]

'블라디보스토크'의 블라디는 러시아어로 '정복하다'는 뜻이고 보스토크는 '동쪽'의 의미인바 블라디보스토크는 러시아가 동쪽으로 와서 정복한 도시인 셈이다. 이전 이 땅은 발해의 중요한 거점 지역이었고 이후로는 여진과 거란의 땅이었다. 조선시대에는 이 땅을 한자로 해삼위(海蔘威)라고 표기했는데 바닷가에 '해삼'이 많아서 해삼위라고 했다는 설이 있다. 블라디보스토크의 바다도 4~5개월간 결빙하기 때문에 부동항을 얻으려는 러시아의 남하정책은 이후에도 계속된다.[14]

민란상사의 시대

1862년 한 해 동안만 해도 무려 37회의 봉기가 발생했는데 이 해 2월 경상·충청·전라도 등 삼남지역에서 발생한 대규모 농민봉기의 직접적인 이유도 바로 환곡이었다.[15] 굶주린 백성들은 봉기의 깃발을 들고 제일 먼저 쌀 창고에 들이닥쳤던바 황현(1855~1910)이 말한 이른바 '민란상사(民亂常事)'의 시대였다.[16]

'민란상사'가 일반 백성들의 의식에 미친 영향은 무엇이었을까? 저항해야겠다는 의지를 고조시켰을까? 혹 반대의 결과를 낳았던 건 아니었을까? 고은은 "각지의 민란은 그것이 아무리 과감한 정의에 입각한 저항운동이었다 하더라도 한 번도 성공해본 일이 없고 반드시 패산되고 마는 자기부정과 연결된다"며 다음과 같이 주장했다.

"임꺽정·홍경래 들도 결국은 왕조적 부패의 무력을 반증했을 뿐이다. 그들은 사회적인 실패자에 지나지 않았다. 이런 전통은 한말의 혼란 가운데서도 그대로 받아들여졌다. …… 민란은 그것이 삭막한 시골에 자극을 주는 반면 패배에 대한 경험을 가중시킨다."[17]

그렇게 가중된 패배의 경험은 더욱 벼슬에 대한 집착과 더불어 가짜 양반을 양산하는 '과잉 순응'으로 나타났다. 기존 체제에 대한 '과잉 순응'이 체제 전복의 한 수단이라는 이론은 먼 훗날에 나오게 될 것이지만 이를 가장 잘 실현해보인 게 바로 개화기 시절의 조선이었다. 당시 권력을 잡기 위해 과도기적 '과잉 순응' 전략을 쓰고 있는 인물이 있었으니 그는 바로 이하응이었다.

1820년(순조 20년)에 태어난 이하응의 아버지는 남연군 이구로 인조의 동생인 인평대군의 6대손이었는데 정조의 이복동생인 은신군의 후사로 입적된 인물이었다. 이하응은 남연군의 4남 1녀 중 넷째 아들로 스물네 살 때인 1843년(헌종 9년) 흥선군에 봉해졌다. 그는 나중에 임금(고종)의 아버지가 됨으로써 왕의 생부로서 왕이 아닌 사람에게 붙여지는 이름인 대원군(大院君)으로 불리게 된다.[18]

진주민란(일명 임술민란) 직후의 경제는 특히 어려웠다. 가난한 양반도 끼니를 잇기가 어려웠다. 흥선군도 양반집 구걸을 하러 다녀야 했다. 이조판서 홍종응의 집을 찾았을 땐 거절당하고 힘없이 나오는 길에 피를 보는 불상사까지 일어났다. 뒤를 따라 나온 홍종응의 하인이 발길로 협문의 판자를 차는 바람에 그 조각이 흥선군의 손을 내리쳐 다섯 손가락에 유혈이 낭자했던 것이다.[19] 그렇게 멸시당하며 살던 흥선군에겐 이제 곧 새로운 세상이 열리게 된다.

02

고종 즉위, 대원군 등장

세도정치가 만든 어린 임금들

1863년 12월 8일 철종이 시름시름 앓다가 재위 14년 만에 서른셋의 나이로 죽고 말았다. 박영규는 철종의 사망 원인에 대해 "안동 김씨 일파의 전횡에 대해 마땅히 대항할 방법이 없자 자연히 국사를 등한히 하고 술과 궁녀들을 가까이 했다. 술과 여색에 빠지게 되자 본래 튼튼한 몸을 가지고 있었던 철종은 급속도로 쇠약해"진 탓이라고 했다.[20]

조선 제26대 왕엔 흥선대원군 이하응의 둘째 아들 명복(1852~1919)이 열두 살의 어린 나이에 오르게 되었으니 그가 바로 고종이다. 아버지 이하응의 치밀하고도 눈물겨운 노력 덕분이었다. 이하응은 안동 김씨의 경계에서 벗어나기 위해 건달들과 어울려 지내는가 하면 안동 김씨 가문을 찾아다니며 구걸을 하는 기행을 일삼았다. 또한 그는 안동 김씨의 횡포에 짓눌려 지낸다는 점에선 동병상련(同病相憐)인 조대

비(신정왕후)와 접촉했다.[21]

국왕 지명권을 가진 조대비는 결국 풍양 조씨로, 안동 김씨의 세도정치를 종식시키고 약화된 왕권을 되살리고자 뜻을 같이한 이하응과 손을 잡고 그의 둘째 아들을 왕으로 선택하는 동시에 이하응에게 사실상 섭정권을 위임했다. 조대비의 입장에선 풍양 조씨 문중에 자신을 보필할 만한 사람이 없어 택한 타협책이기도 했다.[22] 장규식은 이를 먼 훗날의 'DJP(김대중-김종필) 연대'를 연상시키는 '정치적 담합'이라고 주장했다.[23]

잘 믿기진 않지만 『남가몽』엔 이런 이야기가 있다. 고종은 옥좌에 앉자마자 제일성으로 한다는 말이 계동에 사는 군밤장수를 잡아다 죽이라는 것이었다. 놀란 대신들은 "전하가 지금 보위에 오르시어 성선의 덕으로써 정치를 하셔야 하는데 어찌해서 주살(誅殺)의 위엄을 먼저 보이십니까"라며 황급히 제지했다.

이에 고종은 "다른 이유는 없다. 내가 여러 번 군밤 하나를 달라고 하였으나 한 번도 주지 않았으니 이 어찌 인심이 그럴 수 있단 말인가. 이같이 이익만 알고 의리를 모르는 자는 죽어 마땅하며 그럼으로써 다른 사람의 불선한 마음을 막아주어야 하는 것이다. 어찌 내가 사사로운 감정을 가지고 그를 죽이려고 하겠는가"라고 반박했다. 이 말을 듣고 대신 한 사람이 다음과 같이 말했다고 한다.

"훌륭하도다! 왕의 말씀이시여. 훌륭하도다! 왕의 말씀이여. 다른 사람의 불선한 마음을 막는다는 교를 내리시니 과연 임금의 도량에 알맞습니다. 그러나 일개 하찮은 군밤장수를 효수하라는 것은 전하께서 처음 등극하신 자리에서 혹 국가의 화평한 기운에 미안한 일인 듯 생각됩니다."

이에 수렴청정을 하게 된 조대비(신정왕후)는 "대신이 말씀드린 것은 금석과 같은 말입니다. 그 효수하라는 명령은 거두어들이시는 것이 타당할 것 같으니 짐짓 그만두고 논하지 않는 것이 옳을 것 같습니다"라고 최종 판단을 내렸다고 한다.[24]

이 일화는 "왜 조선은 그렇게 철없는 어린이를 임금 자리에 앉혔을까?" 하는 의문을 불러일으킨다. 그 이전 임금들도 순조 열한 살, 헌종 여덟 살, 철종 열여덟 살 등과 같이 어린 나이에 등극했는데 도대체 무슨 이유 때문이었을까?

이는 안동 김씨의 60년 세도정치(1804~1862) 때문이었다는 설명이 유력하다. 어린 임금을 앉혀놓고 실권은 세도가문이 장악하겠다는 음모의 산물이었다는 뜻이다. 그러나 오수창은 앞 시기의 숙종도 열넷의 나이로 즉위했지만 세도정치가 실시되지는 않았다며 순조 이후 "국왕 외척의 전권은 어느 날 돌출된 것이 아니라 붕당(朋黨) 간의 대립이 그 극한까지 나아가 더 이상 계속될 수 없는 상황에서 권위에 위협을 느낀 국왕으로부터 선택과 후원을 받음으로써 이루어진 것"으로 보았다.[25]

고종의 즉위는 그런 복잡한 정치적 메커니즘의 산물이긴 했지만 이전의 어린 임금들과는 달리 세도정치의 종식을 위한 차원에서 이루어졌다. 왕비인 민비(1851~1895)도 아버지를 일찍 여의고 가세가 약해 외척의 발호가 없을 것이라는 고려하에 선택되었다.

고종보다 한 살 많은 민비는 여흥 민씨 민치록의 외동딸로 열여섯 살 되던 1866년에 입궐, 8년 만인 1874년에 순종을 낳고 고종의 아버지인 흥선대원군을 몰아내는 등 1895년 을미사변까지 20년간 정국을 주도하게 된다.[26] 고종은 1907년까지 40년간 왕위에 재직하는 장수를 누리지만 그 기간 중 온갖 수모를 다 겪었기에 그에 대한 평가는 오늘날에도 학자들 사이에 열띤 논쟁의 대상이 되고 있다.[27]

조선시대 27명의 임금 중 재위기간 '톱 10'을 보면 영조 52년, 숙종 46년, 고종 43년, 선조 41년, 중종 39년, 순조 35년, 세종 32년, 인조 27년, 성종 25년, 정조 24년 등으로, 고종은 상왕 3년까지 합하면 43년으로 3위이다.[28]

비변사 개혁과 서원 철폐

그러나 1860년대는 아직 어린 고종의 시대는 아니었다. 그의 아버지 대원군이 섭정으로 모든 걸 좌지우지했다. 대원군은 집권 초기부터 과감한 개혁을 단행하여 조선 민중들로부터 폭넓은 지지를 얻기 시작했다.

고종 원년인 1864년 벽두에 대원군은 갑자유신(甲子維新)을 선언함으로써 구악(舊惡)을 일소하겠다는 걸 분명히 했다. 갑자유신은 "모든 공직자가 오로지 사욕(私慾)을 채우는 데 급급하고 맡은 바 직무를 저버리고 있다. 이대로 나가면 곧 나라가 망한다. 이제부터는 모든 관리들이 유신정신으로 소임을 다하라"고 했다.[29]

대원군이 첫 개혁 대상으로 삼은 것은 비변사(備邊司)였다. 국방경비를 위해 설립된 비변사는 임진왜란 이후 기능이 확대됐으며 19세기에는 군사권과 재정 및 인사권까지 통괄하며 권력의 중심에 자리잡았다. 이에 따라 원래 국정최고기구인 의정부는 물론이고 임금조차 형식적인 존재로 전락했다. 대원군은 1865년 봄 안동 김씨가 쥐고 있던 비변사 개혁을 통해 세도정치를 타파하고 왕권을 확고히 하고자 했다.[30]

대원군은 또한 1865년 『대전회통』, 1866년 『육전조례』 등 법전을 편찬했으며 '사색평등(四色平等)'을 내세워 안동 김씨의 세도정치를 해체하기 시작했다. 서북 출신을 포함하여 그간 차별받던 사람들을 중용했으며 자신의 심복 부하들을 각 관아에 배치하여 관리들을 감시하게 했다. 그 부하들의 출신 계급은 다양했다. 이와 관련해 김호일은 "대원군 정권 기반은 인물로 볼 때 중인 · 아전층 · 시정잡배 · 상인 · 보부상 · 수공업자 등으로 이루어져 있었다고 보아야 할 것이다"라고까지 주장했다.[31]

각 당파의 뿌리는 각지의 서원 속에 뿌리를 내리고 있었기 때문에 사색평등은 서원 철폐로 이어졌다.[32] 물론 서원 철폐는 국가재정 확충 및 왕권강화를 위한 것이기도 했다.

최초의 서원은 1543년(중종 38년) 풍기군수 주세붕이 세운 백운동서원이다. 서원은 원래 유생의 교육을 담당하는 사설교육기관이었으나 시간이 지나면서 수탈기관으로 변질돼 치외법권 지역으로 군림하면서 엄청난 폐해를 낳고 있었다. 1741년 영조는 양반과 유생의 힘을 누르고 당쟁을 극복하기 위해 3000여 개의 서원을 철폐하고 서원의 무단 신설을 금했으나 결국 600여 개의 사원을 폐쇄할 수 없어 근본적 해결에는 이르지 못했다.[33]

특히 노론의 영수인 송시열을 기리기 위해 세운 화양동서원의 횡포는 극심했다. 화양동서원 옆에 있는 만동묘(萬東廟)는 송시열의 유지에 따라 명나라 신종과 의종을 제사지내는 등 존명사대(尊明事大)의 상징적 존재가 되어 그 위세가 당당했다. 권력을 잡기 전 대원군은 만동묘에 참배하러 갔다가 묘지기에게 맞고 쫓겨난 적도 있었다. 이를 두고 당시 유행가는 '임금 위에 만동묘지기가 있다'고 풍자할 정도였다.[34]

흥선대원군에 의해 철폐된 조선 후기 노론세력의 본거지 화양동서원 터.

대원군은 1865년 만동묘의 철폐를 단행한 뒤 1868년 서원에도 납세의 의무를 지우고 1871년 679개소의 서원 중 47개소만 남겨놓고 모두 철폐시켰다.[35] 엄청난 반발이 일어났다. 이이화는 "전국의 유생들이 사생결단으로 들고일어났다"며 그 풍경을 다음과 같이 묘사했다.

"유생들은 유학이 어떻고 교화가 어떻고 도학이 어떻다는 따위의 문장으로 엮은 상소문을 들고 떼를 지어 광화문으로 몰려와서 거적을 깔고 도끼를 옆에 놓고 엎드려 호곡하였다. 자기네 뜻이 관철되지 않으면 죽음도 불사하겠다는 각오였다. 시위는 하루도 거르지 않고 새로 지은 경복궁 앞에서 벌어졌다. 때로는 수십 명, 때로는 수백 명, 때로는 수천 명씩 몰려왔다. 갓과 도포가 새벽이슬과 비에 흠뻑 젖어도 아랑곳없었다. '민란'이 연달아 일어나도 예전 선비들처럼 의병에 나서지 않고 서원에 죽치고 앉아서 입씨름만 벌이던 자들이 이 일만큼은 그 누구보다 적극적이었다."[36]

이처럼 엄청난 저항이 있었지만 대원군은 "진실로 백성에게 해가 된다면 공자가 다시 살아서 와도 결단코 들어줄 수 없다. 하물며 서원에서 지난 훌륭한 유학자를 제사지내게 하였는데 도둑의 무리로 변하여 공자에게 거듭 죄를 지었으니 어찌 내버려둘 수 있는가"라고 말하면서 강력하게 밀어붙였다.[37] 양반유생은 대원군을 '동방의 진시황'이라고 비난했지만 일반 백성들의 대원군 칭찬은 땅을 뒤흔들었다는 말까지 나왔다.[38]

경복궁 중건의 명암

대원군은 집권 초반의 개혁정치가 성과를 거두자 이를 발판으로 삼아 경복궁 중건을 강행했다. 경복궁은 이태조가 1395년(태조 4년) 창건한 조선조의 본궁으로 1592년(선조 25년) 임진왜란으로 타버린 후 국가재정이 부족하여 270여 년간이나 버려둔 채로 있었다. 경복궁 중건은 왕권을 강화하고 국가적 위엄을 살리는 데엔 기여했지만 그 부작용이 컸다.

대원군은 1865년 4월 영건도감(營建都監)을 설치해 중건에 착수했다. 처음 착공했을 때 농번기임에도 불구하고 20일 내에 3만 5000여 명이 동원될 정도로 공사의 규모가 컸다. 자금 조달을 위해 일종의 의연금으로 원납전(願納錢, 자원하여 바치는 돈)을 모집했는데 돈을 낸 사람에겐 명예직이나마 벼슬을 내리는 특혜가 주어졌다.

초기엔 모든 일이 순조롭게 진행되었지만 1866년과 1867년에 일어난 두 차례의 큰 화재는 재정상의 어려움을 가중시켜 돈을 모으는 데 엄청난 무리를 범하게 만들었다. 원납전은 일정한 액수의 돈을 벼슬아치와 부호들에게 강제 배당함으로써 원납전(怨納錢, 원망하며 내는 돈)이라는 말을 듣게 되었다.

이걸로도 안 되자 1867년 1월 당시 유통되던 상평통보의 100배 가치를 가지는 당백전(當百錢)을 발행했으니 이 또한 인플레이션을 유발시켜 민생고만 더하게 만들었다. 게다가 당백전을 주조하느라 전국에 구리와 쇠붙이 징발령을 내려 관아와 절의 종 도둑이 설칠 정도였으며 위조 당백전까지 대량 유통돼 원성이 자자했다. 시행 6개월 만에 당백전 정책이 실패였다는 게 명백해지자 정부는 같은 유형의 대안책인 청전(淸錢)의 수입으로 방향을 바꾸었지만 이 또한 통화량을 증가시켜 당백전과 마찬가지로 인플레이션을 유발했다.[39]

1867년 3월부터는 서울 도성문을 출입하는 사람들에게 통행세를 징수했다. 액수는 한 짐당 2~4푼이었는데 문세를 받는 군인들이 공공연히 돈을 착복하여 국고에 들어가는 분량은 3분의 1밖에 안 된다는 말이 떠돌기도 했다. 경복궁은 1868년 7월 고종이 이어할 정도로 완성되었고 1872년에 최종 완공되었지만 통행세는 대원군이 물러난 뒤인 1874년 10월까지 계속돼 악명(惡名)을 떨쳤다.[40]

사치 금지령과 호포법

대원군은 1867년 4월 사치 금지령을 내렸다. 그 내용은 벼슬아치의 당상관은 표범가죽과 모직과 비단과 말안장의 장식을 일체 금지한다, 벼슬아치의 당하관은 명주옷을 일절 금하되 저고리만은 허용한다, 일반 서민을 비롯해 서울과 지방을 가릴 것 없이 서리와 하인과 상민·천민은 명주옷을 절대 금지한다 등이었다. 이를 어기는 자는 엄벌에 처하되 나이 쉰이 넘은 사람은 따지지 않는다는 단서가 붙었다. 포졸

들은 규정에 어긋난 옷을 입은 사람을 찾아내면 옷에 먹칠을 해댔다.[41]

사치풍조는 신분과 서열을 과시하는 데에 초점이 맞춰졌기 때문에 우스꽝스럽기까지 했다. 사치풍조를 막는다는 이유로 갓의 장식을 없애는 동시에 양태를 20센티미터 이내로 줄이고 도포의 넓은 소매를 좁게 만들고 담뱃대의 길이를 줄이게 하는 등의 새로운 규정을 만든게 그 좋은 예다. 당시 양반들은 양태가 30센티미터도 넘는 넓은 갓을 쓰고 갓에 온갖 장식을 해달았으며 소매가 펄럭일 정도로 넓은 도포를 입고 다녔다. 담뱃대 길이는 50센티미터가 넘었으니 손이 끝 부분에 닿지 않아 종이 불을 붙여주지 않으면 담배를 피울 수도 없었다. 그래서 나들이를 하면 담배함과 담뱃대를 든 종이 뒤따라야만 했다.[42]

불편할수록 신분과 서열을 과시할 수 있는 해괴한 습속이었다. 조선이 세계에서 으뜸가는 나라라면 그것도 해볼 만한 일이었는지 모르겠지만 실용성과는 거리가 너무도 멀었기에 그런 사치는 곧 처참하게 무너져 내릴 수밖에 없었다.

대원군은 1867년 7월 말썽 많던 환곡제를 사창제(社倉制)로 바꾸었다. 사창은 각 면의 인구가 많은 동리에 설치해 면민 중에서 근면성실하고 비교적 생활이 풍족한 사람을 사수(社首)로 택하여 관리하도록 했다. 이는 근본적 해결책은 아니었으나 농민의 부담이 경감되는 효과를 냈다.[43]

대원군은 1870년 조선왕조 사상 처음으로 양반의 호구도 평민과 마찬가지로 군포세를 납부하도록 하는 호포법을 시행했다. 호포법은 국방력 강화를 위한 군역 관련 세금인데 17세기 말부터 거론되었으나 양반들의 저항으로 시행되지 못하던 것이었다.

제임스 버나드 팔레는 "그가 농경사회의 어떠한 유토피아를 향한 원대한 이상을 실현하려고 그렇게 한 것은 아니며 단지 모자라는 세입 문제를 완화하기 위하여 실시한 것에 지나지 않았다"며 "이렇듯 대원군의 의도가 상대적으로 보수적이며 실용적임에도 불구하고 호포제는 양반 측으로부터 반발을 불러일으켜 공공연한 정치적 반대를 고조시키는 결과를 가져왔다"고 평가했다.[44] 조선시대의 양반들에겐 '국가' 보다는 '가문' 이 훨씬 더 중요했다.

03

동학 창시자 최제우 처형

1860년 4월 5일 동학 창시

서학, 즉 천주교 논란이 한창 벌어질 때 경상도 경주 견곡 용담리에 사는 최복술(1824~1864)은 "어리석은 백성을 구제한다"는 뜻으로 스스로 이름 지은 최제우(崔濟愚)로 개명하고 민중을 구제하겠다고 나섰다. 몰락 양반 최옥의 서자로 태어난 그는 10여 년 이상 백목(白木, 무명베) 행상을 하기도 하는 등 젊은 시절 내내 방황하고 고뇌했다.

그는 전국을 유랑하면서 수련을 거듭한 끝에 주문으로 사람들의 병을 고치는 능력을 갖게 되었고 이게 소문이 퍼져나가자 수많은 사람들이 모여들기 시작했다. 몇 년 내로 경상도 일대는 동학을 믿는 사람이 서학을 믿는 사람 못지않게 많아졌다.

수운(水雲) 최제우는 "서학에 대항할 학문을 만들어내야 한다. 우리 동방 사람은 우리의 전래의 학문으로써 서학을 막아낼 수 있다"고 주

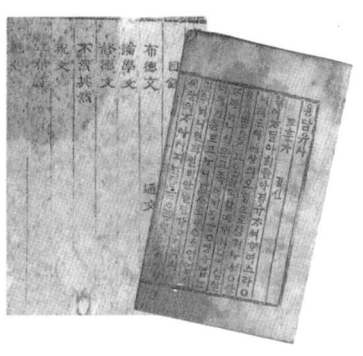

동학의 교주 최제우와 그가 지은 동학의 경전 『동경대전』과 『용담유사』. 경전들은 최제우가 처형될 때 모두 불태워졌는데 2대 교주 최시형이 내용을 외워 다시 책으로 간행되었다.

장하고 나섰다. 그는 유교·불교·선교의 가르침을 중심으로 하여 새로운 종교를 창시하면서 이걸 동학(東學)이라고 했다. 창시일은 1860년 4월 5일이다.

최제우는 유교에 대해 의식 면에서 긍정하는 일면이 있었지만 사회 변화에 대응할 수 없는 유교 자체의 이념적 결함과 기능적 무력함에 대해선 철저히 부정적이었다. 황선희는 최제우가 양반사회의 모순·비리·불합리를 제도적으로 개선해야 한다는 실학파 학자들의 주장을 신선한 충격으로 받아들였다고 보았다.[45]

최제우는 "사람은 누구나 마음속에 하늘님을 모시고 있다"는 '시천주(侍天主)'의 원리를 정립했다. 그는 "서학은 음이요 동학은 양이니라. 양으로 음을 제거하려면 공경해야 한다. 천주는 따로이 있는 것이

아니라 하늘에 순종하는 마음이 곧 천주이니라"라고 했다.[46]

사람을 하느님과 동격에 놓고 인간의 존엄성을 강조한 평등사상은 온갖 차별과 학정에 시달리던 민중의 가슴속을 파고들었다. 민중에게 친근한 부적과 주문 등 주술적인 포교수단도 동학의 강점이었다. 동학은 병을 고치는 방법으로 주문을 외우는 것 말고도 하늘에 제사를 지내기도 하고 부적을 씹어 삼키거나 그것을 불에 태워 그 재를 물에 타 먹는 등의 방법을 사용했는데 치병(治病)과 함께 이런 면화(免禍)도 민중이 동학에 입도하는 중요한 동기가 되었다.[47]

최제우는 『정감록』 등과 같은 사실상의 민중신앙마저 새롭게 해석해 동학에 편입시켰다. 이걸 어떻게 보아야 할까? 백승종은 "『정감록』을 비롯한 예언서들은 조선의 지배 이데올로기(성리학)에 맞서 싸우는 역할을 담당했고 그런 가운데 일종의 '대항 이데올로기'를 형성했다고 볼 수 있다"고 주장했다. 그런 예언문화를 주도한 이들의 "저항운동은 오랜 기간에 걸쳐 서서히 성숙되어 갔으며 마침내 동학을 비롯한 신종교로 결실을 맺었다"는 것이다.[48]

동학의 극단적 정신주의

신용하는 "동학사상은 당시의 민족적 위기가 서양세력의 침입 도전이라는 대외적 위기만이 아니라 대내적으로도 민생이 도탄에 빠져 중첩된 위기라고 인식하면서 종래의 유교 · 불교 · 도교는 모두 생명력을 상실했으므로 이 위기를 타개할 능력이 없다고 지적하였다"며 다음과 같이 말했다.

"그러나 동학사상은 서양세력의 도전을 종교적 측면에서만 보아

서학에 대한 대결의식에만 지배되어 극단적인 정신주의적 측면에서 문제를 해결하려고 하였다. 따라서 동학사상은 서양의 선진과학기술에 대한 인식이 매우 부족하였고 바람직한 사회로서의 지상천국을 건설하려는 사상도 사회과학성과 정치조직의 구상이 결여된 것이었다. 따라서 동학사상은 단독으로 당시의 시대적 과제를 담당하여 해결하기에는 부족하였고 개화사상과의 협동과 연합이 절실히 필요했었다고 볼 수 있다."[49]

최영은 동학사상의 문제점으로, 극단적인 정신주의와 종교의 측면에서 과제를 해결하려고 했다는 점, 서양의 과학기술에 대한 객관적 인식이 매우 부족했다는 점, 정신과 도덕에선 적극적인 개혁사상을 정립했으나 사회구조의 개혁에 대해서는 구체적인 실천방안을 잘 정립하지 못했다는 점 등을 지적했다.[50]

물론 이런 평가는 훗날의 동학에 관한 것이고 우선 당장 동학에 떨어진 절박한 문제는 정부의 탄압이었다.

조선 정부의 동학 탄압

조정은 처음엔 동학이 서학에 대항해 일어났다는 점에서 문제 삼지 않고 내버려두었다. 그러나 동학도들이 암송하는 주문이나 교리 중에 '천주(天主)'나 '상제(上帝)'라는 서학 관련 용어가 나타난 데다 동학의 도당이 수만 명에 이르자 동학도를 중국의 백련교나 황건적과 비슷하게 보면서 문제 삼기 시작했다.[51]

이와 관련해 김용옥은 최제우의 사상 형성에 큰 영향을 미친 『을묘천서(乙卯天書)』가 예수교 신부 마테오 리치의 『천주실의(天主實義)』일 것이라고 주장했다. 최제우가 1855년에 접하게 된 『을묘천서』는 그간 출처를 알 수 없는 신비의 책으로 여겨져왔는데 김용옥은 "이러한 사실을 왜 숨기려는가?"라는 도발적인 문제제기를 하고 나섰다.

"우선 천교도들의 입장에서 보면 천서가 『실의』라는 사실이 동학의 오리지날리티에 흠집이 가고 서학에 귀속된다고 생각하기 때문이다. 신비한 천서가 하늘에서 뚝 떨어졌다고 해버리는 것이 마음 편하기 때문이다. 그러나 내가 보기에는 수운의 일생을 재구성하는 데 있어서 바로 이렇게 부정적으로 간주해온 측면들을 과감하게 수용하고 재해석해야 하는 것이다. 우리는 이제 야뢰(夜雷)식의 동학 이해를 근원적으로 탈피해야 하는 것이다."[52]

김용옥은 "수운의 위대성은 당시 서학에서 통용하던 개념의 표기를 과감하게 있는 그대로 받아들이고 그것을 자기 나름대로 새롭게 의미부여를 함으로써 서학에 미혹된 사람들까지를 포함해서 모든 동포들로 하여금 그 본원적 의미를 깨우치게 하려한 도량의 스케일감에 있다고 할 것이다"라고 평가했다.[53] 그러나 그런 '위대성'의 대가는 컸다.

최제우는 1862년 9월 경주에서 혹세무민(惑世誣民)한다는 이유로 체포되었다. 그러나 수백 명의 동학교도들이 경주영으로 몰려가 동학은 서학이 아니라고 집단항의했던바 그 기세에 눌려 경주영은 곧 최제우를 석방했다.

동학교단의 기초조직인 접(接)이 나타난 것은 1862년 11월 그믐 최제우가 15~16명의 접주(接主)를 처음 임명하면서부터였다. '접'은 '무리'라는 뜻을 가진 보통명사로, 동학교단의 접은 지역단위보다는 교도들 사이의 인맥을 바탕으로 형성됐다. 한 접의 규모는 대략 가구 수

로 따져 35~75호였다. 접의 상부조직인 포(包)가 등장한 건 1893년 3월부터였다.[54]

석방 후 최제우는 항상 거처를 옮겨 다니는 사실상의 피신생활을 했다. 접주 임명도 바로 그런 상황에서의 조직관리 필요성 때문이었다.[55]

유생들의 조직적 동학배척운동

1863년 9월 상주 지역 유생들이 조직적으로 동학배척운동에 나서더니 서원에 통문(通文)을 돌려 "지금 이 요망한 마귀와 같은 흉측한 무리들이 하는 짓은 분명 서학을 개두환명(改頭幻名)한 것"이라고 주장했다. 유생들은 "옛날에는 감히 이 지역(경상도)에 서학이 들어오지 못하였으나 소위 동학은 선악의 질서를 어지럽히는 쭉정이들과 같은 것으로 들어와 자라고 있다"며 "우리들의 급선무는 햇빛을 못 보게 넝쿨을 뽑아버려야 한다"고 선동했다.[56]

이에 대해 표영삼은 "유생들은 지식층 인사들이 동학에 가담하는 사례가 늘어나자 서둘러 동학배척운동을 시작한 것이다"며 다음과 같이 말했다.

"당시 동학도는 농민이 주류를 이루었고 종이장사·약종상·퇴리(退吏)들도 많았다. 동학에 들어가면 양반·상놈 차별이 없고 먹을 것을 나누어 먹고 세상 돌아가는 형편도 남보다 빨리 알 수 있었다. 유생들은 동학이 민중 속에 파고들자 자신들의 영향력과 권위가 떨어지는 것을 못마땅히 여겼다. 특히 귀천을 타파하는 교화를 시키고 있어 조선왕조의 뿌리를 뒤흔드는 일로 받아들여 동학배척운동에 나선 것이다."[57]

이런 배척운동에 자극받은 중앙조정이 직접 나서 1863년 12월 10일 최제우를 다시 체포해 대구감영에 투옥했다. 1864년 3월 10일 최제우는 대구부 남문 밖에서 효수(梟首)형에 처해졌다. 최제우는 의연하게 죽음을 맞이하면서 다음 세대에는 '동학'이 전국에서 크게 흥성할 것이라고 말했다.[58]

김용옥은 "그는 37세에 득도하여 38세 6월부터 포덕(布德)하다가 40세 12월에 체포당했으니 그의 공(公)생애는 2년 반밖에 되지 않는다"며 다음과 같이 주장했다.

"기나긴 탐색 끝에 3년의 공생애를 살았다는 것은 예수와 비슷하고 늙은 아버지와 젊은 엄마 밑에서 불우한 처지로 태어난 것은 공자와 비슷하며 생애의 어느 시점에 어쩔 수 없는 운명적 힘에 의하여 계시를 받았다는 것은 무함마드와 비슷하며 시대를 어지럽혔다는 사회적 죄목으로 참형을 받은 것은 소크라테스와 비슷하고 기존 사유체계와 가치관을 완전히 뒤엎는 새로운 논리적 사고를 하였다는 측면에서는 싯달타와 통한다."[59]

역설이지만 서학은 물론 동학에 대한 이러한 탄압은 조선 조정이 자신들의 죄, 즉 민생을 도탄에 빠트린 현실을 잘 알고 있었다는 걸 시사하는 건 아닐까? 민생을 도탄에서 건져낼 수 없는 무능이, 언제든 민심을 폭발시킬 수 있는 위험요소 제거에만 총력을 기울이게 만드는 결과를 초래한 게 아니었겠느냐는 것이다. 바로 여기서 망국(亡國)의 씨앗이 싹트고 있었던 건지도 모른다.

제3장

대원군의 척화투쟁

01

병인양요를 불러온 병인박해

프랑스로 러시아를 막는 이이제이

1855년 함경도 영흥·덕원 앞바다에 함대를 보내 조선에 통상을 요구한 바 있던 러시아는 1860년 청국과의 베이징조약으로 두만강 유역을 경계로 조선과 국경선을 맞대게 되자 집요하게 통상 요구를 해왔다. 특히 1864~1865년에 집중된 통상 요구는 대원군에게 위기의식으로 다가왔다. 이때 천주교인이자 정부 관리인 김면호·홍봉주 등이 오랑캐를 이용하여 오랑캐를 물리치는 이이제이(以夷制夷) 방어책, 즉 프랑스의 힘을 빌려 러시아의 남하를 막는 방책을 대원군에게 건의했고 대원군은 이를 정치적으로 고려하기 시작했다.[1]

대원군은 천주교에 대해선 이해가 깊은 인물이었다. 그 자신 불우한 시절에 천주교인과 접촉이 있었거니와 고종의 유모와 대원군의 부인·딸도 천주교도였다. 대원군은 집권 후 천주교도를 석방하기도 했다.[2]

1864년 무렵 천주교도는 2만 3000여 명에 이르렀는데 이즈음 천주교의 고민은 정부라기보다는 오히려 라이벌 관계에 있던 프로테스탄트(개신교)였다. 이미 1832년 무렵 독일 목사 귀츨라프가 충청도 일대에서 프로테스탄트를 잠시나마 전파하여 날로 그 세를 더해가고 있었다. 천주교는 프로테스탄트를 '분열시키는 종교' 라는 뜻으로 '열교(裂敎)' 라 부르며 배척했으며 급기야 교세를 보호받으려고 대원군에게 접근하기까지 했다. 대원군이, 승지를 지낸 천주교도 남종삼으로부터 교리를 들은 뒤 던진 질문은 왜 제사를 지내지 않느냐는 것이었다.[3]

 남종삼(1817~1866)은 대원군의 위기의식을 간파하고 대원군에게 조불조약(朝佛條約)을 체결하여 나폴레옹 3세의 위력을 이용, 러시아의 남하정책을 막는 정책을 펴도록 건의했으며 이를 위해 조선에 잠입해 활동 중이던 베르뇌 주교와의 만남을 주선하게 되었다. 대원군은 만약 러시아를 물리칠 수만 있다면 천주교 신앙의 자유를 허락할 수도 있다는 암시를 주어 천주교인들은 큰 기대에 부풀어 있었다.[4]

대원군의 결백 콤플렉스

그런데 1866년 1월에 베이징 사신 이홍민이 보내온 편지가 문제였다. 청나라가 천주교를 탄압하기 시작했다는 내용이었다. 이 분위기에 편승한 국내의 반대원군세력들은 대원군이 천주교와 불순한 정치적 흥정을 한다며 공세를 취하기 시작했다. 실제로 대원군은 프랑스의 두 주교 베르뇌와 다블뤼를 만나려고 했지만 조정대신들의 반발이 거셌다. 1866년 1월 영의정 조두순과 좌의정 김병학 등은 두 주교를 만나서는 안 되며 남종삼을 비롯한 천주교도들을 전부 죽이라고 요구하고

부인과 딸이 천주교도였던 대원군은 천주교에 대한 이해가 깊었음에도 유학자들의 강한 반발에 부딪쳐 천주교를 탄압하기 시작했다.

나섰다.[5]

당시 강경파 유학자들은 천주교를 사교로 단정하고 철저한 박해를 주장했으며 그건 거스르기 어려운 대세였다. 결국 대원군도 그 기류에 굴복하지 않을 수 없었다. 이미 장안에는 "운현궁 안에는 천주학쟁이들이 출입한다"는 소문이 파다했기 때문에 더욱 강경하게 대응하는 일종의 '결백 콤플렉스'가 발동되었다.[6] 대원군은 천주교도를 잡아들이라는 지시를 내렸다. 이게 1866년 병인박해다.

전택부는 "대원군의 이러한 결정은 아마도 자신의 정권을 보존하기 위함이었을 것이다. 이것은 빌라도가 예수의 무죄를 알면서도 민중이 무서워서 그를 십자가에 못 박은 것과 흡사하다고 할 수 있다"고 했다.[7] 또 이는 먼 훗날 좌익 출신 박정희가 자신의 우익사상을 입증받기 위해 가혹한 '빨갱이 사냥'에 나선 것과 비슷했다.

1866년 2월 베르뇌를 비롯해 홍봉주 · 남종삼 · 김면호를 포함한 수많은 천주교인들이 서울과 그 밖의 여러 지역에서 체포되어 순교했다. 이때 국내에 잠입한 열두 명의 프랑스 신부 가운데 베르뇌 · 다블뤼 등 아홉 명은 서울 새남터와 충남 보령의 갈매못에서 순교했다.[8]

그런데 병인박해 때엔 외국인 처벌방식에 다소의 변화가 나타났다. 1839년 기해박해 때는 앵베르 등 프랑스 선교사 세 명을 국문(鞫問)하면서 처음부터 그들에게 배교(背敎)를 강요했고 다른 신도들을 밀고하면 본국에 송환해줄 용의가 있다고 제안했지만 병인박해 때는 배교를 강요하지 않았으며 아무 조건도 달지 않은 채 원한다면 본국으로 송환해주겠다고 제의했다. 물론 프랑스 선교사들은 스스로 순교의 길을 택했다. 연갑수는 이런 변화가 1846년 세실 소장이 이끄는 함대가, 이듬해에는 라피에르 대령이 이끄는 함대가 조선 해안에 나타나서 프랑스인 처형을 항의했기 때문에 나타난 것으로 보았다.[9]

여성 순교자가 더 많은 이유

병인박해는 1870년까지 지속되었는데 1866년에서 1868년 사이에 나타난 순교의 가장 큰 특징은 여성 우위였다는 점이다. 이 기간 중 검거된 천주교도 407명 중 남녀 비율은 남자 셋에 여자 하나였지만 배교하지 않고 순교한 수는 78명으로 남녀 비율은 남자 하나에 여자 둘이었다. 이는 여자의 신앙심이 더 깊었다는 증거지만 그 이유에 대해선 다양한 해석이 있다.

1866년에 처형된 베르뇌는 "조선 민중의 성격은 매우 단순하여 사리를 깊이 따지길 싫어한다. 성교(聖敎)의 진리를 가르치면 곧 감당하여 믿음에 들고 어떠한 희생이라도 무릅쓴다. 하지만 진리를 풀이하면 잘못 알아듣는다. 특히 부녀자들과 천민층 남자들이 그러하다"고 했다.

1868년 감옥에 갇힌 학식 많은 여신도 한성임은 "미련한 여인들은 겨우 한 구절의 성서만을 외우고는 바로 세례를 받는다. 그리하여 천당에 갈 줄 알고 기꺼이 죽임을 당한다. 마치 불꽃 속에 뛰어드는 부나비들과 같다"며 우매한 부녀자들의 값싼 신앙 태도를 한탄했다.

이규태는 "이처럼 터무니없이 빈약한 동기와 목적을 가지고서도 그 가혹한 형벌을 이겨내고 웃으면서 죽을 수 있었던 신앙심의 원천은 도대체 무엇이었을까. 그것은 한국 여성이 대대로 감수해온 수난의 역사를 모르고는 이해하기 곤란하다"며 다음과 같이 해석했다.

"한국에 천주학이라는 신교가 들어오자 한국 여성들은 오랫동안 막연하게 그려오던 탈출구에 눈을 떴다. 유식하고 무식하고는 문제가 될 수 없었다. 그리하여 그들은 억눌려온 '모럴'에 저항했고 또 그토록 가혹한 고문을 감당해냈으며 사지를 찢기우면서도 웃으며 죽어갈 수 있었다. 즉 교리엔 무식하면서도 신앙심이 깊었던 것은 한국 여성이 당한 사회적 구속에 대한 반발이요 저항이었다. 천주학은 말하자면 그 레지스탕스에 어떤 계기를 만들어주었다고도 볼 수 있다."[10]

조선에서 22년을 지낸 다블뤼의 변화

1836년부터 1866년까지 약 30년 동안 조선에 입국하여 선교활동을 전개한 파리외방전교회 선교사들은 총 스무 명이었다. 이들은 대개 스물셋에서 스물다섯의 나이에 사제서품을 받았고 서품을 받은 지 2~3년 내에 조선으로 배속된 경우가 많았다.[11] 이들은 한결같이 탈정치적이고 개인 영혼의 구원을 중시하는 신앙적 경향을 띠고 있었다.[12]

이들 중 가장 오랫동안 체류한 선교사는 1845년 10월 12일 조선에 들어와 1866년 3월 30일 순교할 때까지 햇수로 22년 동안 조선에서 생활한 다블뤼였다. 조선에 대한 그의 인식이 시간이 흐를수록 긍정적인 방향으로 바뀌었다는 게 흥미롭다.

다블뤼는 입국한 지 10개월 만인 1846년 7월 15일 파리외방전교회 본부로 보낸 편지에서 조선에 대해 다음과 같이 말했다.

"물리적인 힘이 유일한 법률이고 범죄를 부끄러워하지 않고 이해 관계에 따라서만 행동하며 조국에 대한 사랑조차 알지 못하는 이 야만적인 나라에서 무슨 일이 일어나고 있는지를 가지고 판단하라. …… 조선인들은 반야만 상태에 있기 때문에 성격이 매우 까다롭다. 이 나라에는 교육이란 것이 전혀 없다. …… 조선인들은 화가 나면 공격적으로 돌변한다. 여자들도 뻔뻔스러우며 말이 매우 모질다. 조선인들은 대단한 수다쟁이들로서 대화를 할 때에는 마치 아이들처럼 말한다."[13]

그러나 다블뤼는 1860년에 작성한 것으로 추정되는 『조선사 입문을 위한 노트』에선, 여전히 조선인들의 문화에 대한 비판도 했지만, 조선인들의 상부상조 정신에 크게 감동하면서 서구인들의 '근대적 이기주의에 대해 증오와 가증스러움'을 느낀다고 자괴의 심정을 털어놓았다.[14] 다블뤼의 다음과 같은 진술은 자선(慈善)의 원조 국가가 조선이 아닌가 하는 생각마저 들게 할 정도다.

"이 나라에서는 자선 행위를 진정으로 존숭하고 실천한다. 사랑방에서 받는 대접 이외에도 적어도 식사 때 먹을 것을 달라면 거절하지 않는다. 심지어 어떤 경우에는 일부러 그를 위해 밥을 다시 하기도 한다. 들에서 일하는 일꾼들은 식사하다가 지나가는 사람에게 즐거이 자기 밥을 나누어준다. 뱃사공들은 밥을 먹지 않고 배 타러 나온 사람과 나누어 먹는 것을 철칙으로 한다. 잔치가 벌어지면 언제나 이웃 사람들을 초대해서 형제처럼 모든 것을 나눈다. 여비가 없이 길을 떠나는 사람은 엽전 몇 닢의 도움을 받는다. 없는 사람과 나누는 것, 이것이 바로 조선인이 가진 덕성 중의 하나이다."[15]

먼 훗날에라도 조선에 희망이 있다는 이야기로 받아들일 수 있겠다.

02

제너럴셔먼호 사건

제너럴셔먼호는 무장 해적선

미국은 1834년 동남아시찰단을 보내 조선과의 수교 가능성을 전망하는 등 일찍부터 조선에 관심을 나타냈다. 1848년 캘리포니아를 획득한 뒤 미국의 관심은 태평양 건너를 향했으며 1850년대부터 조선 해안에 미국 선박이 나타나거나 표류하기 시작했다.[16] 특히 남북전쟁(1861~1865)이 끝난 다음부터는 더욱 적극적인 자세를 취하기 시작했다.

조선은 전통적으로 멀리서 오는 사람에게 되도록 너그럽게 대한다는 이른바 유원지의(柔遠之義)정책을 쓰고 있었다. 미국의 포경선 투부라더스호(철종 3년)와 미국 상선 서프라이즈호(고종 3년)가 잇따라 표류됐지만 모두 무사히 송환된 것도 바로 그런 정책 때문이었다.[17]

그러나 1866년 8~9월에 일어난 미국 상선 제너럴셔먼(General Sherman)호 사건의 경우는 달랐다. 제너럴셔먼호는 조선 측의 퇴거 요청에도 불구하고 대동강을 침입, 평양에 접근해 조선 군인을 납치하는가 하면 식료를 약탈하고 많은 인명을 살상했다. 제너럴셔먼은 미국 남북전쟁 당시의 전쟁 영웅의 이름이었지만 제너럴셔먼호는 사실상의 '무장 해적선'이었다.[18] 김용구는 "이것을 이른바 제너럴셔먼호 사건이라고 부르지만 실은 미국의 한 상선이 저지른 해적 행위였다"고 평가했다.[19]

제너럴셔먼호는 철수하는 대가로 많은 미곡·금·은·인삼을 요구하는 등의 난동을 부리다가 9월 2일(음력 7월 24일) 현지 관민들의 화공(火攻)을 받고 침몰했으며 선원들도 모두 살해당했다. 모두 19명이었으며 조선 측 사상자 수는 13명이었다. 나중에 미국 측도 셔먼호 선원들이 모두 살해된 이유가 그들이 조선인들에게 난폭하게 행동한 데 있다는 사실을 확인했다.[20]

영국인 선교사 토머스

셔먼호의 통역을 맡은 영국인 목사 토머스(Robert J. Thomas, 1839~1866)는 조선군의 화공을 받기 전 대동강 주변 주민들에게 500여 권의 성경을 배포하는 등 전도를 했다. 그는 1년 전인 1865년 9월에도 황해도 소래(松川, 솔내) 근처에서 2개월 반을 머물면서 한문으로 쓴 쪽복음 서책을 주민들에게 나누어준 적이 있었다. 그는 런던의 선교회가 조선 선교를 위험하다는 이유로 허락을 하지 않자 이번엔 미국 상선을 타고 온 것이었다.[21]

조선군의 화공이 이루어지자 토머스는 한 손에 백기를 들고 다른 한 손에는 성경책을 들고 하선했는데 한 조선 병사가 칼을 뽑아 들고 토머스에게 가까이 다가갔다고 한다. 이에 대해 오문환은 다음과 같이 말했다.

"그동안 토머스는 두 무릎을 모래사장에 꿇고 머리를 숙여 땅에 댄 후 얼마동안 최후의 기도를 올리고 다시 일어나서 군졸에게 성경 받기를 권하였으나 그 군졸은 그의 말을 충분히 이해하지 못하였을 것도 사실이려니와 환경이 그것을 허락지 않는지라 마침내 칼을 그의 가슴에 대어 하나님의 충복(忠僕) 토머스 선교사의 귀여운 생명을 빼앗고 말았다."[22]

그러나 김명호는, 셔먼호 일당 중 조선어 통역으로 승선해 우두머리처럼 행세한 영국 런던선교회 소속의 토머스 목사는 종래 기독교계로부터 '순교자'로 예찬돼왔지만 토머스의 피살은 선교 이유보다는 당시 평양 군민들을 살상한 침략자들의 '괴수'로 죽음을 당한 것이라고 주장했다.[23]

토머스를 죽이는 데에 앞장선 박춘권은 죄책감을 느끼고 훗날 개신교로 개종해 전도사로 활약했다.[24]

박규수의 활약

당시 제너럴셔먼호를 대동강에서 격퇴시킨 주인공은 1866년 4월초 평안감사로 부임한 박규수였다. 박규수는 셔먼호의 격퇴로 양이공신(攘夷功臣)으로 칭송받았으며 그 후 형조판서와 한성판윤을 거쳐 1874년 우의정까지 올랐다. 그가 셔먼호를 격퇴시킨 것은 열강의 무력적 침략에 맞서 조선을 보호하고자 한 것이었을 뿐 그는 개국통상론으로 기울어져 있는 인물이었다.[25]

박규수는 대동강에 가라앉은 제너럴셔먼호의 선체(길이 55미터, 너비 15미터, 높이 9미터)와 엔진을 끌어올려 서울로 보내서 『해국도지』의 설명대로 증기선의 실험을 하도록 대원군에게 권고했다. 대원군은 그 선체를 모방하여 철갑선 한 척을 만들게 한 뒤 직접 진수식에 참석했다. 숯불로 기관을 발동시킨 배는 움직이긴 했지만 속도가 매우 느려 1시간에 10여 보밖에 나아가지 못했다.[26] 이는 『조선정감(朝鮮政鑑)』의 기록에 따른 것인데 김원모는 "신빙성이 희박하다"고 주장했다.[27]

중국의 위원(魏源, 웨이위안)이 아편전쟁으로 충격을 받고 쓴 『해국도지(海國圖志)』는 서양 열강의 침입에 대비하기 위한 문제의식으로 영국을 비롯한 세계 각국의 지리와 역사·국방·병기와 전술을 설명한 책이었다.[28] 1852년에 100권에 달하는 백과사전식의 방대한 분량을 이루게 되는 『해국도지』 초판 50권이 조선에 처음 들어온 건 초판이 간행된 다음 해인 1845년이었는데 이 책은 "19세기 전반 조선의 세계인식에 결정적인 영향을 미친 저술"이었다. 박규수는 평소 젊은이들에게 『해국도지』를 읽어 해외 사정을 알도록 권유하곤 했다.[29]

김명호는 "셔먼호 사건에 관한 종래의 논의에서 토머스의 존재가 부당할 정도로 크게 부각되었던 데 비해 이 사건에 성공적으로 대처한 평안감사 박규수에 대해서는 그에 상응하는 적극적 관심과 평가가 따르지 못한 사실은 자못 기이한 느낌을 준다"며 다음과 같이 주장했다.

"이처럼 박규수의 활약이 경시되어온 데는 대원군 집권이므로 대원군의 지시를 일방적으로 따랐으리라는 선입견이나 김일성의 증조가 셔먼호 격침을 진두지휘했다는 주장이 적잖은 영향을 끼쳤던 것으로 보인다. 그들의 존재에 가리어 박규수의 활동이 제대로 조명되지 못한 탓일 것이다."[30]

김일성 증조가 셔먼호 격침을 지휘했나?

김일성의 증조가 셔먼호 격침을 진두지휘했다는 주장은 무엇인가?

북한 사회과학원 역사연구소는 "미국 해적선 '샤만' 호를 소멸하기 위한 창발적인 전법을 발기하고 몸소 투쟁의 앞장에 선 사람은 김일성 동지의 증조할아버지인 김응우 선생님이었다"며 다음과 같이 주장했다.

"해적선이 대동강에 기어든 이래 그의 동태를 경각성 있게 주시하던 김응우 선생은 썰물과 밀물의 차이가 심한 대동강의 특성과 과거 우리 선조들이 외적을 무찌르기 위한 싸움에서 이룩한 풍부한 군사경험, 적아간의 무장장비의 차이 그리고 멸적의 기세 드높은 인민대중의 불타는 애국심 등을 타산해 불배를 띄워 보내는 '화공전술'로써 적을 소멸하는 데 대한 창발적 발기를 하였다. …… 김응우 선생은 실로 우리 조국청사에 길이 빛날 불멸의 업적을 쌓아올렸으며 이 싸움 마당에 떨쳐나선 인민들은 무비의 영웅성과 애국적 헌신성을 유감없이 발휘하였다."[31]

그러나 김원모는 "김일성 우상화 작업은 바로 김응우 등장에서부터 비롯된다"며 "역사기록에서 전연 나타나지 않은 가공인물을 만들어서 등장시킨 허구적 기술"이라고 평가했다.[32] 또 김원모는 "여태까지 한미학자들은 셔먼호가 평양 대동강에 나타났을 때 평양 군민은 이를 미국 상선인 줄 알고 고의적으로 공격, 이를 소파(燒破)하고 선원을 학살했다고 기술함으로써 그 당시 조선인의 대미 적대감정 및 배외사상을 강조하고 있었다"며 그러나 "평양 군민은 결코 문제의 배가 미국 상선인 줄 몰랐다"고 주장했다.[33]

김명호에 따르면 박규수는 무장한 철제 상선인 셔먼호에 비해 조선 측의 무력이 열세에 있는 것을 깨달은 데다 『해국도지』 영향을 받아 서양과의 분쟁에서 개전(開戰)의 구실을 주지 않으려 노력했지만 셔먼호의 도발이 계속되자 이를 섬멸키로 하고 화공작전을 감행했다. 이런 조치가 대원군의 명령을 따른 것이라거나 김일성의 증조 김응우가 화공작전을 진두지휘했다는 설 등은 근거가 박약하다는 것이다.[34]

김명호는 대원군과 박규수가 대미정책에서 대립한 것으로 보는 기존 견해는 잘못이라고 주장했다. 대원군은 배외(排外)정책을 추진하고 박규수는 대미수교를 원했다는 설명은 사실과 어긋나며 대원군과 박규수는 서로 긴밀하게 협조하며 미국과의 분쟁을 외교적으로 해결하려 했다는 것이다.[35]

제너럴셔먼호 사건은 약 5년 후 역사상 최초로 조선과 미국이 충돌하는 신미양요의 한 원인이 된다.

03

병인박해를 악화시킨 병인양요

서울을 공포로 몰아넣은 50여 일

프랑스인 주교 및 선교사 아홉 명의 처형 소식이 전해지자 톈진에 있던 프랑스 극동함대사령관 로즈(Peirre Gustave Roze, 1812~1883)는 기다렸다는 듯 무력보복을 결심했으며 청나라의 거중조정(居中調停) 제의를 거부했다. 조선 정부가 "선교사들은 조선의 국법을 어긴 것이며 프랑스 정부에 대한 적대적인 정책은 아니다"라는 뜻을 청나라를 통해 프랑스 측에 알리면서 재교섭을 시도했으나 그 역시 거부됐다.[36]

1866년 9월 26일 로즈가 이끄는 프랑스 군함 세 척이 병인박해 때 조선을 탈출한 신부 리델(Felix Clair Ridel, 1830~1884)과 조선인 신도들의 안내를 받아 한강 어귀를 정찰했다. 두 척은 양화진을 거쳐 서강까지 올라와 정박했다가 다음 날 고양군 행주 방면으로 이동했다.[37]

그로부터 약 보름 후인 10월 13일(음력 9월 5일) 프랑스 군함 일곱 척

(1500명의 병력)이 다시 나타났다. 로즈는 10월 15일 강화부를 공격, 점령하고 한강을 봉쇄한 뒤 조선 측에 신부들을 살해한 책임자를 엄벌하고 조약을 체결할 것을 요구했다.

프랑스군은 여기저기서 산발적인 약탈을 일삼다가 11월 9일(음력 10월 3일) 정족산성의 양헌수(1816~1888) 부대를 공격했지만 조선군의 저항은 상상외로 거셌다. 프랑스군은 적지 않은 사상자(사망 6명, 부상 30여 명)를 내고 후퇴했다. 이 싸움에서 조선군은 한 명의 사망자와 세 명의 부상자를 냈다.[38]

철수를 결정한 로즈는 11월 10일 강화읍의 방화와 파괴를 명하고 또 앞서 강화부를 점령했을 때 약탈해두었던 걸 군함에 운반케 했다. 프랑스군은 강화 이궁(임금이 거동할 때 임시로 머무는 궁궐)과 외규장각(규장각의 귀중한 책을 별도로 보관하는 곳) 등에서 각종 무기, 수천 권의 전적(典籍), 국왕의 인장, 19만 프랑 상당의 은괴를 약탈한 것이었다.[39]

프랑스군은 11월 18일(음력 10월 12일) 한강 봉쇄를 해제하고 조선에서 물러갔다. 이게 바로 병인양요(丙寅洋擾)다. 프랑스군이 강화부를 점령해 한강 입구를 봉쇄한 기간은 33일에 불과했지만 프랑스 함대가 그 이전부터 열흘이 넘게 강화도 한강 일대를 횡행함으로써 서울로 들어오는 물자 보급로가 막혀 서울에선 큰 소동이 벌어졌다. 물가가 치솟아 백성들은 굶어죽을 지경이었으며 피난길에 나서는 사람들이 사대문의 길을 메워 서울 시내의 집 7000여 호가 텅텅 빌 정도였다. 심지어 열 집 가운데 아홉 집은 집을 비우고 피난을 갔다는 말까지 나왔다.[40]

3장_대원군의 척화투쟁 107

천주교도 8000여 명을 죽인 학살극

프랑스 함대가 정찰만 하던 9월 기정진(1797~1876)은 서양 오랑캐에게 오염되지 않은 청정한 지역은 오직 조선뿐이라고 전제한 뒤 만약 저들과 교통하게 되면 2~3년 안에 이 나라 백성은 거의 금수(禽獸)화할 것이기 때문에 그것을 용납해서는 안 된다는 상소를 올렸다.[41]

프랑스 함대가 강화도를 침공하자 화서 이항로(1792~1868)는 주전·척화의 상소를 올렸다. 명(明)은 중화(中華)로, 조선은 소중화(小中華)로, 청(淸)은 중국을 지배하고 있으나 이(夷)로, 그리고 서양과 그 앞잡이인 일본을 금수(禽獸)로 인식한 이항로는 다음과 같이 주장했다.

"중국을 높이고 이적(夷狄)을 물리쳐야 하는 것은 천지가 다할 때까지의 대원칙이다. …… 만일에 우리나라의 사민(士民)들이 집집마다 중국을 높이고 이적을 물리치는 의리(義理)를 강명(講明)하게 하였다면 이적이 몸 둘 곳이 없을 것이다. 아! 오늘날은 온 천하가 오랑캐가 되었지만 서양이라는 것은 이적 중에서도 가장 심한 것들이다."[42]

이항로는 기정진에 이어 다시금 서양 물건을 찾아내 불태울 것을 요구했다. 이에 따라 궁중에 있는 모든 서양 물건을 거두어 대궐 뜰에 쌓아놓고 불을 질렀다. 전국의 시장에서 서양 물건을 찾아내는 소동도 벌어졌다.[43]

당대를 대표하는 두 유학자로부터 강력한 지지를 받은 대원군은 양이(洋夷)와의 화친이나 교역은 매국이자 망국이라고 재천명했다.[44] 프랑스 함대는 사정이 여의치 않자 스스로 알아서 물러갔지만 조선은 양이를 물리쳤다고 주장했다. 권희영은 "이는 천주교도를 탄압하는 데는 효과적이었지만 국가를 살리고 민족을 살리는 데는 아무 소용없는 일이었다"고 평가했다.[45]

병인박해 때 많은 천주교 신자들이 참수당해 절두산이라 불리는, 서울 마포 양화나루 근처 잠두봉의 옛 모습.

대원군은 국가적 위기의식을 고조시키면서 천주교인들을 외국의 적들을 불러들이는 무리로 규정하여 박해에 박차를 가했다. 서양 오랑캐의 발자국으로 더럽혀진 땅은 그들과 내통하는 천주교 무리의 피로 씻어내야 한다고 주장했던바 처형지는 주로 서울 양화진과 해안지방으로 정해졌다.[46]

양화진은 오늘날 서울시 마포구 합정동의 절두산 일대를 가리킨다. 조선 정부는 수도방위를 위하여 한강 주변에 송파진·한강진·양화진의 삼진을 두었는데 그 삼진 중 하나인 양화진은 나루터 구실뿐 아니라 외침이나 민란에 대비한 상비군 주둔지로 기능했다. 양화진엔 1890년 7월 28일 미국인 선교사 헤론(J. W. Heron, 1856~1890)이 최초로 묻히면서 '서울외국인선교사묘지공원'이 만들어졌다.[47]

탄력을 받은 병인박해는 1870년까지 지속되었다. 천주교 기록에선 1870년까지 8000여 명이 죽었다고 했으며 황현의 『매천야록』은 이 시기 앞뒤로 2만여 명이 죽었을 것이라고 기록했다. 박은식은 『한국통사』에서 팔도에 명을 내려 교도 12만 명을 잡아들였는데 더러 억울하게 걸려든 자도 있었다고 썼다.[48]

불안과 공포로 인한 자신감의 상실

2001년 연갑수는 병인양요가 대원군의 프랑스 선교사 처형 때문에 일어난 것이라는 통설을 반박했다. 그는 헌종 5년(1839)에 있었던 기해사옥 때도 앵베르를 비롯한 프랑스 선교사 세 명이 처형됐지만 당시에는 전쟁으로 이어지지 않았다며 이후 정권을 잡은 루이 나폴레옹 3세가 보수적인 가톨릭세력을 정치적인 배경으로 삼으면서 천주교 선교와 선교사 보호를 빌미로 한 포함(砲艦)외교를 전개했다는 점에 주목했다.[49]

권희영은 병인박해는 강경파의 명분에 밀려 벌어진 일로, '불안과 공포로 인한 자신감의 상실'이 그 원인이었다고 진단했다. 그는 "이들은 자기들의 신념으로 조선왕조를 지탱하고 발전시킬 수 있었다고 생각했는가? 강경한 주장과 허풍 뒤에 이들의 허약성과 겁이 숨어 있었다. 이들은 이미 자신들의 나약함을 알고 있었지만 그러나 그것을 인정하려 하지 않았다. 중국이 이미 서양세력에게 굴복해 있는 상태였고 일본 역시 굴복해 개항을 했는데 조선이 어찌 서양 근대문명의 강대함을 모를 수 있었을까?"라는 물음을 던졌다.

"문제는 천주교도들을 희생양으로 삼은 것이다. 천주교 박해는 비열하고도 광기 어린 행동이었다. 그것은 권위와 권력에 아무런 자신감도 없는 자들이 하는 협박이었고 그 공포를 통해 체제를 유지하려는 것이었다. 여기에서 우리는 중세 말기 유교의 한계를 본다. 인(仁)의 정치는 실종되고 제사와 전례 문제를 핑계로 수천의 백성을 학살하는 유교문명의 한계인 것이다."[50]

강재언은 "조선의 비극은, 외압에 의해 쇄국에서 개국으로 전환할 수밖에 없었던 바로 직전까지 천주교 탄압이 계속되었고 이와 더불어 18세기 후반기부터 겨우 싹터온 서양의 사정 및 학술에 대한 연구가 1801년부터 70여 년간 절멸했다는 데 있다"며 다음과 같이 주장했다.

"일본의 경우 1612년에 도쿠가와 이에야스의 천주교 금지령으로 시작된 탄압은 그 규모, 가혹한 수단, 더구나 그 지속성에서 조선의 천주교 탄압과는 비할 바가 못 되었다. 그러나 구교(가톨릭)국인 스페인과 포르투갈과의 관계를 끊고 대신에 신교(프로테스탄트)국으로서 무역만을 중시하는 네덜란드에 창구를 열어 서양의 정보를 얻을 수 있었고 18세기부터는 난학(蘭學, 네덜란드어로 된 책들을 통해서 서양을 연구하는 학문)에 의해 서양의 학술을 연구할 수 있었다. 즉 가톨릭과 난학을 분리하여 대처할 수 있었던 것이다. 따라서 문호개방 후의 일본과 조선의 근대화의 차이는 그 이전 단계부터 이미 크게 벌어져 있었던 것이다."[51]

돌아오지 않는 외규장각 도서

병인양요 당시 참전했던 프랑스 해군 견습사관 쥐베르(M. H. Zuber)는 그다음 해인 1867년 한 잡지 기고문에서 "강화에서 은으로 가득 찬 상자 20여 개를 발견했는데 이것으로 우리의 원정비용을 뽑고도 남으리라 생각한다"고 말했다.[52]

또 주베는 강화도 한 촌락의 초라한 집에서 공부에 열중하고 있는 조선 선비의 기개 있는 모습을 보고 받은 충격을 훗날(1873) 프랑스의 여행전문잡지 『르 투르 뒤 몽드(세계일주)』에 스케치 그림과 함께 글로 표현했다.

"조선과 같은 먼 극동의 나라에서 우리가 경탄하지 않을 수 없는 것은 아주 가난한 사람들의 집에도 책이 있다는 사실이며 이것은 선진국이라고 자부하고 있는 우리의 자존심마저 겸연쩍게 만든다. 조선 사회에서 문맹자들은 심한 천대를 받기 때문에 글을 배우려는 애착이 강하다. 프랑스에서도 조선에서와 같이 문맹자들을 가혹하게 멸시한다면 경멸을 받게 될 사람이 허다할 것이다."[53]

이어 주베는 강화도 외규장각에서 발견한 방대한 양의 서적과 비축용 종이에 대한 감탄을 늘어놓았는데 그가 직접 운반했는지 어쨌는지는 모르겠지만 프랑스군은 철수할 때 외규장각 서적을 약탈해갔다. 약탈 서적 중에는 금속활자로 찍은 책 중에서 현존하는 가장 오래된 것으로 1377년에 간행된 『백운화상초록불조직지심체요절』, 특히 『직지심경』으로 불리는 책도 포함되었다.[54]

약탈된 외규장각 도서는 1993년 9월 프랑수아 미테랑 당시 프랑스 대통령이 방한하면서 상징적으로 297권 중 한 권을 반환했을 뿐 이후 양국 정부의 반환 협상은 진전을 보지 못했다. 당시 이 반환 문제는 고속철도 공사 문제와 연계되었기에 프랑스의 '사기극'이라는 비판의 목소리가 높았다. 예컨대 이상찬은 다음과 같이 주장했다.

"우리는 미테랑이 문화재 반환의 제스처를 쓰자 고속철도 공사를 가격 등의 불리한 조건을 감수하면서 프랑스와 계약하였다. 그러나 TGV(프랑스 고속철도)를 주면 돌아올 것으로 알았던 외규장각 도서는 돌아오지 않았다. 고속철도 계약에서는 손해를 보고 외규장각 도서 반환에서는 거의 사기를 당했다. 외규장각 도서는 별개의 사안으로 다루더라도 우리가 결코 불리할 게 없는 사안인데 고속철도 계약이라는 어마어마한 이권과 연계시켰으며 그럼에도 불구하고 고속철도 계약과 외규장각 도서 반환 문제 둘 다 손해만 보았던 것이다."[55]

2007년 2월 프랑스에서 활동 중인 법무법인 알레리옹의 김중호 변호사는 파리의 프랑스국립도서관에 소장돼 있는 외규장각 도서를 돌려달라는 행정소송을 프랑스 정부를 상대로 냈다. 김중호는 "프랑스가 외규장각 도서를 국유재산으로 편입하고 따라서 양도할 수 없다고 하는 논리는 원천적으로 법적 오류라는 점을 강조하겠다"고 말했다. 그는 "프랑스가 소송을 통해 문화재를 외국에 돌려준 경우가 없는 것으로 알고 있다"며 험난한 법적 공방이 될 것으로 내다봤다.[56] 프랑스는 과연 문화국가인가?

04

보부상의 정치조직화

군사력의 무능을 보완한 보부상

개화기 내내 정치적으로 중요한 역할을 한 보부상(褓負商)의 정치조직화는 바로 병인양요 때부터 시작되었다. 당시 낙후된 군사동원체제의 한계를 절감한 대원군은 조직력이 강한 보부상단에 주목해 다음과 같이 명했다.

"일찍이 듣건대 너의 부상들 중에는 의기쾌걸지인(義氣快傑之人)이 많아 비록 진흙길에 지고 다닐 때에도 노소장상(老小長上)의 구분이 있고 여러 사람들이 대(隊)를 나누어 인원수를 갖추어 일이 있으면 과감히 해결하고 완연히 의로움을 피하지 않는 기품이 있어 내 항상 가상히 생각하는 바이다. 만약에 의기를 나라를 위하는 데 돕는다면 끓는 물을 뛰어넘고 칼날을 밟는 것도 마땅히 어렵지 않으리라."[57]

보부상단은 대원군의 부름에 적극 응해 프랑스군과의 전투에 참전했다. 의병으로 동원된 보부상은 주로 양곡수송을 담당했는데 양요가 종결되고 나서 정부는 보부상 우두머리들을 포상했으며 유공자 명단에도 올려주었다.[58]

물건을 보자기에 싸서 들고 다니는 보상(褓商)과 지고 다니는 부상(負商)을 통칭하는 보부상은 사회로부터 천대를 받았지만 조선 건국에 일조했으며 병자호란 때 죽을 뻔한 왕을 구했다는 자부심을 갖고 있는 집단이었다. 그런 자부심으로 그들은 엄격한 내부규율을 지키면서 사회가 용인하는 질서 속으로 편입하려는 강한 욕망을 갖고 있었다. 이들이 개화기 내내 관의 친정부·친권력 세력으로 나서 농민이나 민중에 맞서 싸웠던 것도 바로 그런 지배계급 지향성의 발로이기도 했다.[59]

조재곤에 따르면 보부상이 되는 층은 농민 중 생활고로 토지에서 이탈된 자들, 10여 년 이상 행상을 한 최제우의 경우처럼 권력기구에서 배제된 몰락사족, 그리고 수공업 종사자 등이었다. 훗날 길영수의 경우처럼 백정(白丁) 출신으로 보부상 지도자가 된 사례도 있었다.[60]

보부상의 정보 수집·전파 기능

사회적 커뮤니케이션 기능이 발달하지 않았던 시절 보부상은 정보를 수집하고 전파하는 데 있어서 가장 뛰어난 집단이었다. 보부상이 정치적 힘을 갖게 된 것도 바로 이와 무관치 않았다. 이와 관련 1948년 최초로 보부상에 관한 연구서 『조선보부상고』를 쓴 유자후는 다음과 같이 말했다.

"시장을 지배하면서 좌가입상(坐賈立商)하던 보부상들은 장터에 모

등짐을 진 바구니 장수. 보부상은 봇짐장수와 등짐장수를 함께 일컫는 말이다.

여든 남녀노소들이 내뱉는 입을 통하여 어느 집의 평판을 비롯한 어느 마을의 내용과 어느 사람의 비화가 유수처럼 전파되어 곳곳에서 물 끓듯 하는 화제의 내용을 자세하게 알아듣고 물어 알 수 있는 적임자였다. 또한 이들은 각 가정을 무시로 출입하면서 행상하므로 남의 집 사정을 샅샅이 염탐하여 그 정보를 수집하는 데 가장 편리하고 인심동향(人心動向)에 정통한 소식통의 위치에 있었다. 따라서 여러 시장에 산재하던 보부상들이 각기 자기의 임방에 모여 각자 들은 이야기를 토로하게 되면 앉아서도 민심의 상황과 습속의 경향을 부챗살처럼 알 수 있었다."[61]

박천홍은 "봉건시대에 보부상은 단순한 장사꾼의 범위를 넘어섰다. 그들은 '걸어 다니는 정보원'이나 다름없었다"며 다음과 같이 말했다.

"이 마을 저 마을의 대소사를 훤히 꿰뚫고 있었고 먼 지역의 온갖 풍문들이 그들의 귀에 모여들었다. 가정에 갇혀 있는 여자들은 행상을 통해 바깥세상 돌아가는 일, 이웃이나 이웃마을에서 있었던 일에 관한 잡다한 정보를 얻어들을 수 있었다. 보상 중에는 여자도 많았는데 조선시대의 관습상 여자 행상은 허락 없이도 남의 집 대문 안으로 들어가는 것이 묵인되었다."[62]

지방장시의 커뮤니케이션 기능

또한 보부상들의 활동 근거지인 지방장시는 적어도 5일에 한 번 온갖 정보가 모이고 흩어지는 활발한 커뮤니케이션 공간이었다. 박천홍은 "중앙정부는 왕의 윤음(綸音)·정령(政令) 등 정부의 시책을 반포, 홍보하는 장소로 장시를 이용했다"며 다음과 같이 말했다.

"장시는 백성들의 동태를 관찰하고 임무를 수행하는 데 필요한 정보를 수집하는 장소이기도 했다. 장시는 집권층에 의해 '처벌하는 권력'의 상징공간으로 활용되기도 했다. 장시에서 반역자를 효수함으로써 권력에 대한 민의 저항을 봉쇄하는 상징효과를 거두었던 것이다. 장시는 정부뿐만 아니라 민중들에게도 중요한 커뮤니케이션 공간이었다. 민중들은 장시를 봉건적 억압에 대한 저항의 거점으로 삼기도 했다. 민중들은 개인적인 억울함을 호소하거나 사회에 대한 불평·불만을 알리기 위해 장시에 괘서나 벽서를 붙였다. 괘서나 벽서는 장시나 포구 등 사람이 많이 모이는 길목이나 교통의 요지에 부착되는 일종의 '대자보'로서 인심을 선동해 집권층에 간접적인 타격을 가했다."[63]

보부상이 정치조직화되어 이후 주요 사건 때마다 등장해 활약하는 것은 권력의 비호를 필요로 하는 그들의 업무적 특성과 더불어 사회적 커뮤니케이션에서 차지하는 그들의 중요성 때문이었다고 볼 수 있겠다.

05

오페르트의 남연군묘 도굴 사건

통상과 신앙의 자유를 얻기 위한 만행

병인박해 때 조선을 탈출해 병인양요 시 프랑스 함대의 뱃길을 안내했던 프랑스 신부 페롱(Stanisas Feron, 1827~?)은 독일의 무역상인인 오페르트(Ernst J. Oppert, 1832~1903)를 끌어들여 대원군을 공격할 궁리를 했다. 오페르트는 1866년 3월과 8월 두 차례에 걸쳐 충청도 홍주목 해미에 나타나 통상을 요구했으나 모두 실패한 뒤 기회를 엿보고 있던 중이었다.

페롱은 이런 오페르트를 책임자로 하여 대원군과 정치적 교섭을 벌이는 동시에 조선인 천주교도를 가담시켜 대원군의 아버지 남연군 이구(李球)가 묻혀 있는 충남 예산군 덕산면 상가리 가야사 옛터의 무덤을 파헤친다는 계획을 세웠다. 묘를 파헤쳐 시체와 부장품을 미끼로 내걸고 대원군과 통상문제, 천주교 신앙의 자유를 흥정하겠다는 것이었다. 이 제안을 흔쾌히 받아들인 오페르트는 통상교섭이 성공하면 이익을 배당하겠다는 조건으로 자금을 담당할 미국인 젠킨스(F. B. Jenkins)를 끌어들였다. 젠킨스는 상하이 미국총영사관의 통역관이기도 했다.[64]

도굴단은 오페르트, 젠킨스, 페롱, 선장 묄레, 조선인 안내자 두 명, 유럽·필리핀·중국인 선원 등 모두 140명으로 이루어졌다. 1868년 5월 차이나호·그레타호 등 기선 두 척을 이끌고 일본 나가사키에서 무기와 도굴용 장비를 구입한 이들은 5월 10일(음력 4월 18일) 충남 덕산군 구만포에 상륙했다.

도굴단은 자신들을 러시아인이라고 말하면서 조선인들의 안내를 받아 남연군 묘소로 직행하는 과정에서 덕산군청을 습격하여 군기를 탈취하는가 하면 민가들을 습격하면서 고의적으로 난동을 부렸다. 그들은 남연군묘에 도착해 밤새도록 도굴을 시도했지만 묘광(墓壙)이 워낙 견고하여 그들이 준비해온 도구로는 어림도 없었다. 게다가 썰물 시간이 다가온 데다 조선군이 대거 몰려올 시간이 되었으므로 작업을 포기한 채 철수하지 않을 수 없었다.[65]

대원군은 도굴을 예상했던 걸까? 대원군은 석수(石手)들을 동원하여 바위로 된 그곳을 열 자도 넘게 파고 관을 모신 뒤에 석회를 300포대나 퍼붓고 그걸로도 모자라 심지어 쇳물을 끓여서 붓기까지 했다고 한다.[66]

배외감정의 격화

오페르트는 실패하고 돌아가는 길에 인천 앞 영종도에서 프랑스 제독 알리망 명의로 된 협박장을 대원군에게 보냈다. 남연군의 시체와 부장품이 그들 손아귀에 있으니 교섭에 응하라는 내용이었는데 이 협박문을 접수한 영종첨사(僉使) 신효철은 도굴행위가 인간의 짓이 아니므로 대응할 가치가 없다며 협박문을 되돌려주었다.

오페르트는 수십 명의 선원을 거느리고 영종도에 상륙하여 총검으로 위협하면서 성문으로 들어가려고 했으나 조선군의 공격을 받고 두 구의 시체를 남긴 채 도주했다. 대원군은 이양인(異壤人)의 수급(首級)을 서울을 비롯하여 팔도에 효시(梟示)하도록 명했다. 또한 도굴단을 안내한 조선인들이 천주교도로 추정됨에 따라 대원군은 덕산군 내포 지방 천주교인들을 대대적으로 색출해 처형하는 보복을 가했다.[67]

대원군만 분노한 게 아니었다. 이 사건은 조상을 숭배하고 분묘를 중시하는 조선인들에게 큰 충격을 주어 배외감정을 격화시켰다.[68] 그리피스(William Elliot Griffis, 1843~1928)는 이 사건을 '시체강탈원정'이라고 부르면서 다음과 같이 주장했다.

"이제 한국인들은 외국인이 이 땅에 침입하려는 주목적이 시체를 강탈하고 가장 신성시하는 인간의 본성까지 유린하려는 데 있다는 의혹을 목전에서 생생하게 확증하게 되었다. 결국 외국인은 모두가 야만인이요 그들의 대부분은 절도나 강도에 지나지 않는다고 한국인들은 믿게 되었다."[69]

김용구는 "이양선 문제에 대해 좀더 유연한 태도를 보이게 되는 시점에 돌연 오페르트 사건이 발생하여 조선의 서양 인식이 다시 경화된 것은 불행한 일이 아닐 수 없다"며 다음과 같이 주장했다.

"이른바 남연군묘 도굴사건은 일확천금을 꿈꾸는 깡패, 이들 깡패들을 부추기는 돈줄들 그리고 타락한 신부들이 합세하여 일으킨 전대

미문의 추악한 일이었다. 이 사건을 계기로 조선 조정은 더욱 배외(排外)의 길로 치닫게 되었다."[70]

오페르트의 『금단의 나라 조선』

오페르트는 사건을 저지른 지 12년 후인 1880년 『금단의 나라 조선』이라는 책을 출간했다. 신복룡은 "그가 왕릉의 도굴범이었다는 오명이 그의 올바른 명성을 모두 묻어버렸다는 점에서 이 책은 안타까움을 안고 있다"며 다음과 같이 평가했다.

"동양의 인종에 대하여 누구보다도 해박한 인류학적 지식을 가지고 있었고 쇄국으로 인하여 세계 대세를 외면하는 한국의 지배자에 대해 짙은 연민을 가지고 있었으며 한국에 대해 서방에 알려진 바가 없던 1860년대에 이미 한국의 역사・언어・풍습・제도에 대해 깊은 이해를 가지고 있었던 오페르트는 어쩌면 굴절된 한국 근대사의 가장 억울한 희생양인지도 모른다."[71]

또 신복룡은 "그가 내세웠던 남연군묘의 굴총 이유인 천주교 박해의 중지를 위한 그의 노력과 진심에도 귀를 기울여볼 여지가 있다. 그가 해미(海味)에 나타났을 때는 많은 천주교 신자들이 박해로부터 구원해달라고 부탁했다"며 다음과 같이 주장했다.

"언어가 소통되지 않는 상황에서 천주교도들은 땅바닥에 십자가를 그려보임으로써 자기들의 의사를 전달했고 오페르트는 진심으로 그들에게 먹을 것을 제공하고 함께 아픔을 위로하기도 했다. 이런 상황에서 그로서는 대원군의 천주교도 탄압을 용서할 수도 없었고 묵과할 수도 없었기에 왕릉의 도굴이라는 극단적인 방법에 따를 수밖에 없었던 것이 아닌가 생각된다."[72]

오페르트는 조선인들의 묘소에 대한 강인한 집념을 알고 있었기에 그런 극단적인 수법을 동원했는지도 모르겠다. 남연군 묘소는 임금을 만든 명당자리로 소문난 곳이다. 그래서 지금도 그 묘소 주변엔 묘들이 많이 몰려 있다. 1994년 현지를 둘러본 안천은 그 풍경을 다음과 같이 묘사했다.

"그런데 비석에 쓰인 날짜가 일천하다. 이제 이곳이 급속도로 공동묘지화되는 출발선에 서 있는 것이었다. 투기꾼 몰리듯 좋은 자리 비집고 들어오겠다는 한탕심리의 전형이 죽음의 형태로 이곳에 집중될 날은 결코 머지않은 것 같다. 몸에 좋다면 개구리도 씨가 마르고 굼벵이도 싹 쓸어 먹는 나라가 아닌가! 그곳을 둘러보는 나에게 더욱 씁쓸한 마음을 더해주는 것은 둘레에 비집고 들어온 염치없는 무덤의 비석에 쓰인 집안이 모두 대한제국 황실을 망국으로 이끈 척족 세도집안이었다는 사실이다."[73]

이 또한 가문 중심의 한국 문화를 말해주는 게 아니고 무엇이랴. 가문 중심의 탐욕과 경쟁이 국익으로 연결될 수 있는 구조하에선 한국은 세계에서 둘째가라면 서러워할 정도로 막강한 저력을 갖춘 나라이지만 그렇지 못한 구조하에선 정반대의 결과를 초래한다. 개화기는 바로 이 후자의 경우였다.

06

조선과 미국이 충돌한 신미양요

1871년 이필제의 봉기

1860년대 말에서 1870년대 초는 한마디로 내우외환(內憂外患)의 연속이었다.

1868년 8월 정덕기가 『정감록』을 이용하여 난을 일으키려다가 체포돼 사형당했다. 1869년 3월에는 전라도 광양현에서, 8월에는 경상도 고성현에서 민란이 발생했다.

1871년 3월 10일에는 동학의 교조 최제우가 처형된 날을 기하여 이필제(1825~1871)가 제2대 교주 최시형과 함께 동학교도들을 이끌고 경상도 영해를 점거했다가 8월엔 문경에서 봉기했다. 이필제는 1871년 12월 23일 체포되어 서울 서소문 밖에서 능지처참을 당했다.[74]

이필제는 처형당하기 전 3년간 진천 · 진주 · 영해 · 문경 등지에서 4회에 걸쳐 연속적으로 반정부투쟁을 전개한 인물이었다.[75] 이이화는 "이필제는 죽음을 당하는 순간까지 당당하게 맞서 자신의 뜻을 진술했다"며 "그는 앞 시기의 홍경래, 뒤 시기의 전봉준과 같은 미완의 영웅이었다"고 평가했다.[76]

1871~1872년 2년간은 천재지변으로 자녀를 쌀과 바꾸는 일이 빈번할 정도로 식량기근이 심했다.[77]

아시아에서 성조기를 최초로 게양한 전투

한편 미국은 대동강에서 침몰한 제너럴셔먼호의 행방을 찾아 나섰다. 1867년 1월 23일 슈펠트(Robert W. Shufeldt, 1822~1895)가 이끄는 와추세트호가 제너럴셔먼호의 행방을 탐문조사하기 위하여 황해도 장연현 오차포 월내도 앞바다에 닻을 내렸다. 슈펠트는 25일 현지 주민에게 국왕에게 보내는 서한을 전했지만 답이 오기 전 주민들로부터 제너럴셔먼호에 관한 정보를 얻고 그곳을 떠났다. 미국은 1868년에는 셰난도어호를 파견하기도 했다.[78] 1869년 남북전쟁의 명장으로 야심만만한 그랜트(Ulysses Grant)가 대통령에 취임했다.

1871년 5월 미국은 주청공사 로우(Frederich F. Low, 1828~1894)와 해군 제독 로저스(John Rogers II, 1812~1882)가 이끄는 아시아함대를 조선으로 파견했다. 콜로라도호 등 호위함 세 척에 1230명의 병력이 었다. 이들은 5월 26일 작약도에 도착해 탐측을 하면서 현지 주민들과 조선 정부의 문정관들을 접촉하기도 했다.

커뮤니케이션상에 무슨 문제가 있었던 걸까? 6월 1일 미국 함대가 강화해협을 침입, 탐사하다가 해협연안에 배치된 조선포대로부터 선제공격을 받은 이른바 '손돌목 포격 사건'이 일어났다. 이에 미군은 선제포격에 대한 보복 조치로 6월 10~12일에 걸쳐 강화도 요새지에 대규모 상륙작전을 벌였다. 이른바 신미양요(辛未洋擾)다.

6월 10일(음력 4월 23일) 로저스가 내린 공격명령에 따라 450명의 미해군이 강화도의 초지진에 상륙한 뒤 덕진진까지 밀고 들어왔다. 그다음 날인 6월 11일 미군은 결사항전의 깃발을 올리고 있던 광성보 공략에 나서 2시간 동안 포탄을 퍼부어댔다. 조선군 지휘관 어재연(1823~1871)이 전사했으며 광성보는 함락되었고 미국의 성조기가 내걸렸다. 성조기를 게양한 미국 병사는 "이것은 미국이 남북전쟁 이래 처음으로 벌인 치열한 전투 끝에 점령한 아시아의 보루에서 미국 국기를 최초로 게양한 의미 있는 전투였다"고 회고했다.[79]

포와 총 대 칼과 창의 대결

유병선은 "미국과 조선이 처음이자 마지막으로 무력충돌한 신미양요는 포와 총 대 칼과 창의 대결이었다"고 했다.[80] 이 전투에 참가했던 슐레이 대령은 "조선군은 용감했다. 그들은 항복 같은 건 아예 몰랐다. 무기를 잃은 자들은 돌과 흙을 집어던졌다"고 증언했다.[81]

조선군은 포로가 되는 걸 죽음보다 더 수치스럽게 여겼다. 미국 측 기록에 따르면 미군이 광성보를 점령하자 조선군 병사들은 강화해협에 투신해 죽음을 자청했고 부상을 당해 투신할 수 없는 병사들은 타고 있는 불속으로 기어들어가 타 죽었으며 더러는 미군에게 손짓으로 자신을 죽여달라고 애원하기까지 했다. 미군 측이 부상 포로 서른한 명을 데려가라고 통고했을 때 부평부사 이기조는 "우리나라 사람이 이미 포로가 된 이상 죽이거나 살리거나 그 권한은 당신네들 손에 달

신미양요 당시 광성보 공방전에서 미군의 폭격에 전사한 조선군의 참혹한 모습.

렸으니 다시 묻지 않겠다"며 인수를 거절했다.[82]

그러나 강에 투신한 병사들이 모두 자살을 목적으로 했던 것 같지는 않다. 전투가 끝나자 광성보 내에 흰옷 입은 조선군 시체 수는 모두 243구, 강화해협으로 뛰어들거나 빠져 죽은 조선군인 수는 100여 명에 이르렀는데 일부 병사들이 죽게 된 경위는 눈물겹기까지 하다. 김원모는 "조선군은 대부분 '솜 아홉 겹을 놓은 두꺼운 무명갑주(甲胄)'를 입고 있어서 죽은 뒤 무명갑옷에 불이 붙어 시체 타는 악취가 광성보 안을 진동했다"며 다음과 같이 말했다.

"이들은 대개 옷에 불이 붙어서 몸이 뜨거워 엉겁결에 강물에 뛰어내렸고 이렇게 뛰어내린 시체로 바닷물은 핏빛으로 변했다. 그래서 광성보의 전투에서 미군에 의해 희생된 조선군 전사자 수는 총 350명으로 공식집계되었다. 결국 조선군은 그토록 무더운 날씨에도 불구하고 방탄을 위해 두꺼운 솜옷을 입고 있어서 이 솜옷에 불이 붙어서 산 채로 화장되는 장정이 많았고 이로 인하여 희생자 수가 많이 생긴 것 같다. 그러나 두꺼운 솜옷이 방탄에는 아무런 효능이 없었다. 이에 비해 미군의 사상자는 너무나 가벼웠다. 전사자 세 명, 중상자 다섯 명 경상자 다섯 명뿐이었다."[83]

전세는 불리했지만 조선은 미국의 조약체결 요청에 응하지 않았다. 병인양요의 경험을 되살려 지구전으로 버티기로 했다. 대원군은 민심 동요를 막기 위해 서울 종로에 "양이가 침범하였을 때 싸우지 않으면 화약(和約)하는 것이며 화약을 주장하는 것은 매국하는 것이다"라는 내용을 새긴 척화비(斥和碑)를 세웠고 이를 전국 각지에 세우게 했다. 또한 전국의 먹 제조업자에게 명령을 내려 먹의 뒷면에도 위 내용을 음각(陰刻)하게 했다.[84]

광성보를 함락시키면 태도가 달라질 것이라 기대했던 미국 측은 더욱 강경해진 조선의 태도에 놀랐다. 전면전은 훈령 밖의 일인 데다 그렇게 하기엔 병력도 부족했다. 결국 미국 함대는 작약도 정박지에서 3주일간 기다리다가 7월 3일 철수했다.[85] 조선은 큰 희생을 치렀음에도 불구하고 미국을 이긴 것으로 생각했다.

신미양요를 '한미전쟁'으로 보는 김원모는 "한미전쟁은 미국 측의 압도적 전승으로 끝나버렸음에도 불구하고 이를 단순한 양요로 취급하는 이유는 바로 조선 측이 패배를 인정하지 않고 미군함대의 7월 3일 철수가 곧 패퇴라는 고정관념을 버리지 못한 데서 비롯된 것이다"고 주장했다.[86]

박규수의 예의지방 비판

박규수는 조선 정부와는 달리 생각했다. 그는 국왕이나 대신들이 척화의 명분 중 하나로 즐겨 내세운 예의지방(禮義之邦) 개념에 대해 비판적이었다. 그는 미국 함대가 철수한 직후 친아우 박선수(1821~1899)에게 보낸 서신에서 다음과 같이 말했다.

"걸핏하면 예의지방을 일컫는데 이 말을 나는 본래 비루하게 생각한다. 천하만고 어디에 예의가 없는 나라가 있겠는가? 이것은 중국인들이 이적(夷狄) 중에 이러한 것이 있는 것을 가상히 여겨 '예의지방'이라 칭찬한 데 지나지 않는 것이니 본래 수치스러운 말이요 천하에 자랑할 것이 못된다. 조금 지벌(地閥)이 있는 자가 걸핏하면 양반 양반이라 하는데 이것은 가장 수치스러워해야 할 말이며 가장 무식한 소리이다. 이제 걸핏하면 자칭 예의지방이라 하는데 이것은 예의가 어떤 물건인지도 모르는 자의 입에서 나오는 소리인 것이다."[87]

그러나 박규수의 이런 대미인식이나 대미강화론은 주위의 가까운 사람들에게만 전해졌을 뿐 공개적으로 발설되진 않았다. 당시 상황에선 그런 생각을 발설하는 건 위험한 일이었기에 그의 개국론은 대원군이 하야하고 조선이 일본의 강요에 따라 조약체결 협상을 벌일 때부터 전개되었다.[88]

박규수가 병인양요 당시부터 대미수교를 구상하고 있었다는 건 학계의 통설처럼 얘기돼왔다. 그러나 앞서도 지적되었듯이 김명호는 "박규수가 1872년 두 번째 연행(燕行)을 계기로 사상적 전환을 하게 되기 전까지는 대원군의 긴밀한 협조자로 미국과의 분쟁에 대처하고 척사론자들과 마찬가지로 천주교 탄압정책에 동조했다"며 기존 통설에 의문을 제기했다.

김명호는 "박규수는 미국이 제너럴셔먼호 사건을 조사하기 위해 1867년과 1868년 파견한 와추세트호 함장 슈펠트나 셰난도어호 부함장 페비거의 조회(照會, 외교문서)에 회신을 하지 않는 등 미국과의 대화와 협상을 일절 배격하는 조선 조정의 강경 분위기에 대해 우려를 나타내거나 '조선만이 예의지방은 아니다'는 식으로 불만을 드러냈다"며 "하지만 이런 사실을 확대해석해 병인년 또는 신미년에 이미 박규수가 대미수교를 원하고 있었다고 주장하는 것은 근거가 박약한 '근대 앞당기기'로 비판될 여지가 있다"고 주장했다. 서세동점의 결과 장차 서양이 동양의 유교문명에 귀의할 것으로 본 박규수의 전망은 동도서기론적 개화사상의 단초로 평가할 수는 있으나 당시 그에게서 그 이상의 경륜을 찾아보기는 어렵다는 것이다. 김명호는 "당대의 조선인 중 가장 해외사정에 밝았던 개명적 인물인 박규수조차 암중모색을 하고 있었을 뿐 천하의 불가피한 대세로서 대외개방을 받아들이는 결정적인 일보를 내딛지는 못했다"고 덧붙였다.[89]

신미양요는 우발적 사건?

신미양요 때에 미국 군함에 동승한 이탈리아 사진작가 펠리체 베아토는 한국에 온 최초의 외신기자였다. 당시 미국『하퍼스 위클리』는 미 해군이 광성보에 성조기를 꽂는 베아토의 삽화를 게재하며 "한국인들에게 외국인들에 대한 의무를 좀더 잘 이해시키기 위해 ……"라고 의미를 달았다.『뉴욕헤럴드』는 "미개인들과의 작고 사소한 싸움"으로 보도했다.[90]

최인진은 신미양요 때 미국 측에 의해 찍힌 "약 50여 점의 사진은 외국인에 의해 이 땅에서 우리가 촬영된 최초의 사진이자 미국 측으로서도 해외에서의 전투장면을 기록한 것으로서는 최초의 사진이다"고 했다.[91] 가장 널리 알려진 사진은 미국 군함 콜로라도호를 방문해 선물 받은 맥주병과 미국 신문을 들고 있는 조선인의 모습이다.

이 사진이 시사하듯이 신미양요는 우발적 사건이었다는 주장도 있다. 로저스는 처음엔 무력을 행사할 뜻이 없었기 때문에 주민들과 술도 나누며 수화(手話)로 친교를 나누었고 주민들은 함께 술을 마신 후에 남은 맥주병을 신기하게 바라본 다음 소중하게 신문지에 싸가지고 돌아가는 등 분위기가 우호적이었다는 것이다. 그런데 일행 중에 주청공사 로우가 로저스에게 조선을 정복하자고 꼬드겼고 미국 수병들이 배를 이끌고 광성진 포대 쪽으로 올라갈 때 포대에서 장탄하고 있던 사냥꾼들이 총을 발사했는데 공교롭게도 총알이 기함(旗艦)에 꽂혀 있던 성조기의 깃대를 명중시켜 부러뜨렸다는 것이다. 이에 분노한 미국 수병들이 "미국의 역사상 이토록 성조기가 모독을 당한 일이 없다"고 외치며 포대를 향해 돌격한 것이 결국엔 신미양요로 발전하게 되었다는 이야기다.[92]

이 이야기(그리피스의 주장)를 소개한 신복룡은 "역사에서 가설이란 무의미하지만 만약 그런 우발적 사건이 없었더라면 한국 개화사는 비극이 아닌 좀더 평화로운 방법으로 전개될 수도 있었다"고 했다.[93]

그러나 김원모는 "미국 장병은 5년 전 프랑스 함대가 패주한 곳에서 '무력적 힘'으로 조선을 압도할 수 있다고 자신하고 있었다. 사실상 아시아함대 내의 장병들이 품고 있었던 마음의 자세는 로우 공사의 '평화적 의도'와는 정반대였다"며 로우에 대해 다른 평가를 내렸다.[94]

어찌됐든 분명한 건 피할 수도 있었던 무력충돌이었다는 점이다.

미군의 탐사에 대한 사전허락 여부가 쟁점이었다. 조선군은 불법침입으로 간주했고 미군은 허락받았다고 주장했다. 김원모는 "조미 양측은 다 같이 상대방의 문화적 전통과 관습을 너무나 몰랐다"며 "상호이해의 결여로 인해 무력적 충돌이 발생했다고 볼 수 있다"고 말했다.[95]

어재연의 수자기를 돌려다오

2007년 4월 25일 문화재청 관계자들은 미국 해군사관학교박물관을 방문, 신미양요 때 미군이 전리품으로 가져간 장수 깃발의 반환을 요청했다. 미국 메릴랜드주 애나폴리스 해군사관학교에 있는 이 깃발은 가로 세로 각 4.5미터의 노란색 대형 천에 장수를 나타내는 한자 '수(帥)'를 새긴 것으로, 당시 조선군 지휘관 어재연을 상징하며 국내에는 이와 같은 형태의 수자기(帥字旗)가 없다.[96]

문화재청장 유홍준은 "미국 해사박물관장은 '미 해군이 그동안 전쟁에서 뺏은 각국 깃발은 모두 350개 정도인데 한 번도 돌려준 적이 없으며 전투에서의 승리를 상징하는 귀중한 보물을 반환하는 것은 미 의회의 요청과 대통령의 서명이 있어야 한다' 며 거절했다"며 "그러나 한국에서 보존과 전시를 잘할 수 있다면 장기대여가 가능하다는 입장도 미국 측에서 말했다"고 전했다.[97]

2007년 10월 22일 '어재연 장군기'가 136년 만에 돌아와 환영식이 열렸다. 환영식에서 해병대 지휘관들은 깃발을 향해 거수경례를 했다. '어재연 장군기'는 미국 해사박물관으로부터 10년간 장기대여를 받은 것으로, 국립고궁박물관·인천광역시시립박물관에서 순차 전시된 후 강화역사박물관에서 전시되고 있다.

제4장 강요된 개항 근대의 시작

01

대원군 퇴진과 의자 뺏기 놀이

최익현의 탄핵소

1868년(고종 5년) 고종의 총애를 받던 궁녀 영보당 이씨가 왕자(완화군 이선)를 낳자 민비는 위기의식을 느끼게 되었다.(이선은 열세 살 때인 1880년 홍역을 앓다가 의문의 죽음을 당했는데 민비의 독살설이 전한다) 민비는 1871년 어렵게 얻은 왕자를 출생 5일 만에 잃는 비극을 겪으면서 더욱 불안감에 휩싸이게 되었다. 대원군이 보낸 산삼 때문에 죽었다는 속설은 그 타당성과는 무관하게 민비와 대원군의 관계를 최악으로 몰고 갔다.[1]

1873년(고종 10년)에 이르러 고종은 스물두 살의 성년이 되었다. 1873년 10월 면암 최익현(1833~1906)은 대원군을 비난하는 탄핵소를 올렸다. 이는 양반 유생들의 상소운동으로 번져 대원군이 물러나는 한 요인이 되었다.

그 탄핵소의 주요 내용은 만동묘 철거로 임금과 신하의 윤리가 썩었고 서원 철폐로 스승과 제자의 의리가 끊어졌고 청나라 돈을 써서 중화와 오랑캐의 분열이 어지러워졌고 원납전은 백성과 나라에 재앙을 끼치는 도구가 되었다는 것 등이었다.[2]

최익현은 만동묘의 복원 필요성을 여러 차례에 걸쳐 상소했는데 그 이유는 "우리나라는 이미 300년 동안 명(明)을 섬겨왔으며 임진왜란 때에는 나라를 다시 세워준 만세토록 잊지 못할 은혜가 있으므로 우리도 만세토록 반드시 보답해야 하는 의리가 있는 것"이라고 주장했다.[3]

최익현은 경기도 포천 출신으로 열넷의 나이에 경기도 양평에 은거하던 화서 이항로(1792~1868)의 제자가 된 인물이다. 만동묘가 철거된 건 1865년인데 이항로도 죽기 전 만동묘 철거 건에 대해 "죽음을 각오하고 말한다"며 다음과 같이 주장했다.

"영원히 사람마다 집집마다 이단을 물리치게 하면 공자의 도(道)가 드러나고 이단이 발붙일 곳이 없게 될 것이다. 사람마다 집집마다 존화양이(尊華攘夷)의 의(義)를 익히게 하면 외적이 몸담을 데가 없을 것이다. …… 군신(君臣)의 의리와 중화(中華)·이적(夷狄)의 구별은 천지의 변함없는 법도이다. 어찌 만동묘를 깊은 궁궐에만 모셔놓고 민간에서 격리시킬 수 있는가. …… 지금이라도 즉각 원래대로 돌이킨다면 나라 사람들이 모두 오랑캐를 물리치는 것이 의로운 일임을 알게 되고 서양 도적떼는 우리를 두려워하고 꺼리는 마음을 갖게 될 것이며 그러면 그 기세가 삼군의 위세보다 낫게 될 것이다."[4]

이항로의 제자들은 조선왕조 말기에 가장 유력한 학파인 화서학파를 형성해 위정척사론을 주도했는데 최익현·유인석의 경우처럼 '과격한 행동파'였다.[5] 오영섭은 화서학파로 대변되는 위정척사파의 사상과 활동을 전통적 주자학에 기초한 '주자학적 민족주의'로 정의했다.[6] 박민영은 화서학파의 소중화(小中華)론은 송시열(1607~1689)의 강렬한 존화양이(尊華攘夷)·숭명벌청(崇明伐淸) 정신에 그 근거를 두고 있다고 했다. 화서학파는 명(明)이 청(淸)에 멸망된 이후 조선은 천하에서 유일하고도 당당한 소중화가 된 걸로 보았다는 것이다.[7]

최익현은 1855년 스물세 살 때 명경과에 급제하여 승문원의 부정자(외교 등의 문서를 작성하던 벼슬)로 출사한 후 언관직(언론 담당, 감찰 비판 및 문서작성 등을 하던 벼슬)을 주로 역임했다. 1868년 대원군의 경복궁 중건으로 인한 국가재정의 파탄을 논한 것도 사헌부 장령(감찰 등을 담당하던 벼슬)으로 언관직을 수행한 것이었다.[8] 이이화는 이때 올린 최익현의 상소는 "공격을 위한 공격이라는 혐의에서 벗어날 수 없다"며 다음과 같이 평가했다.

"이양선 출몰과 서양세력의 침공을 겪으면서 군비를 마련하기 위해 어쩔 수 없이 재정확충을 도모한 부분에 대해서는 거의 언급을 하지 않았다. 누구보다도 척사의 선봉에 섰던 그로서는 논리적으로는 맞지 않는 지적을 하였다고 볼 수 있다. 흥선대원군이 펼친 개혁정책에 대해서는 한마디 언급도 없었으니 그의 논리는 설득력을 지니지 못한다."[9]

최익현·이항로를 어떻게 볼 것인가?

이이화는 최익현의 1873년 상소를 민씨 척족세력의 '공작'의 결과로 보았다. 이이화는 "민비는 몇 년 전 최익현이 흥선대원군의 실정을 강하게 비판한 일을 떠올렸다. 민비의 지시를 받은 민승호가 최익현에게 책사(策士)를 보냈다"며 다음과 같이 말했다.

"최익현은 포천에서 한가하게 글을 읽으며 지내는 중이었다. 그는 당시 만동묘와 서원의 철폐, 특히 송시열을 깎아내리는 일과 남인·북인의 등용 등에 심한 좌절감을 느끼며 분노하고 있었다. 책사는 흥선대원군의 10년 집정을 조목조목 비판하면서 최익현을 충동하였다. 그리고 임금에게 이에 관한 상소를 올리라고 당부하였다. 정치감각이 예민한 최익현이 마다할 리가 없었다. 공작이 성공해 임금은 그에게 동부승지라는 직함을 내렸다."[10]

반면 이태진은 "대원군의 집정이 10년이 되는 시점인 1873년은 대원군의 정사가 여러 면에서 한계를 드러내기 시작한 때였다. 이 시점에서 최익현은 소신대로 대원군의 정치를 다시 비판하였고 20세를 넘어선 국왕도 친정을 구상하게 되었던 것이다"라며 "왕비의 획책과는 무관하다"고 주장했다.[11]

정옥자는 "대원군이 세도정치로 인해 약화된 왕권을 강화하는 것이 목적이었다면 최익현은 왕권의 전제화에 반대하는 조선 사대부의 기본적인 의식을 대변한 것이다"라며 다음과 같이 평가했다.

"1873년 대원군의 서원철폐를 비판한 '계유상소'는 유학자로서 유림의 기반을 송두리째 뽑아버리려는 대원군의 의지에 반기를 든 것이다. 이 상소로 인하여 대원군의 10년 세도가 무너졌다는 것은 최익현이 일반 지식인인 유림의 위기의식을 대변한 것이며 그들의 반발이 그만큼 치열하였다는 입증이다."[12]

최익현을 어떻게 볼 것인가 하는 문제는 이항로에 대한 평가와 통하기 마련이다. 이항로는 상인(常人)들이 가난과 착취에 시달리는 반면 소수의 양반계층이 풍족한 물질생활을 누리는 것은 부당하다고 본

화서 이항로. 그를 비롯한 화서학파의 애민정신과 개혁의지는 긍정적인 측면이 있으나 그것은 어디까지나 강력한 신분제·지배질서 유지를 전제한 것이었다.

인물이었다. 그는 토지는 경작자에게 주어져야 하며 어떤 종류의 염출도 민간생산의 10퍼센트를 넘어선 안 된다고 했다.[13]

이항로는 그야말로 민중의 대변자였던 셈이다. 이항로를 비롯한 화서학파에 대한 긍정적 평가는 바로 이런 애민(愛民)정신에 근거하고 있다. 그런데 문제는 이런 애민정신은 그가 상위 개념으로 여기는 것의 도구적인 것에 지나지 않았다는 데에 있다. 화서학파의 애민정신은 기존의 강력한 사회신분제를 전제로 한 것이었으며 이들은 사회신분제가 무너지면 세상이 끝나는 걸로 아는 사람들이었다.

당시 서원이 민중에게 어떤 고통을 주고 있었는지 이항로는 과연 몰랐을까? 유초하는 "그는 나중에 그 나름의 근본적인 개혁의 주장에서 실상 몇 걸음 뒤로 물러선 것으로 보인다"며 다음과 같이 주장했다.

"더구나 그가 주장한 개혁은 결국 당시까지의 지배질서와 윤리를 보다 합리적이고 효율적인 것으로 확립하기 위한 것이었고 그 질서·윤리 자체를 문제의 대상으로 삼은 것이 아니었다. 또한 이항로가 현실개혁에서 가장 근본적인 개혁을 끝까지 주장했다 해도 (또 그것이 실현되었다 해도) 그것은 도리 실현이라는 궁극목표를 위한 한 단계에 지나지 않는다. 그가 가장 우려한 것은 국가의 존망이 아니라 도학의 존부(存否)였던 것이다."[14]

또한 이항로의 천주교 탄압 의지는 도를 넘는 것이었다. 그는 사학(邪學)에 물든 자들이 본색을 숨기고 있는 실정임을 이유로 서양학설의 혐의가 짙은 언행을 하는 자는 모조리 처단해야 한다고 주장했다. 이와 관련 유초하는 "대외적 현실 특히 서양세력의 침투에 관한 이항로의 사고에서 우리는 주자학자다운 그의 융통성 없고 무조건적인 집착을 볼 수 있다"며 다음과 같이 주장했다.

"성리학이 본래의 현실적 학문으로서의 타당성을 더 이상 지닐 수 없게 되고 공허한 형식 위주의 길을 걷게 됨으로써 지금까지 우리가 야만족으로 보아왔던 외국의 문물을 도입하면서라도 보다 합리적인 질서의 확립, 보다 기능적이고 역동적인 사회를 이루고자 하는 시대사적 각성으로 전개되어온 것이 실학이라면 이항로는 그 생애와 학문을 통해 시대적 요청을 끝내 직관하지 못하고 종래의 복고 위주의 성리학을 넘어서지 못한 역사의 지진아로 평가될 수 있을 것이다. 그러나 그가 역사의 지진아라면 그래도 성실하고 신념에 찬, 그리고 나름대로 체계적 사상을 가꾸어낸 지진아였다."[15]

'역사의 지진아'라는 표현의 불손함을 잠시 접어두고 말한다면 문제는 이항로만 '역사의 지진아'가 아니라 대부분의 양반들이 그러했다는 점이다. 더 큰 문제는 그들 중 상당수가 '나쁜 지진아'가 아니라 '좋은 지진아'였다는 사실이다. '나쁜 지진아'라면 큰 영향력을 행사할 수 없었을 것이다. 그러나 청렴하고 성실하고 신념에 차 있었기에 이들의 벽을 뛰어넘어 순조롭게 개화로 가는 건 기대하기 어려운 일이었다.

호포법과 사색당쟁의 영향

양반계급은 대원군의 쇄국정책엔 동의하면서도 그들의 기득권을 위협하는 대원군의 다른 개혁정책엔 강하게 반발했다. 한홍구는 대원군의 하야에 호포법이 큰 영향을 미쳤다고 보았다. 한홍구는 "보수적 실용주의자인 대원군은 정부의 재정을 확충하기 위해 양반들의 반대를 무릅쓰고 호포법을 시행했지만 결코 양반들의 신분적 특권을 약화하려는 생각을 하지 않았다"며 다음과 같이 말했다.

"그는 군포를 부담하지 않는 것을 신분의 상징으로 여기던 양반들의 입장을 고려해 양반가에서 호포를 낼 때는 노(奴)의 이름으로 내게 했다. 그럼에도 양반들은 대원군을 용납하지 않았다. …… 강력한 쇄국정책으로 보수적 양반의 지지를 받은 대원군이 실각한 결정적 요인은 민감한 호포법의 시행, 곧 양반들이 자신의 신분적 특권의 상징이라 여기는 군포를 부과시켰기 때문이다."[16]

강범석은 대원군 퇴진의 원인을 "정치적 타협이 아니라 흑백사정(黑白邪正)의 준엄한 시비가 선행하고 시비혼잡(是非混雜)하는 정치풍토는 이윽고 1575년의 동서분당, 다시 동인의 남북분당과 서인의 노소분당을 거쳐 17세기에 이르러 남인·북인·노론·소론의 사색당론

(黨論)을 낳았"으며 "19세기 하반기의 세력변동에는 역사적인 사색당론이 여전히 반영되고 있었다"는 사실에서 찾았다.

"19세기에 들면서 안동 김씨, 풍양 조씨, 여흥 민씨의 소수 문벌이 지배하는 세도정치가 계속됐는데 모두 노론을 중심으로 한 집권이었다. 노론이 비롯된 서인의 집권은 1623년 서인 중심으로 감행된 궁중 쿠데타인 인조반정 이래이므로 세도정치의 연혁은 길다. 개화기의 세력판도를 교과서적 설명으로는 개화파 대 위정척사파라고 하지만 청일전쟁 이전에 있어서는 두 세력을 병립시킬 수는 없었고 비유해서 말한다면 후자의 큰 지붕 밑에 전자가 안겨 있었다고 봐야할 것이다."

이어 강범석은 "역사적으로 노론과 남인은 한반도에서 정치적으로 양대 산맥을 이루어왔다고 볼 수 있다. 저 예송(禮訟)은 서인과 남인 간의 대립이었고 쇄국의 분수령이 된 1801년의 신유사옥은 천주교 탄압인 동시에 서학을 수용했던 남인 탄압이었고 1855년에 상소(上疏) 경합을 벌인 사문지변(斯文之變) 역시 노론과 남인 간의 경합이었다. 그러므로 역대 노론 세도정치를 타파하고 획기적인 구조개혁을 추진하려면 대항세력이 돼왔던 남인세력 부활로 상징되는 새 세력의 형성이 필요했다. 비유적으로 말하면 환국(換局)이 있어야 했다"며 다음과 같이 주장했다.

"1863년의 고종 등극과 함께 10년간 계속된 흥선대원군 이하응의 섭정은 역대 노론세력 간의 타협의 산물이었다. 대원군은 양반의 거점이기도 했던 서원의 정리, 세제개혁을 포함한 획기적인 구조개혁을 추진했으나 대원군 정권이 궁극적으로 의지해야 했던 세력관계는 노론세력이었으므로 제약을 받아야 했고 그로 인해서 퇴진해야 했다."[17]

고종의 생각이 결정적 이유

대원군 하야의 주동은 민승호(1830~1874), 민규호(1836~1878), 조령하(1845~1884) 등 민씨 척족세력이었다. 이들을 배후에서 도운 이는 대원군의 정적(政敵)인 전 좌의정 이유원(1814~1888)이었는데 이유원은 고종의 친정(親政)과 동시에 영의정으로 발탁되었다.[18] 민비는 1873년까지 민씨세력을 서른 명이나 등용하여 주로 이(吏, 내무)·호(戶, 재무)·병조(兵曹, 군부)에 집중 배치했다.[19]

또한 민씨 척족은 대원군에게 불만을 품은 자들을 중용했으며 대원군의 맏아들 이재면과 친형 이최응까지 포섭했다.[20] 그러나 모든 인사가 정략적인 것만은 아니었다. 민씨 척족은 대원군이 취해온 대일 강경정책을 수정하려고 했기에 12월 국외정세에 밝은 박규수를 우의정에 임명했다.[21]

그러나 대원군의 퇴진에 결정적인 건 고종의 생각이었다. 대원군세력이 최익현을 향해 역공을 퍼부을 때 고종은 1873년 11월 4일 밤 친정하교(親政下敎)를 내림으로써 오히려 대원군세력을 처벌하게 만들었으며 내내 최익현을 싸고돌았다.[22]

제임스 버나드 팔레는 "대원군의 하야는 정치·제도·이데올로기의 요소들이 미묘하게 상호작용함으로써 비롯된 것이다. 민비의 인척과 지지자들이 하야의 한 요소였을지언정 사건에 있어서 이들의 역할이 결정적인 것은 아니다"며 다음과 같이 주장했다.

"대원군은 파당이라고 명칭을 붙일 수 있는 그 어느 것에 의해서도 지지를 받지 않았다. 그는 상층 관료 전체 및 성균관 유생들로부터 지지를 받았다. 그러므로 당파주의는 대원군이 권좌로부터 밀려난 데 대한 설명으로는 미약하다. 성년에 이른 국왕으로서 자신의 권위를 독립적으로 행사하려는 고종의 결정은 대원군의 은퇴를 초래한 가장 중요하고도 직접적인 요인이다. 결국 성인이 된 국왕의 전통적 합법성이 국왕의 부친이라는 사실에서 파생된 합법성이나 개인적인 카리스마보다도 중요했던 것이다."[23]

고종은 친정을 하게 되자 반(反)대원군파의 주장을 받아들여 우선 청전(淸錢) 사용을 금지시켰다. 그러나 아무런 대비 없이 취한 즉각적인 중단조치는 국가재정의 대혼란을 야기했다. 이에 고종은 반대원군파의 주장을 받아들이는 게 능사가 아니라는 걸 깨닫게 되었다. 그래서 1874년 3월 화양동의 만동묘를 부활시키는 조치를 취하면서도 철폐된 서원 복설(復設) 요청은 거부했다.[24]

한국의 권력 탐욕 문화

물러난 뒤 대원군의 반격도 만만치 않았다. 고종의 친정 선언 직후인 1873년 12월 10일 민비의 침전에 폭약을 설치해 경복궁에 대화재를 일으킨 세력의 배후인물로 대원군이 의심을 받았다.[25] 이에 1874년 초 고종은 각 지역에 암행어사를 파견해 지방에 있는 대원군세력을 숙청하는 것으로 대응했다. 대원군의 복귀를 청하는 유생들을 참형(斬刑)에 처하기까지 했다.

1874년 봄 대원군은 운현궁을 나와 양주 직곡산장(지금의 의정부시 곧은골)으로 내려갔지만 권력에 대한 미련까지 버린 건 아니었다. 민비는 양오빠 민승호를 가까이했는데 1874년 11월 민승호의 집에 폭약이 터져 민승호는 어머니 및 아들과 함께 폭사했다. 이 테러의 배후에 대원군이 있다는 의심이 일어 민비와 대원군의 사이는 더욱 악화되었다.[26]

이후에 등장한 민규호는 1878년 병으로 급사했고 이후 여러 민씨들이 나타났지만 다 오래가진 못했다. 서영희는 "민씨 일족은 세도재상이 부재했다는 점에서 안동 김씨 세도에 비하면 매우 취약한 세력이었다"며 "명성황후라는 구심점이 없으면 바로 붕괴될 수밖에 없는 운명에 처해 있었다"라면서 다음과 같이 주장했다.

"결국 이처럼 정치적 기반이 취약했기 때문에 명성황후는 자신이 직접 전면에 나서 국정운영에 간여하는 경우가 많았고 그것이 명성황후를 세간에 권력을 탐한 여인으로 부각시킨 한 원인이 아니었던가 생각된다."[27]

강상규는 고종의 친정(親政) 선포 이후 격렬하게 진행된 민씨 척족세력과의 세력다툼의 원인은 어느 면에서 대원군이 조장한 측면이 있다고 지적하면서 다음과 같이 주장했다.

"이것은 여흥 민씨 세력의 성립 기반이 대원군 자신의 처신과 무관하지 않다는 의미에서 지적하는 것으로서 이러한 근거로는 우선 대원군 가계를 들어야 할 것이다. 대원군의 선친 남연군과 자신이 모두 여흥 민씨와 결혼하였음에도 불구하고 같은 가문인 민치록의 딸 민비를 간택하였다는 것은 스스로가 세도정치를 혁파하려 했으면서도 자신의 경우에 대해서는 객관적이지 못한 권력가로서의 한계를 드러내는 것으로 보인다. 또한 민비가 집권하기 이전에 이미 여러 민씨 일족이 정계에 진출한 것 등도 이러한 논거를 뒷받침하고 있는 것으로 볼 수 있다. 결국 이러한 대원군의 왕권 위상강화 노력은 민비세력과의 경쟁으로 왜곡되어졌고 이는 외세개입과 맞물려 결과적으로 왕권 위상을 실추시키고 말았다."[28]

공조판서 평균 재임기간 52일

그 누구건 다 좋은 뜻에서 벌인 일일지라도 그런 주도권 경쟁의 가장 큰 문제는 권력 자체를 탐하는 본말의 전도가 일어나기 쉽다는 것이었다. 권력 탐욕은 인간이 사는 사회라면 어디에서건 볼 수 있는 당연한 현상이지만 가문의 이익이 국익을 능가했던 조선에서는 더욱 심각한 문제를 초래했다고 볼 수 있다.

고위직은 각 가문의 영광을 위한 도구가 아닌가 싶을 정도로 빈번하게 교체되었다. 1864년에서 1873년까지 이조판서에 임용된 사람은 48명으로 한 사람의 평균 재임기간은 76일이었다. 같은 기간 중 공조판서의 경우 82명이 임용돼 한 사람당 평균 재임기간은 52일에 불과했다. 이와 관련 제임스 버나드 팔레는 다음과 같이 말했다.

"이렇듯 의자 뺏기 놀이와도 같은 게임에 대한 그럴듯한 설명은 관료제도가 행정의 효율을 희생시키면서 상층계급에 대하여 특권과 지위를 부여하는 도구로써 활용된다는 데 있다. 관직을 획득할 자격이 있는 인물의 수는 획득이 가능한 관직의 수를 훨씬 능가하기 때문에 빈번한 임용과 빠른 순환은 가장 많은 수의 인원에 대하여 관직의 부여를 보장한 것이다."[29]

이런 '의자 뺏기 놀이'는 일제강점기때까지 계속되었다. 판서 가운데 노른자위인 이조판서나 호조판서로 가는 디딤돌일 뿐 실속이 없었던 한성판윤 자리도 갑오개혁 이후 일제강점기까지 16년간 70명이 거쳐 갔다. 평균 재임기간은 80일이었으며 갑오년 한 해엔 스물한 명의 판윤이 갈려 평균 재임기간 보름을 기록했다.[30]

지방관의 경우에도 마찬가지였다. 아니 중앙정부의 관리는 국고가 비면 봉급이 밀리는 경우가 있었지만 지방관에겐 그런 불경기도 없었다. 착취를 위한 시스템이 완벽하게 갖춰져 있었기 때문이다. 표영삼은 "이 나라에는 일종의 대금업자가 있다. 그 관직을 사려는 이에게 돈을 빌려준다. 그런 매관자는 부임하면서 고리대금업자가 딸려 보내는 사람에게 지방관청의 회계관을 맡기게 된다"며 다음과 같이 말했다.

"그는 뇌물이 들어오는 대로 빌려준 돈을 먼저 거둔다. 그리고 수입이 생기면 나눠 갖는다. 수령의 임기는 3년이지만 1년도 못 채우고 바뀌는 예가 많다. 심하면 1년에 3~4차례씩 갈린다. 그래서 부임하자 매일 먼저 챙기는 것은 돌아갈 여비이다. 다음은 매관비용을 챙기기 시작한다. 그다음은 자리보전을 위해 상납뇌물을 만든다. 고을의 백성을 위해 베풀 짬이 없다. 돈을 주고 산 자리라 본전을 빼고 그 위에 앞으로 살아갈 소득을 챙겨야 하기 때문이다. 아전 역시 마찬가지다. 그들에게는 봉급이 없다. 세미를 거둘 때 몇 말씩 얹어서 받는다. 이것이 삭료(朔料, 월급)가 된다. 상급관청과 하급관청을 막론하고 삭료에 만족하는 관리는 없다. 갖은 농간을 부려 더 긁어모으는 것이 그들의 직업이다. 이들 역시 상당한 액수의 임채(任債)를 주고 얻은 자리다. 그 본전을 뽑아내야 한다."[31]

이런 '권력의 이권화'에 근거한 권력 탐욕 문화는 먼 훗날까지도 지속된다. 사실은 '의자 뺏기'를 위한 일임에도 그걸 각종 명분으로 화려하게 포장해 별 이해관계가 없는 국민까지 그런 갈등과 싸움에 동원하는 게 '정치'라는 이름으로 자주 저질러진다. 그런데 문제는 그걸 객관적으로 규명하기는 어려우며 실은 그런 일을 하는 사람들조차 그걸 잘 의식하지 못한다는 사실이다.

02

일본이 조작한 운양호 사건

1873년 일본의 정한론 번성 이유

이미 1855년께부터 정한론(征韓論)을 정립한 일본은 1868년 1월 4일 메이지유신으로 막부(幕府)시대를 종료하고 천황을 실질적인 통치자로 복권시켜 급속히 제국주의국가가 되기 위한 위로부터의 개혁정책을 집행했다.[32]

 일본은 메이지유신 직후인 1868년 11월 대마도주를 통해 조선에 서계(書契, 외교문서라 할 수 있는 국가 간의 공식문서)를 보내왔다. 조선 정부는 '대일본(大日本)' '황상(皇上)' 등의 표현법 등 서계의 서식과 격식에 문제가 있다는 이유로 수리를 거부했다.[33]

 천황제 통일국가를 수립한 일본은 대륙팽창 야욕을 드러내면서 1871년 9월 '청일수호조규'를 체결한 데 이어 조선을 넘보고 있었다. 1872년의 국민징집령 등으로 많은 무사계급들이 실직하게 되었는데 이런 이른바 불평사족(不平士族)의 수가 60만 명에 달했다.(사족은 한국의 양반에 해당하는 계급이지만 양반은 문사족(文士族)인 반면 사족은 무사족(武士族)이라는 점에서 다르다) 김용구는 "이들의 처리 문제가 메이지 정부로서는 큰 과제가 아닐 수 없었고 이를 해결하기 위해 등장한 것이 정한론이라는 명분이었다"며 정한론이 1873년 전후부터 크게 번성한 이유를 일본의 그런 내부사정에서 찾았다.[34]

사실 역사연구에서 '조직론'은 잘 다뤄지지 않는데 말이 나온 김에 여기서 좀 그걸 짚고 넘어가자. 어느 조직에서든 진급 또는 승급이 늦어지는 인사적체 현상이 일어나면 그 조직은 목숨을 걸고 성장을 추구하게 된다. 그래야 인사적체 현상이 해소될 수 있기 때문이다. 성장을 요구하는 내부 인사압력은 역사에 큰 영향을 미쳤다. 무모하거나 대담한 일이 바로 인사 문제 때문에 벌어지는 경우가 많았기 때문이다.

일본의 조직 전문가인 사카이야 다이치는 도요토미 히데요시가 조선 출병이라는 어리석은 사업에 손을 대고 그걸 7년간이나 지속시킨 것도 바로 그런 '인사 압력 신드롬'에 따른 성장 지향의 분위기가 조직 전체를 뒤덮고 있었기 때문인 것으로 보았다.

사카이야 다이치는 인사 압력 아래에서 사업 확대를 추구하게 되면 처음부터 '무엇인가를 한다'는 전제하에서 계획을 세우고 실행에 옮기기 때문에 큰 위험이 따른다고 말한다. 실무의 세계에서는 '현실적'이라는 말을 자주 쓰지만 그 '현실적'이란 말의 진정한 의미는 '목적을 달성하기 쉬운' 것을 말하지 '착수하기 쉬운' 것을 말하지 않는다. 그런데 보통의 경우 이런 식의 구분이 되지 않고 착수하기 쉬운 쪽을 골라 놓고 성공 가능성이 높은 것처럼 착각하는 경우가 많다는 것이다. 그래서 결국 지속적으로 성장하고 있다는 착각에 빠지고 만다는 것이다. 도요토미 히데요시의 참모들은 바보도 악인도 아니었지만 오랫동안 성장에 길들여졌던 그들에게, 더 이상 성장할 수 없는 환경에 직면했음을 인정하고 성장 지향을 악(惡)으로 보는 일은 도저히 불가능했다는 것이다.[35]

파시즘을 '이성의 몰락'으로 간주한 영국의 철학자 버트런드 러셀도 파시즘이 등장하게 된 이유 중의 하나로 능력 있고 정력적인 많은 사람들이 권력욕을 표출할 출구를 찾지 못했다는 점을 지적했다. 예전에는 작은 국가들이 있어 보다 많은 사람에게 정치권력을 부여했고 작은 사업들이 있어 보다 많은 사람에게 경제권력을 제공했는데 그런 출구가 좁아지면서 야심을 가진 사람들이 파괴적으로 되어버린 결과 파시즘이 등장하게 되었다는 것이다.[36] 이것 역시 전 사회 차원의 '인사 압력'이라고 할 수 있겠다.

한일 국교 교착의 책임

1874년 11월 일본은 외무대승 모리야마 시게루를 부산에 보내 새로 작성한 서계를 올리면서 조선 정부에 국교수립을 강력하게 요청했다. 그러나 조선 정부는 여전히 서계의 서식과 격식에 문제가 있음을 들어 일본의 요청에 응하지 않았다.[37]

오늘날 일본의 우익 역사교과서는 "1873년 개국권유를 거절한 조선의 태도가 무례하다고 하여 사족들 사이에 조선에 무력을 보내어 개국을 강박하자는 정한론이 대두하였다"고 쓰고 있다. 이에 대해 북한은 "이것은 참으로 도적이 매를 드는 격의 강도적 론리다"라고 반박했다.[38]

이와 관련 이태진은 "메이지유신 직후의 양국 국교의 교착은 일본 측에도 큰 책임이 있었"는데도 "일본 측은 그 책임을 전적으로 조선 측에 돌려 쇄국이니 은둔국이 하는 말을 붙인 것"이라고 비판했다. 일본 측의 교섭이 지나치게 일방적이었을 뿐만 아니라 당시 일본 내부에서 정한론적 조선관이 분출하는 등 일본 측에 더 큰 책임이 있는바 "조선 자체의 배타적 국제관계 인식이 아니라 일본의 침략주의적인 한국관이 문제"였다는 것이다.[39]

거의 모든 이들이 조선의 '쇄국'을 비판하는 가운데 미국 선교사 길모어(George W. Gilmore, 1857~?)가 1892년에 출간한 『서울풍물지』에서 쇄국이 왜구 때문에 빚어진 일로 이해할 만하다는 반응을 보인 게 흥미롭다. 그는 일본 해적들이 자주 조선을 침입해 주민을 끊임없이 불안 속으로 몰아넣었다며 그러므로 조선인들이 다음과 같이 생각하는 것은 무리가 아니었다고 말했다.

"같은 동방의 사촌형제들로서 검고 뻣뻣한 머리칼과 꼬리가 올라간 눈을 가지고 있으며 황색 피부를 가진 그들이 우리의 영토를 약탈하고 살상하며 주민을 납치하는데 하물며 서양 오랑캐들이야 어떠하리! 우리는 그들과 접촉하지 않을 것이다."[40]

운양호 사건의 전말

1875년 4월 일본은 운양호(운요호) 등 군함 세 척을 조선 연해에 파견했고 그중 운양호와 정묘호는 부산에 입항하여 함포 사격을 했다. 그렇게 시위를 하고 돌아가더니 1875년 9월 20일 운양호가 강화도 초지진에 다시 나타났다. 일본군의 포격과 영종도 상륙 후 살육행위로

강화도의 초지진과 영종도에 포격을 하고 군사들을 상륙시켜 약탈을 자행한 일본 군함 운양호.

조선인 서른다섯 명이 전사했고 열여섯 명이 포로가 되었다. 운양호는 대포 36문과 화승포 130여 정을 노획하고 9월 28일 나가사키(長崎)로 돌아갔다. 일본 측은 수병 두 명이 부상했는데 그중 한 명은 며칠 후 사망했다.[41]

이게 운양호 사건의 전말이다. 일본은 일본주재 외국공사들에게 운양호가 음료수를 얻기 위해 강화도에 접근했을 때 조선 측으로부터 포격을 당해 응전했다고 설명했다. 운양호가 일본 국기를 달았는데도 조선 군사들이 먼저 포격을 가해 국기 모독 행위를 범했다고 주장하기까지 했다. 물론 이는 거짓말이었다.[42]

일본이 이 사건을 이유로 손해배상을 요구한 것과 관련해 야마베 겐타로는 '좀 우습다'고 했다. 그는 "왜냐하면 강화 포대는 사정거리가 짧아 그 포탄이 운양호까지 미치지 못했으며 당한 것은 강화도와 영종도였고 일본 측은 거의 손해를 입지 않았기 때문이다. 게다가 강화도와 같이 수도 서울의 바로 앞에 있는 중요한 요새지대에 국교가 없는 국가의 배가 예고 없이 들어갔다는 것은 들어간 쪽이 나쁜 것이다"고 말했다.[43]

그러나 미국·영국·프랑스·이탈리아·독일 등 일본에 와 있는 각국 공사들은 운양호 사건에 대해 한결같이 사건의 책임이 어느 쪽에 있든지 이 사건을 계기로 일본이 조선을 개항시켜달라고 했다. 미국공사 빙햄(John A. Bingham)은 『페리일본원정기』를 주면서 참고하라고 권하기까지 했다.[44]

조작을 밝힌 일본 측 보고서

2003년 1월 운양호 사건이 일제에 의해 조작된 것임을 입증하는 일본 측 문서가 발견됐다. 서울대 국사학과 교수 이태진은 당시 운양호 함장인 이노우에 료우케이(井上 良馨) 해군 소좌가 사건 직후 작성한 최초 보고서(1875년 9월 29일자)를 일본방위연구소 자료실에서 입수, 운양호가 일본 국기를 게양하지 않고 강화도 초지진에 접근했다는 사실을 확인했다고 밝혔다.

이 보고서는 또 운양호 사건이 1875년 9월 20일(음력 8월 21일) 하루만에 발생했다고 설명해온 그동안의 일본 측 주장과 달리 20일부터 사흘간 주도면밀하게 이뤄졌다고 실토했다. 이노우에 함장은 강화도에서 일본 나가사키 항에 돌아온 직후인 9월 29일 첫 보고서를 썼으나 이후 해군성에 소환돼 도쿄로 올라와 10월 8일자로 보고서를 다시 작성하면서 운양호 사건을 하루 동안의 일로 변조했다. 당시 일본 정부와 이후 출간된 역사서들은 변조된 10월 8일자 보고서에 근거해, 9월 20일 아침 운양호에 담수(淡水)를 보충하기 위해 보트를 타고 강화도 초지진에 접근했으나 포격이 가해져 운양호에 귀환했고 군함기를 게양했으나 공격이 계속됐다고 주장했다.

하지만 이노우에의 최초 보고서는 운양호가 강화도에 접근한 목적이 측량과 조선 관리 면담을 위해서였다고 적고 있다. 그렇다면 국기를 게양하여 국적을 알려야 했는데 오히려 무장병 열네 명을 보트에 태우고 강화도 해안에 접근해 육지의 동정을 살피는 작전을 펼친 것이다. 국적불명의 무장 군사가 탄 보트를 발견한 초지진 군사들은 포격을 가했고 이노우에 일행은 4시간 30분에 걸친 악전고투 끝에 이날 밤 9시에 운양호에 귀환했다. 이노우에는 이튿날 새벽 대원들을 깨워 오전 8시에 국기를 게양하고 운양호를 이끌고 초지진을 선제공격했으나 상륙도 못한 채 별다른 전과를 거두지 못했다. 이에 따라 사흘째인 22일 영종진에 기습공격을 펼쳐 사살 35명, 생포 11명, 대포 36문 노획 등의 만행을 저지른 후 산봉우리에 '국기'를 게양했다. 하지만 조선 조정이 운양호 사건 후 일본과의 외교교섭 과정에서 "일본이 내건 '국기'는 '황색기'로서 국적을 알 수 없었다"고 밝히고 있어 국기 게양 자체의 신빙성에 의문이 제기되었다.

이태진은 "이노우에의 첫 보고서에 따르면 운양호가 국기를 최초로 단 것은 사건 이틀째인 9월 21일 아침 초지진 공격 때이기 때문에 이 사건이 일본의 침략행위란 것을 스스로 드러내고 있다"면서 "일본이 제기한 국기 모독설은 불평등조약 체결을 위한 계기를 만들려는 조작에 불과하다"고 말했다.[45]

03

조선을 강제 개항시킨
병자수호조약(강화도조약)

페리함대의 일본판

일본은 페리의 이른바 '포함외교'를 흉내 내기로 작정하고 1876년 1월 6일 여섯 척의 군함을 조선에 파견했다. 1월 15일 부산항에 도착한 여섯 척의 군함은 이미 와 있던 두 척의 군함과 함께 부산항을 위압하는 '페리함대의 일본판(日本版)'을 방불케 했다.[46]

1876년 2월 4일 강화도 초지진 앞바다에 출현한 일본 군함엔 일본 정부의 특명전권변리공사이자 육군중장인 구로다 기요타카(黑田淸隆)를 포함한 800여 명의 병력이 타고 있었다. 물론 이들은 6개월 전에 발생한 '운양호 사건'을 빌미로 조선과 강제로 수교조약을 맺으러 온 것이었다.[47]

강화도에 도착한 구로다 일행은 1주일 만인 2월 10일 강화부(江華府)에 상륙하여 다음 날 11일부터 담판에 들어갔다. 조약이 체결되기까지는 보름 이상이 걸렸다. 2월 27일 구로다는 조선 측 대표 판중추부사 신헌을 상대로 수교조약을 강제로 체결했다. 총 12조로 구성된 이 조약은 국제법적 토대 위에서 양국 간에 이뤄진 최초의 외교행위이자 최초의 불평등조약이었다.[48]

이 강화도조약은 조선에 대한 일본의 권리만 규정했을 뿐 조선의 권리나 일본의 의무에 대해서는 한마디 언급도 없었다. 이 조약에서 조선은 일본화폐 유통권, 개항장내 모든 일본인에 대한 치외법권 인정, 일본상품의 무관세 무역 등을 허용한 반면, 문호개방 조건으로 얻어낸 것은 망명자 및 밀입국자 송환, 아편 수입 금지, 천주교 전래 금지뿐이었고 그나마 조약서에는 하나의 조항도 명시되지 않았다.

안영배는 "이와 같은 결과는 조선의 집권자나 조약에 나선 교섭대표들이 일본의 속셈을 제대로 파악하지 못했을 뿐 아니라 통상에 대한 기본적 인식이 없었던 반면, 일본은 조약체결 이전에 청국이나 러시아의 반응은 물론 조선 정계의 내분 상태까지 사전에 파악하고 협상을 이끌었기 때문이다"라며 다음과 같이 주장했다.

"조약체결에 나선 조선 측 대표 신헌은 무관으로서 통상외교가 무엇인지도 몰랐다. 그는 조약체결 당사국의 국명이 명기되는 조약문에 일본이 '대일본'이라 쓰자 무슨 큰 발견이나 한 것처럼 우리도 '대조선'으로 쓰겠다고 하였고 그것을 대단히 자랑스럽게 생각했다. 또 일본의 수행원이 조선에서의 통상과 관련해 일본의 화폐제도를 설명하려 하자 '사대부는 덕치(德治)에 대해서나 생각하지 통상 같은 천한 문제에는 관심이 없다'며 알아서 하라는 식의 태도를 보였다. 그는 또 노동을 모른다는 증거로 자신의 길게 기른 손톱을 일본 측 대표들에게 보여주기까지 했다. 나중에 신헌은 조약을 맺고 나서 고종으로부

조약체결을 강요하기 위해 강화도 서문 안의 열무당에 대포를 배치하고 무력시위를 벌이고 있는 일본군.

터 수고했다는 격려와 함께 무위도통사라는 벼슬까지 제수받았고 1882년 미국과 조약할 때 통상교섭 대표자로 나섰으니 한심한 일이라 하지 않을 수 없다."[49]

반면 이태진은 "강화도조약 협상 과정에 대한 일본 외무성 기록에 의하면 조선 정부는 일본 측을 두려워하여 그들의 요구를 다 들어준 것이 아니라 반대로 일본 측이 준비해온 13개조 중 최혜국조관을 거부하고 나머지 12개조 중 9개조에 대한 수정을 요구해 관철시킨 것으로 되어 있다. 그리고 우리 측 『일성록』에 의하면 이 조약체결의 전 과정은 국왕이 조정회의를 통해 주도한 것일뿐더러 고종의 이러한 능동성은 그 13년의 친정 선언 때부터 이미 표면화된 것이었다"고 주장했다.[50]

조선 사대부의 통상에 대한 경멸

강화도조약은 1876년 2월 27일(음력 2월 3일)에 조인되었다. 역시 가장 큰 문제는 '무관세' 조항이었다. 이는 1883년 7월에 수정될 때까지 7년간 지속되었는데 무관세는 치외법권·일본화폐유통권 등과 더불어 개항 직후 일본세력의 조선 침투가 파괴적 결과를 낳게 한 주요 이유가 되었다.[51]

강재언은 "근대적 의미의 화친 또는 수호조약의 중심 과제는 '통상'에 있었다. 일본은 미국과 통상조약을 체결하기까지 애매하고 복잡한 교섭 과정을 4년간이나 끌면서 자기 요구를 관철하기 위해 끈질기게 버텼으나 조선은 실로 논의다운 논의도 전혀 없이 곧바로 조인하고 말았다"며 다음과 같이 말했다.

"한 예로 무역상품의 세율은 미일통상조약에서는 2할로 정해졌고 더구나 상호간의 협정제였다. 이는 외국 수입품에 대한 청국의 5퍼센트 세율보다 유리한 것이다. 그런데 조선은 일본상품에 대해 무관세였을 뿐만 아니라 더구나 개항지(부산·인천·원산)에서의 일본화폐유통권까지 인정하고 말았다. 당시 조선의 위정자들은 강화도조약을 에도시대의 '구교(舊交)' 즉 교린의 부활이라 생각하여 그 핵심이 자본주의를 배경으로 한 통상에 있다는 것을 이해하지 못했다기보다는 장사에 관한 논의를 기피하였다고 해야 할 것이다. 그들의 사상으로 보면 사대부는 '덕치(德治)'에 대해 말해야 하고 주산을 놓는 것과 같은 비천한 통상은 '모리배(謀利輩)'인 상인에게 맡기면 된다는 것이었다."[52]

하원호는 "조선의 교섭 당사자들은 관세 자주권(무관세 무역)을 상실하고 말았는데 이는 결국 자본재 공산품의 침투로 국내 산업을 보호할 수 없었을 뿐 아니라 후일 자주적 식산흥업 추진에도 장애가 돼 민족자본이 육성되지 못하는 결과를 낳고 말았다. 또한 일본화폐를 조선에서 유통할 수 있게 됨에 따라 일본 은행이 조선에 진출, 일본 상인은 자본력 면에서 조선 상인을 압도할 수 있었고 양국 간 환시세를 조작해 수출품을 염가 매입하는 한편, 일본 은행에서 대부받은 자금을 조선 상인에게 대부하고 환차익까지 챙기는 등 횡포를 부렸다"고 했다.[53]

강화도조약은 병자년에 체결됐다고 해서 일명 '병자수호조약(丙子修好條約)'으로도 불리는데 정식명칭은 '조일수호조규(朝日修好條規)'다. 왜 조규(條規)인가? 그 선례는 1871년의 청일수호조규였다. 청의 북양대신(北洋大臣) 이홍장(1823~1901)은 '조규'를 선택했는데 그 이유에 대해 김정기는 다음과 같이 말했다.

"이홍장은 '동문(同文)의 나라'라는 특별한 관계의 일본이기에 서양과 체결한 불평등조약과는 달리 대등한 조문임을 고려하여 '조약' 아닌 '조규'를 선택했다. 여기에서 '동문'은 실상 화이관에 기초한 중국의 절대적 우월성을 내포하고 있다. 따라서 중국은 서양과 일본 중 서양을 상대적으로 존중하는 일본 멸시관을 '조규'라는 단어에 저장시킨 것이다. 일본은 후에 이를 눈치 채고 반발, 보복했다. 5년 뒤 조선과 불평등조약을 맺을 때 사용 원조인 중국의 '조규'를 역차용한 것이다. 조선과 청을 대등한 한 묶음('조선은 자주국'이라는 조문)으로 처리하여 조선과 청을 동시에 경멸하는 탈아입구(脫亞入歐) 외교의 전형을 만든 것이다. 동양은 '야만'이고 서양은 '문명'이라는 자본주의 선진국의 야만적 침탈성을 일본 정부는 채택한 것이다."[54]

최익현과 김인승

강화도조약에 대한 반발이 없었던 건 아니다. 경기·강원 유생들은 척사론을 주도하면서 조정의 소극적인 척사정책을 비판했다.[55] 특히 이항로의 수제자인 최익현은 강화도조약 움직임에 반발하여 1876년 2월 17일(음력 1월 23일) 대궐 앞에서 도끼를 들고 국왕을 향해 일본과의 불평등조약을 거부하도록 호소하면서 자신의 호소가 받아들여지지 않는다면 그 도끼로 자신의 목을 잘라달라는 상소를 올렸다.

최익현은 "일단 강화를 맺으면 물자를 교역하게 되는데 저들의 상품은 모두 기기묘묘한 사치품이자 수공업품이므로 무한한 것이나 우리의 물화는 모두 필수품이며 땅에서 생산되는 것인즉 우리는 이내 황폐해질 것이다"라고 경고했다. 또한 그는 일본은 서양 오랑캐에 편승하는 나라로, 청나라보다 더욱 위험한 존재라고 주장했다. 상소문의 격렬함과 그것이 초래한 민심의 동요로 인하여 최익현은 흑산도로 유배당했다.[56]

최익현은 대원군을 탄핵하는 상소를 올렸을 때 대원군의 하야로 얻는 게 있으면 잃는 게 있다는 걸 몰랐을까? 얻는 것과 잃는 것 중 어떤 게 그에겐 더 중요했을까? 최익현의 상소는 대원군을 내모는 일을 했을 때에만 유효했던 셈이다.

최익현의 반대편엔 김인승이 있었다. 당시 구로다 일행 가운데 일본인 복장을 한 조선인 한 명이 끼어 있었는데 그가 바로 김인승이었다. 조선조 말기 양반계층의 지식인이었던 김인승은 당시 일본이 고용한 2000명의 외국인 고문 중 한 명으로 일본에 조선 관련 정보를 제공했다. 그는 강화도 앞바다에 정박한 일본 군함에 머무르면서 수시로 일본 측에 조언을 해주었는데 구로다에게 '조선관리설득방책

18개항'을 서면으로 제출하기도 했다. 여기에는 전신기(電信機) 사용을 권장하는 내용에서부터 "여러 말 할 필요 없다. 청국은 그처럼 인구가 많고 땅이 넓은데도 먼저 일본에 강화조약을 청하여 맺었다. 두루 살펴 깊이 생각하라"(18항)는 등 공갈·협박성 문구도 들어 있었다.[57] 친일파 연구가 임종국은 그를 '친일파1호'로 꼽았다. 정운현은 김인승에 대해 다음과 같이 주장했다.

"'직량(直亮)'한 성격에 동포애도 강한, 조선의 전통적 선비정신의 소유자였던 김인승. 당시 그는 일본의 속셈을 헤아리지 못한 채 '일본과 조선은 상맹상통(相盟相通)의 나라'로 보고 일본의 강화도조약 체결 추진에 협조를 아끼지 않았다. 조약체결 후 일본으로 돌아간 그는 얼마 후 러시아로 되돌아갔는데 도쿄에서 남긴 한 편지에서 '거리에서 듣기 불편한 말들이 들리고 길을 걸으면 조심스럽고 두려운 마음이 든다'고 적었다. '친일파1호'가 배족(背族)의 대가로 일본인들로부터 받은 보상은 멸시와 증오였다. 그 이후 대개의 친일파들이 그러했듯이."[58]

1876년은 근대의 시발점

조선은 강화도조약에 따라 개항을 하게 되었고 근대적인 서양 문물을 수입하게 되었다. 1876년 부산이 개항하고 이어 1879년 원산, 1880년 인천이 개항했다. 학계에선 근대화가 되는 시대를 의미하는 '근대'가 언제부터인가 하는 논쟁이 있는데 학계의 통설적 견해는 아무런 준비 없이 강요된 것이긴 하지만 개항을 통해 새로운 서구 중심의 국제질서에 편입한 1876년을 근대의 시발점으로 보고 있다.[59]

물론 이견도 있다. 예컨대 한국 근대사의 시점을 1850~1860년대로 보는 신용하는 "개항이라고 하는 것은 그 이전 근대사의 시작, 즉 1850~1860년대의 시작이 폐쇄체계 내에서의 자생적 근대의 움직임, 근대사의 시작 도중에 외부로부터 도전을 받고 개방체계(open system)로 전환하는 것을 의미하는 것이지 개항이 바로 근대사의 시작이라고 보는 것은 문제가 있다고 관찰하고 있습니다"라고 말했다.[60]

또 조동걸은 근대사의 시점을 1860년대로 못을 박고 싶다며 "그렇게 하는 이유는 중세 보편주의에서 국가 특수주의, 특수 현상이 1860년대 와서 강하게 솟구쳐 나오는 문제를 지적하고 싶습니다. …… 1860년대 정치적으로 대원군의 개혁정치는 중세 보편주의와 관련시켰을 때 국가 특수성의 강조라고 평가됩니다"라고 말했다.[61]

김창순도 "저는 중국사에서 보는 것처럼 언제 우리나라에 충격이 있었는가 하는 점에 주목하는데 그것을 서세동점이라 보고 그래서 근대 기점이 1860년대가 아닌가 생각합니다"라며 다음과 같이 말했다.

"북한에서는 근대를 1860년대로 보고 있는데 그 근거를 바로 서세동점에 두고 제너럴셔먼호와 프랑스 함대의 침략 등에 두고 있는 것으로 알고 있습니다. 그래서 우리나라도 외부적 충격에서 근대 민족의식, 저항 민족주의가 생겨났다고 보면 1860년대로 보고 싶습니다."[62]

그밖에도 근대의 기점을 18세기 후반, 1884년(갑신정변), 1894년(갑오개혁)으로 보는 주장들이 있다.[63] 이 문제는 개항을 포함하여 근대의 기점으로 삼는 사건에 대한 평가와 밀접한 관련을 맺는 것이기 때문에 합의를 볼 수 있는 건 아니다. 중요한 건 근대의 기점을 무엇으로 삼건 각자 나름의 근거를 충실하게 제시해 자신의 역사관과 인식을 드러냄으로써 상호 논의의 장을 마련하는 것이라고 볼 수 있겠다.

04

수신사 파견과 개항 이후의 풍경

최초의 수신사 파견은 실패

1876년 5월 조선 정부는 김기수를 정사로 하는 제1차 수신사(修信使) 일행 75명을 일본에 파견했다. 그 전에는 일본에 파견하는 사신을 통신사(通信使)라고 했지만 1876년에는 두 나라가 동등한 입장에서 사신을 교환한다는 의미에서 수신사라고 했다. 5월 22일 부산을 떠나 6월 28일 부산에 다시 도착한 김기수는 일본 시찰기라 할 『일동기유(日東記遊)』(1877)를 남겼는데 여기엔 전신(電信)에 관한 각종 이야기와 사진관을 방문해 사진을 찍은 이야기 등이 자세히 소개돼 있다.[64]

정식 사신 일행 10여 명은 전부 안경을 끼었다고 한다. 이이화는 "일본 사람들이 안경을 낀 것을 보고 시력을 위해서가 아니라 하나의 위의(威儀)를 갖추는 차림으로 생각해 안경을 중국에서 수입해 착용한 것이다"라고 했다.[65]

개항 후 최초의 일본 파견 수신사 김기수.

김용구는 "그(김기수)는 메이지유신 이후의 일본을 처음으로 시찰하는 사절이었으며 그의 견문은 조선의 일본정책 수립에 결정적인 자료가 될 수 있었다"며 "결론부터 말한다면 김기수는 이런 역사적인 임무를 수행하기에는 적절치 못한 인물이었으며 따라서 최초의 수신사 파견은 실패였다고 나는 판단한다"고 했다.[66]

실제로 김기수가 돌아와서 고종과 나눈 대화를 보면 김기수는 "모르겠습니다"로 일관하면서 일본의 부국강병론에 조선이 부화뇌동하면 안 된다는 등 '소박하고 유치한' 주장을 늘어놓았다. 김용구는 "일본은 이 기회에 조선 수신사에게 발전된 일본의 모습을 강력히 전달하여 조선을 일본에 의존시키려 하였다"며 다음과 같이 말했다.

"김기수 자신은 일본을 직접 시찰한 결과 일본인에 대한 태도가 크게 바뀌었다. 먼저 일본인이 부지런하고 친절하며 깨끗하고 모든 일에 열심히 종사하고 있는 데에 감명을 받았다. 또한 거리에는 장애인이나 걸인이 없는 것에 놀랐다."[67]

신국주도 "당시 반일(反日) 기운이 높았던 조선정계는 이 시찰보고로 대일(對日) 경계심이 누그러졌다. 수신사가 그 사명을 망각하고 일본의 대한(對韓)정략에 휘말리어 그릇된 복명(復命) 보고로 조선의 대일정책에 큰 차질을 가져왔다"고 평가했다.[68]

김기수는 1893년 황간·청풍 지방에 민란이 일어나자 탄핵사로 파견되었으며 그 후 벼슬이 참판에 이르렀다. 김삼웅은 김기수를 "공식적으로는 친일파 제1호에 해당하는 인물이다"라고 주장했다.[69]

일본인들의 사기적 통상

일본에 놀아난 건 조선 관료들만이 아니었다. 황현(1855~1910)은 『매천야록』에서 조선 상인들 역시 일본인들의 사기적 통상에 놀아났다고 주장했다.

"개항 이후 우리나라에 외화(外貨)로 들여온 물품 가격이 매우 저렴하여 상민(商民)들은 그것을 되팔아 많은 이익을 남겼다. 그러나 수년도 못 돼 일본인들은 우리나라 사람보다 더 심한 사기를 부렸다. 외화로 들여온 물품이 10건이라면 인조물품이 9건을 차지하고 우리나라 돈으로 외국에 내놓은 물품 중에 10건 중 9건은 천연물산이었다. 이

것은 너무 심한 일이다. 우리나라 사람들은 이토록 머리가 둔한 것이다. 또 우리가 수입해온 물품은 비단·표단(表緞)·종휴칠(鍾漆) 등으로 음교(淫巧)한 기물(奇物)들에 불과하며 우리나라에서 수출한 물품은 쌀·콩·피혁·금·은 등 평일에 사용할 수 있는 절실한 물품이었다. 이런 일이 지속되면 나라가 가난해지지 않으려고 해도 그렇게 되지 않을 수 없을 것이다."[70]

특히 쌀이 문제가 되었다. 개항 이전부터 쌀은 일본과 청나라에 밀수출되고 있었지만 그 양은 미미했다. 그러나 1876년 개항 이후 쌀의 수출이 합법적으로 이루어지기 시작하면서 빠져나가는 쌀의 양이 급속도로 증가했다. 조선의 쌀값이 일본 쌀값의 3분의 1 가격인 데다 일본을 통해 들어온 석유와 성냥·화장품·모피 등 각종 상품 값을 현금이 아닌 쌀로 치르면서 생긴 현상이었다. 일본 상인들은 조선 쌀을 일본에 가져가 몇 배의 이익을 남기고 팔았다.[71]

일본 상인들의 질도 나빴다. 이는 일본 농상무성의 상황연보(1880)에서도 지적되었다. 이 연보에 따르면 "부산항에는 종전부터 대마도 해변의 무뢰한들이 이주하여 남의 땅에서 삶을 도모하는 자가 많았는데 항상 한인을 경멸하고 매매할 때에 부정한 도량계를 사용해서 그들의 눈을 어둡게 하여 부당한 이익을 취하는 나쁜 풍습이 있어 한인들은 이미 이를 매우 싫어하게 되었다. 우리의 정상적인 경로를 거친 상인들이 이를 걱정해서 백방으로 경계하고 이들의 악폐를 소탕하기 위해 상공회의소를 설립한 것이 1880년 12월의 일이다. 이런 상태로서는 무역액은 증가할 수 없다."[72]

개항 이후 부산 초량에 형성된 일본인 거류지.

옥양목 열풍과 비누

개항 이후 타격을 받은 제품 중엔 무명도 있었다. 무명은 옷감은 물론 화폐로도 널리 사용되었는데 개항 이후 일본 상인이 영국산 옥양목(玉洋木)을 들여오면서부터 밀려나기 시작했다. '옥처럼 고운 서양 옷감'이라고 해서 이름 붙여진 옥양목은 무명보다 얇아서 맵시가 났으므로 양반들은 개항 이전부터 청국 상인을 통해 널리 사용하던 것이었다. 1866년 위정척사파의 대부인 이항로가 "나는 평생 동안 몸에는 서양 옷감을 걸치지 않았고 집에서는 서양 물건을 쓰지 않았다"고 말한 건 당시 양반층 사이에 서양 옷감이 많이 쓰였다는 걸 반증한다.

옥양목이 수입되자 전통적 목화산업이 큰 타격을 받을 정도로 불티나게 팔려나갔다. 옥양목은 장가드는 총각의 바지저고릿감으로 쓰였으며 또 옥양목으로 조끼와 두루마기를 해 입고 다니는 걸 큰 자랑으로 여기는 풍조마저 생겨났다. 그러나 가난한 농민들은 일제강점기까지도 뻣뻣하지만 튼튼한 무명과 더불어 살았다.[73]

개항 직후 몰려든 일본 상인들이 주로 팔았던 품목 중엔 광목과 화장품 · 비누 등도 있었다.[74] 가장 큰 놀라움은 비누였는데 그럴 만도 했다. 당시 쓰던 비누의 대용품인 팥이나 녹두 가루와는 비교할 수 없을 정도로 비누의 성능이 뛰어났기 때문이다. 이승만(1903~1975)의 『풍류세시기』(중앙신서, 1977)에 따르면 "팥이나 녹두 가루가 몸의 때를 밀어 깨끗해지는 것까지는 좋은데 그 날 팥이나 녹두에서 풍겨나는 날 비린내는 몸을 씻고 물기를 닦고 나서도 좀체로 가시질 않았다. 흔히 그 무렵의 여인들은 팥이나 녹두 비린내를 가시게 할 양으로 향내 나는 꽃을 모아 이것들을 기름에 재웠다가 몸을 닦고 나서 조금씩 몸에 바르므로 해서 겨우 그 날 비린내를 가셔내는 형편이었다."[75]

사정이 그러했으니 훨씬 더 뛰어난 성능과 더불어 좋은 냄새까지 나는 비누는 매우 신기하게 여겨졌을 것이다. 비눗방울 또한 그런 경이의 대상이었으리라. 비눗방울 만들기에 관한 공식기록은 1878년에 나온다. 이런 이야기가 있다.

1878년 1월 28일 서울에서 몰래 숨어 선교를 하던 프랑스인 주교 리델이 체포되었다. 그는 감옥에 갇혀 자신의 거처에 있던 비누를 가져다 달라고 부탁했다. 그는 자신이 비누거품을 내고 얼굴 씻는 모습을 신기하게 바라보고 있던 포졸들을 즐겁게 해주고 싶어 비눗방울 놀이를 보여주었다. 1878년 2월 지금 광화문우체국 터에 자리잡은 좌

포도청의 감옥 앞에서 벌어진 일이다. 그랬더니 포졸 40여 명이 그걸 흉내내 제각기 밀짚대 한 토막씩 들고 비눗방울을 날리며 어린애들처럼 좋아했다고 한다.[76]

사실 이즈음의 가장 큰 문제는 '양극화'였다. 양반과 평민 사이의 빈부격차가 너무 심했다는 뜻이다. 이미 1787년(정조 11년) 부녀의 혼수품과 잔치옷에 중국 비단을 수입해 쓸 정도로 사치풍조가 극심해 왕이 이를 금하는 명령을 거듭 내려야 할 정도였다. 이런 명령이 떨어지면 잠시 주춤했다가 사치풍조는 다시 되살아나곤 했는데 19세기 들어 양반층의 사치풍조는 다시 성행했다. 1867년 대원군이 다시 사치금지령을 내렸지만 이 또한 오래갈 수 없었다. 양반층의 사치풍조는 부정부패를 낳고 백성을 수탈하는 이유가 되었다. 한상권은 "사치풍조의 성행은 양반들의 화폐 필요성을 가중시켰다"며 다음과 같이 말했다.

"거두어들이는 재화가 풍족하면 유능한 관리라 부르고 주머니가 텅 비면 무능한 관리라 일컫는 풍조가 팽배하였으며 염치를 아는 사람이 없으며 탐오(貪汚)를 부끄러워하지 않았다. 뇌물 수수를 둘러싸고 고위직과 하위직이 서로 엉켜 있었고 중앙과 지방이 서로 비리로 연결되었다. 사치는 재물을 소모하는 구멍이요 탐학은 백성을 해치는 독벌레였다. 중앙 권세가들이 지불하는 화폐는 주로 지방관을 통해 조달되었다. 권문세가들은 화폐를 구하기 위해 자신의 사람을 지방관으로 파견하였으며 지방관은 기름진 고을에 나가기 위해 세도가문에 청탁을 하였다. 부정부패의 근원은 조정의 권귀(權貴)들이 뇌물을 받고 감사가 스스로 축재하며 수령이 이익을 나누는 데 있었다."[77]

그리하여 백성들이 수령을 원수처럼 여기는 풍조가 만연했으니 이러고서야 어찌 제대로 된 나라라고 할 수 있었겠는가.[78] 개항 자체가 문제라기보다는 바로 이런 수탈구조가 뿌리내린 가운데 개항이 이루어졌다는 게 문제였다. 그런 상황에서 백성들은 안팎으로 수탈을 당하는 처지로 내몰릴 수밖에 없었다.

05

1870년대의 생활문화

천연두와 종두법 실시

1876년 강화도조약 이후 부산을 중심으로 일본인들의 이주가 늘어나자 일본 외무부의 요구에 따라 1877년 2월 해군 소속의 제생의원이 설립되었다. 조선인도 이용했는데 개원 첫해 환자 수는 일본인 3813명, 조선인 2533명이었다.[79] 이후 원산 개항(1879)과 함께 1880년 원산에 생생의원이 생겼고 1883년 인천에 일본영사관부속병원, 서울에 일본관의원이 설치되었다.[80]

당시 가장 무서운 전염병은 두창·손님·마마·홍역 등 많은 이름으로 불리는 천연두였다. 천연두는 조선조의 전 시대에 걸쳐 계속 유행했었고 전염 규모도 엄청나서 사람들의 공포의 대상이 되어왔다. 숙종·영조 때에는 내의원에 두과(痘科)의 전문의를 두기도 했고 천연두의 예방접종은 정조 때에 정약용에 의하여 처음으로 도입되었으나 서학 배척 분위기에 밀려 중단되고 말았다.[81] 천연두는 당시 조선인 사망원인의 50퍼센트를 차지했다는 설이 있을 정도였다.[82]

박영선은 제1차 수신사 김기수의 수행원으로 일본으로 건너가 종두법을 배워 돌아온 후 이를 지석영에게 전수했다. 지석영은 1879년에 부산 제생의원에 가서 2개월 동안 다시 배운 뒤 그해 12월 하순 서울로 돌아오는 길에 부인의 고향인 충주군 덕산면에서 40여 명의 어린이들을 대상으로 종두를 실시했다. 우리나라 최초의 종두법 실시였다. 그렇지만 종두에 대한 반감이 워낙 커 보급에 큰 어려움을 겪어야 했다.[83]

당시 천연두가 심각했던 건 이승만과 김구의 어린 시절을 통해서도 알 수 있다. 1875년생인 이승만은 여섯 살 때에 천연두를 앓고 병발증(倂發症)으로 몇 달 동안 실명 상태에 빠졌다. 이승만에 앞서 천연두로 두 아들을 잃었던 이승만의 부모는 100가지도 더 되는 약을 써보았지만 아무 소용이 없었다. 결국 이승만의 부모는 아들을 일본인 의사에게 데려가 실명을 면할 수 있었다.[84]

1876년생인 김구도 『백범일지』에서 "나는 서너 살 때에 천연두를 앓았는데 어머님께서 보통 종기를 치료할 때와 같이 대나무 침으로 따고 고름을 파내어서 내 얼굴에 마마 자국이 많다"고 했다.[85]

수십만 명의 생명을 앗아간 콜레라

전염병은 아무런 대책이 없는 재앙이었다. 1660년에서 1864년 사이의 약 200년간 전염병으로 인해 인구가 10만 명 이상 죽은 경우는 모두 여섯 차례였으며 50만 명 이상(인구의 7~8퍼센트)이 한꺼번에 사망

의료시설도 돈도 여의치 않던 시절 사람들은 대들보에 걸어둔 가시가 병마를 막아줄 것이라 믿었다.

한 해도 있었다. 1807년(순조 7년) 인구는 756만 1463명이었는데 28년 뒤인 1835년(헌종 1년)에는 인구가 661만 5407명으로 거의 100만 명 정도가 준 것도 바로 전염병 때문이었다.[86]

전염병 중 가장 무서운 게 천연두와 더불어 콜레라였다. 1821년 최초로 발병한 이후 거의 3~4년 간격으로 조선을 찾아온 콜레라는 주로 중국을 통해 들어왔으며 한꺼번에 전체 인구의 5퍼센트 이상이 사망할 정도로 큰 피해를 입히기도 했다. 1821~1822년에는 13만 명,

1859~1860년에는 40만 명이 죽었다. 당시 사람들은 쥐 귀신이 사람의 몸 안으로 들어갔기 때문에 콜레라가 발생하는 것으로 간주해 쥐의 천적인 고양이 그림을 집 앞에 붙여놓는 걸로 대응했다. 정부는 감염된 마을을 폐쇄하고 마을 전체를 불살라버리는 게 고작이었다.[87]

1880년대 중반 콜레라가 엄습해오자 평안감사는 "이 괴질은 만주쪽에서 오는 것이니 그 길목에다 장승을 세워라. 띄엄띄엄 한길을 가로질러 개골창을 파서 오다가 빠져 죽게 하라"는 명령을 내렸다. 이에 선교사 마펫(Samuel A. Moffett)이 "그것은 어리석은 짓입니다. 날것을 먹지 말고 설익은 참외도 먹지 말고 물은 반드시 끓여서 먹어야 합니다. 옷을 깨끗이 빨아 입고 집 안팎을 청결하게 해야 합니다"라고 했지만 민중은 코웃음만 칠 뿐이었다고 한다.[88]

신재효의 판소리

신재효(1812~1884)는 경복궁 중건 축하공연을 계기로 대원군 정권과 긴밀한 관계를 맺으며 판소리계에서 두각을 나타냈다. 신재효는 1868년 경복궁 낙성 기념공연에서 가장 중요한 순서를 맡았는데 〈명당축원(明堂祝願)〉〈성조가(成造歌)〉〈방아타령〉을 지어 자기 제자인 여류광대 진채선으로 하여금 대원군 앞에서 부르게 했다. 그는 이 공로로 정3품 당상관에 상당하는 명예직을 하사받았다.[89]

신재효는 1866년 병인양요 때 프랑스군이 조선군과의 싸움에서 큰 타격을 입은 것을 보고 기뻐하며 전승을 축하하는 〈괘씸한 서양 되놈〉이라는 노래를 만들기도 했다. 이 노래는 "괘씸하다 서양 되놈/무군무부(無君無父) 천주학을 네 나라나 할 것이지"라고 질타하면서 "남은

목숨 도생(逃生)하여 바삐바삐 도망간다"며 프랑스군을 조롱했다.[90]

신재효는 스스로 판소리를 부르지는 않았으나 80여 명의 판소리꾼을 길러냈으며 판소리의 기본인 열두 마당의 대본을 정리했다. 열두 마당은 춘향가 · 심청가 · 배비장타령 · 가루지기타령 · 강릉매화전 · 가짜신선타령 · 흥부타령 · 옹고집타령 · 토끼타령 · 무숙타령 · 장끼타령 · 적벽가 등이다.

신재효가 고창의 아전 출신이라는 사실에 근거해 신재효가 생동하는 민중성을 소거하는 대신 보수적인 성향을 강화시켰다는 주장도 있다.[91] 동시에 1876년 대흉작이 들었을 때 신재효가 굶주린 백성을 위하여 아낌없이 사재를 털어 구호활동을 했으며 대단한 부자였음에도 광대들의 교육에만 힘을 쏟았을 뿐 거만하지 않았다는 기록도 있다.[92]

1876년 가객(歌客) 박효관이 제자인 안민영과 함께 엮은 시가집 『가곡원류(歌曲源流)』가 나왔다. 박효관도 대원군이 운애라는 호를 직접 지어줄 정도로 그의 총애를 받았다. 안민영도 대원군이 불우한 시절에 대원군과 친교를 나누었던바 대원군이 집권하자 그를 찬양하고 흠모하는 시조를 여러 편 지어 바쳤다.[93]

『가곡원류』는 김천택의 『청구영언』, 김수장의 『해동가요』와 함께 조선시대 3대 시조집으로 꼽힌다. 김천택과 김수장은 중인 출신으로 노래집을 펴내고 노래모임을 만들어 음악활동을 하면서 새로운 음악환경을 조성하는 데 많은 역할을 했다. 백대웅은 1728년에 간행된 『청구영언』은 "18세기의 음악환경을 가늠하는 데 매우 중요한 단서가 되는데 그것은 새로운 노래를 즐기는 일부 중인들이 이제 모임을 가질 만큼 노래는 사회생활의 일부가 되었음을 의미하기 때문이다"라고 평가했다.[94]

조선인은 착한 미개인?

1874년에 출판된, 프랑스 선교사 샤를 달레(Charles C. Dallet)의 『한국천주교회사』는 한국인을 '착한 미개인'으로 묘사했다. 달레는 "한국인은 늘 엄청나게 시끄럽고 항상 높은 어조로 말을 한다. 한국인에게는 최대한 큰소리를 치는 것이 가장 큰 예의의 증거이다. 그래서 떠들썩한 것을 좋아하는 것은 거의 선천적인 것이며 소동을 피우지 않고는 아무 것도 제대로 할 수 없다고 생각한다"며 다음과 같이 말했다.

"이들은 사랑의 느낌이 무엇인지 모른다. 한국의 남녀는 선천적으로 매우 열정적이다. 그러나 진정한 사랑은 이 나라에서 찾아보기 힘들다. 왜냐하면 이들에게 정념은 전적으로 육체적인 것이며 감정과는 상관이 없다. 이들은 동물적 욕구밖에 모르며 야수의 본능으로 자신의 욕구를 충족시키기 위해 제일 먼저 만나는 대상에게 맹목적으로 달려든다. …… (한국인들은) 전반적으로 고집스럽고 까다로우며 화를 잘 내고 앙심이 깊은 성격이다. 이는 이들이 오랫동안 반(半)야만 상태에서 살아왔기 때문이다."[95]

조선이 서구에 알려지기 시작한 17세기 중반부터 일제에 강제 병합된 1910년까지 약 300년 동안 유럽인들이 한국을 어떻게 바라봤는지를 통시적으로 고찰한 『왜곡된 한국 외로운 한국』의 저자 이지은은 "우리는 아직도 '고요한 아침의 나라'처럼 유럽인이 만들어낸 '한국관'을 그대로 반복·재생하고 있습니다. 이는 우리 스스로를 타자화하는 거예요. 그 같은 표현에는 유럽인의 지배욕과 이국성(異國性)에 대한 욕망이 반영돼 있어요"라고 말했다.

이지은은 "'한국관'을 이루는 대표적인 구성요소가 '황금의 나라' '식인 악어가 사는 야만의 나라' '미개한 사람' 등이었다. 상상되고 만들어지고 조작된 이 같은 이미지들이 '한국성'을 이루는 본질이 되어버렸다"면서 "17세기 중반부터 '한국관'을 구성하는 요소들이 차곡차곡 쌓여서 나중에는 하나의 사실로, 누구도 벗어날 수 없는 선입견이 됐습니다. 그 속에서 조선은 1910년 망국의 길을 갈 수밖에 없게 된 것입니다"라고 주장했다.[96] "한국이 왜곡되고 국제적으로 고립된 이유 중의 하나는 국제 사회가 '한국인은 미개한 인종이고 자치능력이 없다'고 판단한 데서 연유한다"는 것이다.[97]

양반의 백성 착취

그러나 외국인의 관찰 중에 경청해야 할 것도 많다. 달레는 "조선의 양반은 도처에서 지배자와 폭군처럼 행세한다"며 다음과 같이 말했다.

"양반이 돈이 없으면 하인을 보내서 상인(常人)이나 농민을 잡는다. 그가 기꺼이 낼 때에는 놓아주지만 그렇지 않으면 양반집으로 끌고 가서 가두고 굶기고 요구하는 금액을 치를 때까지 때린다. 가장 정직한 양반들도 자기들의 강탈 행위를 다소 자발적인 차용 형식으로 가장하나 그들이 차용한 것을 돌려주는 일은 없다."[98]

신복룡은 이런 착취의 배경으로 조선엔 봉록제의 기초가 되는 봉건적 장원경제(莊園經濟)의 경험을 가지고 있지 않다는 점에 주목했다. 따라서 관리의 생계비는 스스로의 수완에 의존할 수밖에 없었다는 것이다. 신복룡은 실학자인 성호 이익(1681~1763)의 다음과 같은 설명이 매우 설득력을 갖는다고 보았다.

"그윽이 생각컨대 우리나라의 봉록은 너무도 부족하여 벼슬아치들은 모두가 스스로 먹고살 수가 없으므로 사세(事勢) 부득이 법을 어기고 가렴(苛斂)을 하게 된다. 그렇지 않으면 장차 살아갈 길이 없다. 따라서 삼공(三公) 이하의 모든 벼슬아치들은 각 지방에 사람을 보내어 돈을 거두어들임으로써 위로는 부모를 봉양하고 아래로는 자녀를 기른다."[99]

양반의 백성 착취가 "한국인은 미개한 인종이고 자치능력이 없다"는 대외 이미지보다 조선의 망국에 훨씬 더 중요한 이유였다고 봐야 하지 않을까?

제5장

개화파의 등장

01

박규수의 개화파 육성

개화사상의 3비조

강요된 개방이라곤 하지만 당시 조선 조정에 개방론자가 없었던 건 아니다. 강화도조약의 성립엔 청국의 권유와 더불어 박규수의 건의도 작용했다. 그는 운양호 사건이 일어나기 전 우의정으로 있을 때 대원군에게 조일관계를 타개해야 한다고 주장했고 강화도회담에 즈음하여 열린 어전회의에서는 판중추부사로서 조선의 군대로서는 일본세력을 막을 수 없는 만큼 그 요구하는 바를 들어주어야 할 것이라는 견해를 완곡하게 피력했다.[1]

이른바 통상개화론은 1860년대부터 일부 지식인들 사이에서 나타나기 시작했으며 당시 정계를 주도한 민씨 일파도 청을 통해 서양 문물의 우수성을 인식하고 있었기 때문에 개화사상은 제법 폭넓은 지지기반을 갖게 되었다. 물론 반대세력도 만만치 않았기에 그들 사이의

박규수는 1872년 청나라에 사신으로 다녀오면서 국제 정세에 눈을 떴다. 그는 김옥균·박영효·유길준 등 젊은 개화파 지식인들에게 많은 영향을 미쳤다.

갈등은 외세 침략을 막아내는 데에 큰 장애가 되었다.

대표적인 개화파 이론가로는 연암 박지원(1737~1805)의 손자로 평안감사와 우의정을 지낸 박규수(1807~1877), 그리고 중인 출신의 오경석(1831~1879)과 유홍기(유대치, 1831~1884) 등이 있었다. 신용하는 오경석·유홍기·박규수를 '개화사상의 3비조(鼻祖)'로 평가했다.[2] 신용하는 오경석·유홍기 등 중인 신분층이 주도적 역할을 한 것으로 본 반면, 이광린은 박규수의 역할을 더 중시했다.[3]

박규수는 1872년 청나라에 사신으로 다녀오면서 급변하는 국제 정세에 눈을 떴고 1874년 벼슬에서 물러난 후 젊은 관리와 집권층 자제들에게 개화의 필요성을 가르치는 데 전념했다. 그러나 그는 황사영 백서 사건에서처럼 국내의 천주교도가 서양의 군함과 신부 파견을 요청하는 등 서양세력과 연결되었다고 보고 천주교세의 성장은 극히 위

험시했다.[4]

　박규수의 집을 드나들며 개화사상을 흡입한 청년 양반 지식인들은 김옥균(1851~1894)·박영효(1861~1939)·유길준·박영교·홍영식(1855~1884)·서광범(1859~1897)·김윤식 등이었다.[5] 이 모임은 1874년부터 1877년 2월 박규수가 죽기 직전까지 7년 동안 계속되었다.

김옥균과 중화사상

김옥균은 1851년 2월 23일 충청도 공주군 정안면 광정리에서 가난한 향반인 김병태의 2남 2녀 중 장남으로 태어났으나 여섯 살 때 서울에 살던 종숙(아버지의 사촌형제)으로 강릉부사와 형조참의를 지낸 김병기의 양자로 들어가 강릉과 서울에서 자랐다. 1866년 열여섯 살 청년이 되어 서울로 돌아온 그는 학문뿐 아니라 시문·글씨·그림에 탁월해 북촌의 학동들 사이에서 명성이 높아 당시 집권자인 대원군과 조대비에게 알려질 정도였다.[6] 김옥균은 사람을 사귀는 데 능해 위로는 정승판서로부터 아래로는 시정잡배에 이르기까지 폭넓게 교제했다. 그는 가무·음주·주색잡기에 능치 않음이 없었고 바둑에도 뛰어났다. 투전·골패 실력마저 탁월했다.[7]

　스물두 살 되던 해인 고종 9년(1872) 3월 문과에 장원급제한 그는 드높은 민씨 집안의 세도정치 속에서 정언·지평 등의 중책을 맡았으며 베이징을 다녀오기도 했다. 그는 조대비와의 특별한 인연으로 일찍부터 대궐 출입을 했다. 조대비의 친정조카로서 당시 병권을 쥐고 있던 조영하의 사촌동생 조성하의 모친 김씨가 김옥균의 숙모라는 인연 덕분이었다. 고종이 조대비에게 효도했으므로 고종에게 소개되었을 가능성도 있다.[8] 김옥균을 비롯한 개화파는 곧 '별입시(別入侍, 국왕의 내전에 자유로이 출입하고 알현이 허락되는 사람)'라는 특권을 이용한 권력기반을 갖게 된다.[9]

당시 개화의 첫걸음은 무엇보다도 중국이 세계의 중심이라는 '중화(中華)사상'을 극복하는 것이었다. 어느 날 박규수는 김옥균에게 조부 박지원이 중국을 유람할 때 구입해온 지구의(地球儀)를 꺼내 보였다. 박규수는 지구의를 돌리면서 김옥균을 돌아보고 웃으며 "오늘날 중국이 어디 있단 말인가. 저리로 돌리면 미국이 중국이 되고 이리로 돌리면 조선이 중국이 되고 어느 나라건 가운데로 들리면 중국이 된다. 오늘날 어디에 정해진 중국이 있단 말인가"라고 말했다.

단재 신채호는「지동설의 효력」이라는 글에서 이 일화를 소개하면서 "김씨는 당시 개화를 주장하고 새로운 서적에도 부딪혀보았으나 항상 수백 년 동안 전해 내려온 사상, 즉 대지의 중앙에 있는 나라가 중국이며 동서남북에 있는 나라들은 사이(四夷)이며 사이는 중국을 존중해야 한다고 하는 사상에 속박되어 국가의 독립을 부르짖는 일은 상상조차 하지 못했다. 그러다가 박씨의 말에 크게 깨달은 바가 있어 무릎을 치고 일어섰다. 그러한 끝에 갑신정변이 일어난 것이다"고 했다.[10]

박영효와 민영익

개화파 젊은이들 중 가장 지위가 높았던 박영효는 경기도 수원의 가난한 시골 진사인 박원양의 아들로 태어났으나 먼 친척인 박규수의 천거로 1872년 철종이 남긴 고명딸 영혜옹주와 결혼하여 왕실의 부마가 되었다. 부인 영혜옹주와는 혼인 3개월 만에 사별했지만 박영효

는 매우 잘생긴 외모에 총명해 고종의 총애를 받았다.[11]

홍영식은 영의정 홍순목의 둘째 아들로 1873년 문과에 급제하여 규장각에서 근무했다. 서광범은 이조참판을 지낸 서상익의 아들로 1880년 문과에 급제했다.

이들 개화파를 고종과 연계시킨 인물은 민영익(1860~1914)이었다.[12] 1860년생으로 민비의 친정조카였던 그는 어려서부터 영리하기로 소문나 민비의 친정에 양자로 입적되었다. 1874년 아들과 함께 폭사한 민비의 친정오빠 민승호의 대를 이을 인물로 발탁된 것이다. 민비에게 그를 추천한 사람은 민승호 사후 일시적으로 세도를 누린 민규호로, 그의 친형 민태호의 아들인 민영익을 민비의 친정에 양자로 보냄으로써 자신의 세력기반을 강화하고자 했다.[13]

민영익은 1877년 열여덟의 나이로 과거에 합격한 후 초고속 승진을 했다. 민영익과 김옥균 등은 새로운 국가 모델을 '개화'에서 찾으면서 급격히 가까워졌다. 외교 업무를 관장하고 있던 민영익은 일본·중국으로 잇따라 개화 시찰단을 파견하고 각종 정부기구 개편과 신문발행·차관교섭·유학생 파견 등 개화파의 외교·경제활동을 적극 지원했다.[14]

그러나 이제 곧 민영익과 김옥균은 서로 다른 길을 걷게 되며 이게 조선의 장래에 암운(暗雲)을 드리우는 결과를 초래하게 된다.

02

칸트는 알아도
최한기는 모르는 한국인

고고의 사상가 최한기

은둔생활로 당대의 사회에 별 영향은 미치지 못했지만 개화를 꿈꾸던 사상가들도 있었으니 그 대표적 인물이 바로 혜강(惠岡) 최한기(崔漢綺, 1803~1877)다. 그는 상당한 부자였기 때문에 죽을 때까지 서울에 살면서 비싼 책을 마음대로 구입하여 사 볼 수 있었다. 중국 베이징에서 새로운 책이 나와 조선에 들어오기만 하면 제일 먼저 최한기의 손에 들어갔다고 한다.[15]

그런 독서활동 덕분에 최한기의 박학다식은 놀라울 정도였다. 영어에 관한 국내 최초의 기록도 그의 『지구전요(地球典要)』(1857)에 나와 있다. 그는 알파벳 26자를 한자로 음역해 소개하면서 다음과 같이 말했다.

"글자 수는 26개이나 서로 이어지고 서로 형성되어 그 변화가 무궁하다. 글자를 이어 쓰는 법이 있으니 2자모(字母)를 이어 한 낱말이 되나 3자로 혹은 9자모로도 되어 일정치 않다. …… 26자모는 이를 흩어놓은 즉 무궁하고, 합하여 놓은 즉 일정하여지나니 그 용법이 헤아릴 수 없이 많으나 삼척동자도 익히 배울 수 있다."

이에 대해 김태수는 "영어의 편리성에 자못 감동한 듯한 이 기록을 조정에서 눈여겨봤더라면 한국의 근현대사는 달라졌을지도 모른다"고 아쉬워했다.[16] 가장 아쉬운 건 천주교에 대한 그의 생각이다. 조선 정부가 천주교에 대해 조금만 더 융통성을 보였더라면 하는 생각을 떨치기 어렵다. 최한기는 정부의 천주교 탄압에 대해 다음과 같은 입장을 취했다.

"서교가 천하에 만연하는 것은 염려할 것이 없고 실용(實用)을 전부 받아들이지 못하는 것을 걱정해야 할 것이며 더욱이 인재를 전부 수용할 수 없음을 진실로 걱정해야 할 것이다. 적어도 인재 수용에 최선을 다했다면 서양으로부터 빌릴 필요 없이 우리나라에서 소유한 것만으로도 충분하다. 실제 기술을 받아들이는 것이 절실하다면 서양으로부터 배운 것은 바로 우리의 것이 된다. 가령 미치지 못하는 바가 있어도 주객(主客)의 힘이 그 부족한 부분을 메우고 진퇴와 조종이 오직 우리의 손에 달려 있게 된다."[17]

강재언은 "확실히 그가 지적한 대로 19세기 전반기의 사상 상황의 최대 병폐는 외압에 의한 위기를 넘기는 데 필요한 인재가 없었던 것이 아니라 그런 인재를 처형하고 옥사시키고 유배시키며 초야에 묻히도록 한 데에 있었다"며 다음과 같이 말했다.

"그러나 그의 사상 역시 초야에 묻힌 물밑의 사상이고 서재 안의 사상이어서 특권층에 의한 세도정치의 정책 결정에 아무런 영향도 줄

수 없었다. 그는 사상사적으로 보거나 인맥으로 보아 이전의 실학파나 이후의 개화파와 연결되지 않은 문자 그대로 고고(孤高)의 사상가였다."[18]

최한기는 한국 과학의 아버지

권오영은 "1850년대 초 중국 베이징 천안문 근처의 출판사 인화당(人和堂)에서 조선 학자의 책이 호화 활자판으로 출간됐다. 조선 말기의 학자 혜강 최한기의 『기측체의(氣測體義)』였다. 이런 일은 매우 드문 일로 근대 조선의 여명기에 일어난 충격적인 사건이었다"며 다음과 같이 말했다.

"평생을 서울에서 생활하며 당시 베이징에서 들어오는 신서적은 모두 사서 읽느라 가산을 탕진할 정도로 지적 호기심에 불탔던 최한기는 동서고금의 책을 서재에 비치하고 학문연구에 일생을 바쳤다. 모든 인류가 평화롭고 모든 민중이 자각하는 문명세계를 꿈꾼 그가 청장년기에 심혈을 기울여 집필한 『기측체의』는, 이제 성리학의 시대를 마감하고 기학(氣學)이 새로운 시대를 주도하는 시기가 도래할 것임을 알리고 있다. 따라서 전통에서 근대로 이행하는 시기에 새로운 문명을 갈망하며 쓰인 이 책은 시간이 흐를수록 더욱 빛을 발하는 고전으로 남을 것이다."[19]

그러나 최한기는 '고고의 사상가'였던 만큼 그의 학문은 계승자를 얻지 못한 채 세상에서 오랫동안 잊혔다가 1960년대에 이르러 다시 발굴되고 연구되기 시작했다. 금장태는 "최한기는 조선 후기 실학파의 마지막 인물이자 근대 개화사상으로 한걸음 나아갔던, 그 시대의

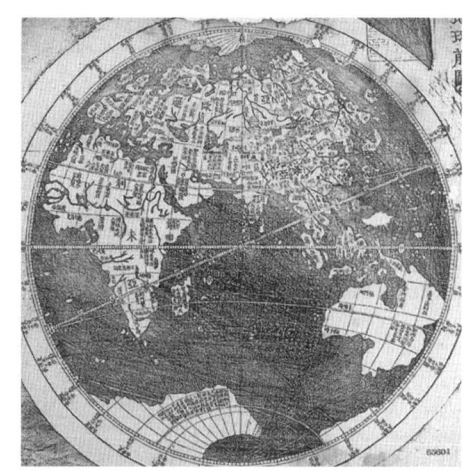

최한기가 만든 동서양 반구도.

가장 앞선 진보적 지성인이었다"며 다음과 같이 말했다.

"그의 저술이 1000권이나 된다는데 세상에 알려진 것은 아직 100여 권뿐이다. 그의 탁월한 학문과 폭넓은 식견이 알려지자 당시의 여러 재상들은 그를 조정에 끌어들이려 했다. 하지만 그는 자신의 뜻을 펼 수 없는 상황에서 벼슬하기를 허락하지 않았다. 다만 신미양요로 강화도가 미국 함대에 침략당하자 친분이 있던 유수의 자문요청에 조언한 바 있다. …… 자신의 시대를 '새로운 것으로 낡은 것을 바꾸는' 변혁의 시대로 규정한 그는 '차라리 옛것을 버릴지언정 지금을 버릴 수는 없다' 하여 진보정신을 표방하고 과학과 문명이 더욱 발전하고 역사가 발전해나간다는 것을 확신했다."[20]

이광표는 "최한기가 빠진 한국 과학사는 있을 수 없다. 그는 개항 이전까지 서양의 자연과학을 가장 많이 그리고 제대로 소개한, 서양 과학의 전도사였기 때문이다. 코페르니쿠스의 지동설과 뉴턴의 만유인력에서 망원경·온도계·습도계·파동의 원리·병리학·해부학에

이르기까지 과학에 대한 그의 관심과 식견은 놀라울 정도다"라고 했다.[21]

이 시기에 최한기의 친구로 한국 과학사에 기록되어야 할 또 한 명의 인물은 김정호다. 김정호는 1861년 백두산을 일곱 차례나 오르는 등 피나는 노력 끝에 한반도 지도인 〈대동여지도(大東輿地圖)〉를 만들었다. 또 김정호는 성종과 연산군에 걸쳐 정부가 조선의 인문지리를 책으로 엮은 『동국여지승람(東國輿地勝覽)』에 포함된 잘못을 고치고 내용을 보완한 32권짜리 『대동지지(大東地志)』를 1864년에 펴냈다. 오늘날 국립지리원에 그의 동상이 세워져 그의 공과 뜻을 기리고 있다.[22]

최한기를 외면하는 식민지성

2003년 김용헌은 "칸트는 알아도 최한기는 모르는 것이 오늘을 사는 우리의 자화상이다. 심지어는 캉유웨이(康有爲)나 후쿠자와 유키치(福澤諭吉)의 이름은 대충이나마 알고 있지만 최한기의 이름은 왠지 낯설다. 지난 100여 년 동안 근대화, 아니 서구화의 길을 걸으면서 우리는 그를 잊고 지냈다. 지독한 식민지성!"이라고 개탄했다.[23]

박희병은 "최한기의 사상은 주체와 보편에 대한 우리의 21세기적 모색에도 적지 않은 시사와 교훈을 준다고 여겨진다"며 다음과 같이 말했다.

"주체를 몰각한 보편은 얼빠진 맹목이며 보편에 견인되지 않거나 보편에 열려 있지 않은 주체란 결국 자기 자신은 물론이려니와 타자에 대한 억압으로 화할 공산이 크다. 이 양자의 역동적 균형과 긴장을 잃지 않는 지혜로움이 우리에게 필요한 게 아닐까."[24]

2003년 11월 21일 성균관대 대동문화연구원은 혜강 탄생 200돌을 맞아 성대 600주년기념관에서 '혜강 기학의 사상'을 주제로 국제학술대회를 열었다. '정약용의 경학과 최한기의 기학'을 주제로 기조강연을 한 대동문화연구원 원장 임형택은 다음과 같이 말했다.

"흔히 실학과 개화사상의 연결자로 박규수를 드는데 개혁·개방사상 측면에서 혜강은 박규수보다 훨씬 더 앞서 나아갔다. 또 박규수는 전통의 과거틀을 지키려 했던 반면 혜강은 새로운 사상 수용에 매우 적극적이었다. 그러나 혜강의 기학(氣學)이 우리 근대화·근대학문에서 제 역할을 하지는 못했다. 기학에 문제가 있어서가 아니다. 한국 근대화가 일방적인 서구화로 기울면서 기학이 설 자리가 없었던 것이다. 학문을 이을 제자들도 없었고 ……."[25]

제자가 없으면 아무리 뛰어난 학문적 업적을 이뤄도 묻히기 마련이다. 마찬가지로 역사도 역사적 사건의 이해관계자들의 활동에 의해 부각되거나 축소되거나 은폐되기 마련이다.

03

급진개화파 · 온건개화파 · 위정척사파

중인계급의 진취성

1877년 2월 9일(음력 1876년 12월 27일) 박규수가 사망한 뒤엔 역관(譯官, 통역사)으로 중국을 왕래했던 오경석이 청년 양반 지식인들을 지도했다. 오경석은 1853~1859년 사이에 네 차례나 베이징을 다녀왔으며 박규수와도 친교가 있는 인물이었다.[26] 오경석은 1871년 미국이 수호통상조약과 개항을 요청해왔을 때 대원군을 만나 그걸 받아들이는 게 좋겠다는 건의를 한 적이 있었다. 물론 그는 대원군으로부터 '개항가(開港家)'라는 말을 듣고 그의 눈 밖에 나고 말았다.[27]

신용하는 오경석이 "안으로는 박제가의 실학을 계승·발전시키고 밖으로는 자신이 베이징에서 구입해 가지고 온 신서들을 연구하여 1853~1859년의 기간에 처음으로 한국의 개화사상을 형성하게 되었다"고 주장했다.[28]

개화를 위한 의식개혁의 가장 중요한 수단은 단연 책이었기 때문에 양반계급보다는 역관과 같은 중인계급이 개화에 더 일찍 눈을 떴다. 오경석은 중인계급의 한계를 넘어서 진취적인 양반 자제들로 개화세력을 육성하고자 했다. 오경석의 아들 오세창은 후일 다음과 같이 회고했다.

"나의 아버지 오경석은 한국의 역관(譯官)으로 당시 한국으로부터 중국에 파견되는 동지사 및 기타 사절의 통역으로서 자주 중국을 왕래하였다. …… 평상시 가장 친교가 있는 우인(友人) 중에 대치 유홍기란 동지가 있었다. 그는 학식·인격 모두 고매, 탁월하고 또한 교양이 심원(深遠)한 인물이었다. 오경석은 중국에서 가져온 각종 신서(新書)를 동인(同人)에게 주어 연구를 권하였다. 그 뒤 두 사람은 사상적 동지로서 결합하여 서로 만나면 자국(自國)의 형세가 실로 풍전(風前)의 등화(燈火)처럼 위태하다고 크게 탄식하고 언젠가는 일대혁신을 일으키지 않으면 안 된다고 상의하였다. 어떤 날 유대치가 오경석에게 우리나라의 개혁은 어떻게 하면 성취할 수 있겠는가 하고 묻자 오는 먼저 동지를 북촌의 양반 자제 중에서 구하여 혁신의 기운을 일으켜야 한다고 대답했다 한다."[29]

북촌이란 서울의 중심을 동서로 흐르는 청계천을 경계로 한 서울 북부로 당시 상류 양반계층이 거주하고 있던 구역이었다. 당시 북촌 단칸은 남촌의 열 칸 값이라는 속담도 있을 정도로 상류 양반계층의 이름값이 높았다.[30] 선진적인 중인들은 개화지식을 갖추었지만 그에 상응하는 사회적 지위를 갖지 못해 개화운동에 적극적이었다고 볼 수도 있다. 자신을 위해서나 나라를 위해서나 개화만이 기존 '북촌 체제'를 뛰어넘을 수 있는 돌파구였던 셈이다.[31]

유홍기는 누구인가?

1879년 오경석이 사망하자 오경석의 동갑내기 동지인 한의사 유홍기(유대치)가 그 뒤를 이었다. 개화당의 개혁정치를 뒤에서 조종했다고 하여 백의정승(白衣政丞)으로 불린 유홍기는 박규수에 비해 과격한 일면이 있었다. 훗날 최남선은 다음과 같이 말했다.

"세계의 사정을 복찰(卜察)하면서 뜻을 내정의 국면전환에 두고 가만히 귀족 등의 영준(英俊), 호걸)을 규합해 방략을 가르치고 지기(志氣)를 고무시킨 이가 있으니 당시 백의정승으로 불린 유대치가 바로 그이다. 세상이 개화당으로 지목한 이들은 대부분 유대치의 문인(門人)이었다."32)

유대치는 중인이 아니라 양반이었을 가능성이 높다는 주장도 있다. 이광린은 「숨은 개화사상가 유대치」(1973)에서 유대치의 본명으로 알려진 유홍기가 역관을 많이 배출한 한양 유씨의 족보에 1831년생으로 등장하는 점에 주목했는데 이광린의 '유홍기=유대치' 추정은 학계의 정설이 됐다.

그러나 2006년 박은숙은 전남 장성군 북이면 송산리에서 발견된 강릉 유씨 유홍규(劉洪奎, 1814~1884)의 묘비명에 유홍규가 백의정승으로 불린 유대치라는 내용이 기록돼 있는 점에 주목했다. 박은숙은 "유대치 중인설은 그가 역관의 집에서 태어나 의(醫)를 업으로 했다는 후대의 기록(1944년 발간된 김옥균 전)과 중인의 집단거주지였던 광교 부근 관철동에서 살았다는 정황 증거에 근거한다"며 "김옥균·박영효 등 최고 문벌 양반과 교제했다는 점을 감안할 때 오히려 양반일 가능성이 더 높다"고 주장했다.33)

개화파의 만국공법 공부

유홍기는 개화사상에 관한 서적을 김옥균에게 제공했으며 유홍기의 소개로 김옥균·박영효 등과 친분을 맺은 개화승 이동인은 그들의 부탁을 받고 일본에 밀항해 개화사상 책자들을 가지고 돌아왔다.[34] 이동인은 1875년 3월 처음 오쿠무라의 포교소를 방문해 메이지유신 이후 일본 국정과 불교 상황 등을 질문하면서 조선 불교 중흥의 의지를 천명한 바 있었다.[35]

김옥균·박영효 등이 학자금과 여비 등을 지원해 이동인을 일본에 밀항시킨 첫째 목적은 열강의 공법, 즉 만국공법(萬國公法)을 익히게 하려는 데 있었다. 이에 대해 김용구는 "당시 개화파 인사들이 국제법에 관한 지식이 얼마나 시급하게 필요하였고 중요하게 여겼는지를 단적으로 말해주고 있다. 시대질서와 국제법질서의 충돌을 인식하게 된 것이다"고 했다.[36]

이동인이 그런 목적하에 일본에 파견된 건 1879년 11월이었는데 이게 바로 개화당 성립의 결정적 계기가 되었다.[37] 개화당의 최초 성립 시기는 '충의계'가 형성된 1874년으로, 충의계의 지도부는 김옥균을 비롯하여 홍영식·서광범·박영효 등이었다.[38] 개화당의 본격적인 성립시기에 대해선 여러 설이 있으나 개화당 인사들이 구체적인 개혁안을 마련한 1879년설이 유력하다.[39]

이 무렵에 소개된 만국공법 관련 서적은 『만국공법』 『공법회통(公法會通)』 『공법편람』 세 종류였는데 세 권 모두 중국에서 활동하던 미국 선교사 윌리엄 마틴(William Martin, 1827~1916)이 번역한 것이었다. 미국의 법학자 헨리 위튼(Henry Wheaton)의 『만국공법』은 1864년에, 미국 법학자 울시(Theodor D. Woolsey)의 『공법편람』은 1877년에, 독일의 법학자 블룬츨리(Johannes C. Bluntschli)의 『공법회통』은 1880년에 한문으로 번역되었다.[40]

손세일은 "만국공법 이론은 조선의 지식인들이 화이적(華夷的) 세계관을 극복하고 새로운 세계질서의 원리를 이해하거나 일본의 침략행위를 비판하는 데 중요한 이론적 근거가 되었다. 우리나라 최초의 신문인 『한성순보』는 창간호 서문에서 새로운 시대에는 만국공법을 아는 것이 시무자의 급선무임을 강조했고 을미사변 이후에는 위정척사파들도, 최익현의 상소문에서 보듯이, 만국공법 개념을 원용하여 일본을 비판했다"며 다음과 같이 말했다.

"그러나 19세기의 유럽 공법은 본질적으로 기독교적인 윤리관에 바탕을 두고 유럽의 세계팽창을 합리화하는 법적 도구였다. 그럼에도 불구하고 열강의 제국주의적인 침략의 위험에 직면해 있던 조선의 지식인들이 만국공법 이론으로부터 큰 영향을 받고 또 그것에 따른 국제적 협조에 희망적인 기대를 걸었던 것은 아이러니가 아닐 수 없다."[41]

개화파 대 위정척사파

1880년대의 개화파들이 모두 한목소리를 냈던 건 아니다. 그들은 온건개화파(또는 시무개화파)와 급진개화파(또는 변법개화파)로 나뉘었다. 주진오는 '온건'의 반대는 '과격', '급진'의 반대는 '점진'이라며 용어의 문제점을 지적했지만[42] 그런 문제에도 불구하고 이런 분류는 널리 쓰이고 있다.

당시의 집권세력이었던 온건파는 우리의 도덕이나 사상은 그대로 지키되 오늘날 우리가 부족한 서양의 기술만을 받아들이자는 동도서

개화파의 김옥균. 김옥균을 중심으로 한 급진파는 서양의 기술뿐만 아니라 제도와 사상까지 받아들이자고 한 반면, 집권세력이었던 온건파는 기존의 도덕·사상을 유지한 채 서양의 기술만을 받아들이자고 했다.

기사상(東道西器思想)을 받아들였다. '동도서기' 라는 명칭은 1880년대 초 신기선과 윤선학의 글에서 연원한 것으로, 동도서기사상은 서양의 기술(用)을 가지고 국가를 부강하게 하면서 중국의 가치와 문화(體)를 발전시킨다는 중체서용(中體西用), 서양의 기술에 일본의 정신을 합치는 식으로 서양 문물을 받아들인다는 화혼양재(和魂洋才)의 한국판이라 할 수 있는 것이었다.[43]

반면 급진파는 김옥균을 중심으로 하는 개화당(1879년 결집)이 이에 속했고 그 주장인즉 서양의 기술뿐만 아니라 제도와 사상까지 받아들이자는 것으로 중국에서 훗날 청일전쟁 뒤에 나타난 변법사상(變法思

想)과 같은 것이었다. 이에 대비되는 중국의 양무(자강)사상은 온건파의 입장이었다.[44]

개화파의 반대편엔 위정척사파가 있었다. 위정척사(衛正斥邪)란 바른 것을 지키고 옳지 못한 것을 물리친다는 뜻으로, 19세기 중반 서구의 침략이 촉발시킨 일종의 '유교적 근본주의' 운동이다.[45] 척사파는 정학(正學)인 유학을 지키고 기타의 종교와 사상을 이단·사학(邪學)으로 배척하는 사람들이었는데 개화파의 등장과 함께 나타나 나름대로 국내외의 위기를 경고하고 주체성을 강조했기 때문에 국민들로부터 적잖은 호응을 업고 개화에 저항했다.

위정척사파는 병인양요(1866) 이래 쇄국정책을 지지했으며 운양호 사건(1875)을 계기로 문호개방 논의가 본격화될 때 개항에 반대하면서 굴욕적 개항은 우리의 정치·경제적 주권을 위협하게 된다, 서양의 문물은 물욕(物慾)만 추구하는 것인바 열강과의 통상은 우리의 인륜문명을 타락시킨다 등의 이유를 내세웠다.[46]

강재언은 "당시의 위정자나 여론 주도층으로서 유자들의 지배적인 사고방식은 구태의연하게 '기(器)'에 대한 '도(道)'의 우위, '무(武)'에 대한 '문(文)'의 우위를 지키는 것이야말로 조선이 '소중화'인 까닭이라고 자부했다. 조선 유교의 전통적인 '상문천무(尚文賤武)' 사상이다"라며 "위정척사사상은 '무(武)'가 빠진 붓만의 양이사상이었다"고 했다. 그는 "서양의 충격에 대한 조선의 대응책에서 청이나 일본과 크게 다른 점은 두 차례의 양요를 체험했음에도 불구하고 '군사력(武)'의 근대화 문제가 국가적인 최우선 과제로 제기된 일이 거의 없었다는 것이다"라고 개탄했다.[47]

위정척사파의 중화주의·사대주의

개화파와 위정척사파에 대한 평가에서 자주 쟁점이 되는 게 중화주의와 사대주의다. 중화주의와 사대주의에 대한 비판이 대세를 이루고 있는 가운데 다른 의견도 있다.

송준호는 조선의 멸망과 관련해 "유교와 양반은 비난을 받아도 싸지만 사대주의는 의미가 다릅니다. 지식인들은 뭐도 모르면서 사대(事大)를 나쁜 뜻으로만 해석을 하는데 사대란 국경이나 민족을 초월한 원리원칙이었습니다. 유교 관념 속에는 국가나 민족이라는 개념이 희박했어요. 다시 말하면 성현지도(聖賢之道)에는 국경이 없으며 성현지도가 통하는 곳까지를 하나의 문화권으로 봤던 겁니다"라고 주장했다.[48]

조흥윤은 "종래 조공 관계를 두고 사대주의적 성격으로 보는 안목이 있었다. 전통적 조공이나 준조공 관계는 겉보기에 그런 면이 있고 또 정치인들 가운데는 실제 중화사상에 사로잡혔던 이도 없지 않다"며 다음과 같이 주장했다.

"그러나 전체적으로 보아 조공은 슬기로운 대외관계인 것으로 드러난다. 귀족계급에 의한 장기간의 중앙집권적 지배체제로 한국 사회는 고대의 문무겸전한 모습을 점차 잃어갔지만 강대한 중국과 교활한 왜구 내지 일본을 상대로 때와 형편에 따라 비위를 맞추고 달래거나 때로는 바른 길로 타이르면서 문화를 수입하여 민족문화를 발전시켜왔다."[49]

김대중은 "사대주의를 우리는 매우 부끄럽게 생각하지만 세계역사를 객관적으로 전경적으로 볼 수 있는 어떤 미국의 학자는 한국의 사대주의를 대륙의 압력 아래서 자기의 생존을 유지하려는 슬기로운 지혜라고도 평하고 있습니다"라면서 다음과 같이 주장했다.

"우리 민족은 비록 형식적으로는 사대를 했지만 내부적으로 특히 국민 대중은 자기의 주체성을 튼튼히 유지했습니다. 중국문명의 월등한 영향 속에서도 문화 전반의 뚜렷한 자기 특색을 보존해왔습니다. 의복·음식·언어·주거 등 전체 생활이 분명한 특색을 간직했으며 경제 면에서는 저 유명한 화교의 침투와 지배를 완전히 봉쇄하였습니다. 동남아시아 각국이 지금까지도 그 경제권을 화교의 손에 내맡기고 있는 현실을 보면 우리는 우리 조상에게 감사하지 않을 수 없을 것입니다."[50]

이상익은 '중화주의'를 두 가지로 나누어볼 걸 제안했다. 중국은 천하의 중심 국가로서 주변 나라들을 정치적으로 복속(服屬)시켜야 한다는 논리는 '패도적 중화주의'로, 중국이 천하의 중심 국가로서 주변 나라들에 대해 모범을 보이고 우호와 선린을 다져야 한다는 논리는 '왕도적 중화주의'로 볼 수 있다는 것이다. 이상익은 위정척사파가 추구한 중화주의는 '왕도적 중화주의'였다며 다음과 같이 주장했다.

"위정척사파는 이념적으로 '북벌론(北伐論)'을 계승하고 있었다. 오랑캐 청은 무력을 앞세워 조선을 능멸했으니 왕자(王者)가 아니라 패자(覇者)라는 것이다. 따라서 청은 …… 결코 사대의 대상이 아니었다. 위정척사파가 추구한 사대는 '존청사대(尊淸事大)'가 아닌 '존명사대(尊明事大·尊周事大)'였다. …… 위정척사파는 '유학(주자학)의 보편적 도덕의 논리'에 입각하여 '제국주의의 힘의 논리'에 저항했던 것이다. 위정척사파의 이러한 논리에 대해 '현실성이 부족하다'고 비판할 수 있다. 그러나 모두의 주권이 존중되는 평화로운 국제관계가 우리의 이상이라고 한다면 보편적 도덕을 외면하고서는 그것을 달성할 수 없음도 사실일 것이다. 필자는 이러한 관점에서 '왕도적 중화주의'를 옹호했던 유학의 의의는 거듭 천명되어야 한다고 본다."

이어 이상익은 "왕도적 중화주의가 '각국의 고유문화'를 부정하는 것이 아니라는 점"을 강조하면서 "왕도적 중화주의가 추구하는 것은 '보편적 도덕원리'를 각국이 공유하자는 것일 뿐"이라고 역설했다.

"필자는 세계 각국이 보편적 도덕원리를 공유하면서도 자신의 고유문화를 얼마든지 발전시킬 수 있다고 본다. 또한 필자도 우리 한국이 통일을 이루고 완전한 자주국가가 되기를 갈망한다. 그러나 유학이나 주자학이 그것을 방해하고 있다고는 생각하지 않는다. 필자는 오히려 '유학·주자학은 각국의 자주독립과 세계평화를 양립시킬 수 있는 원리를 제시하고 있다'고 생각한다."[51]

위정척사파의 시대착오성

반면 김영환은 "이상익 교수는 예에 기반을 둔 사대질서를 의리를 존중하는 평화로운 국제질서의 모델로 보았으나 이는 소박한 생각이다. 조선과 청의 경우 1636년에 힘의 우열을 확인한 후 정치적 사대가 성립하였다가 북학파에 이르러 문화적 우열 관계마저 현실적으로 인정하자는 쪽으로 기울어졌다. 동아시아에서도 중국이 이웃 나라를 침략할 때에는 언제나 예나 의리와 같은 명분을 앞세웠다"며 다음과 같이 주장했다.

"오늘날에도 인권이나 민주주의가 미국의 패권 관철을 위해 동원되는 경우가 더 많다. 만국공법으로 포장하든 예나 의리의 질서로 포장하든 힘의 논리가 지배하는 국제 정치의 현실은 큰 차이가 없다. 위정척사파가 중화주의적 세계상의 보편성을 맹목적으로 믿고 있는 한 만국공법체제가 중화체제와 어떻게 다른지를 생각할 수 없었다. 위정척사파는 지역적 인종적인 중화사상의 편협성은 물론이고 이를 기반으로 서구 문물을 단순히 오랑캐 문물이라 본 것이다. 시대착오라는 지적도 새삼스러운 것이다."

이어 김영환은 "중화 · 오랑캐, 문명 · 야만의 구분은 그 자체가 매우 폭력적인 이분법적 도식으로 침략을 정당화하는 명분으로 작동하며 이는 동아시아나 유럽이나 큰 차이가 없다. 만국공법을 내세우나 약육강식의 질서가 지배하는 체제와, 사대를 예로 미화했던 중화주의의 천하체제는 힘에 기반하고 있다는 점에서 같다. 문명 · 예 · 인권 · 보편성 등 이런 추상적인 표현들은 현실의 이해관계를 분칠하는 허구에 지나지 않을 때가 많다"며 다음과 같이 주장했다.

"유학의 이런 중화주의는 결코 우연적인 특성이 아니다. 존왕양이(尊王攘夷, 왕통을 잇고 오랑캐를 몰아낸다)는 시대의 과제에 대한 응답으로서 나온 유학의 주요 관심은 중국의 정치적 통일이다. 아울러 그런 통일된 나라를 운영하는 기본 원칙이요, 밑그림이기도 했다. 특히 「주례」는 통일된 나라의 관료 기구표까지 제시하고 있다. 유학은 존왕양이란 정치적 과제에 이념적 문화적 색채를 덧칠해놓은 것이다."[52]

문명개화론 대 동도서기론

주진오는 1871년 신미양요 이후 서양세력을 수교의 대상으로 인식하면서 개국론이, 문호개방을 계기로 동도서기론이 등장하게 된다며 민씨 정권은 홍선대원군이나 척사론자들과 달리 동도서기론에 입각한 개화당이었으며 친청수구파라는 기존의 해석은 지나친 평가라고 주장했다. 서양의 법과 제도를 수용해 근대화를 이룩하자는 문명개화론은 김옥균·박영효 등이 1882년 일본을 방문해 후쿠자와 유키치 등을 만나면서 수용됐으며 이들은 부국강병을 위해 동도의 폐기까지 가능하다고 생각했으며 기독교의 수용까지 고려했다는 것이 주진오의 분석이다.[53]

주진오는 1884년 정변은 문명개화론자와 동도서기론자의 갈등이었다며 동도서기론은 개화사상의 범주에 넣지 않는 것이 바람직하다고 주장했다. 둘은 중국에 대한 이해와 관계에 대한 관점에서 큰 차이가 있었기 때문이라는 것이다.

"동도서기론자들은 중국의 중체서용론과 양무운동을 조선 근대화의 지표로 삼았고 중국과의 사대관계를 유지 또는 확대시키는 것이 열강의 위협으로부터 조선을 지키는 데 도움이 된다고 생각하였다. 반면에 문명개화론자들은 일본의 메이지유신과 문명개화론을 근대화의 지표로 삼으려고 하였다."[54]

2000년대의 위정척사파 논쟁

'개화파·위정척사파'가 완전히 죽은 용어는 아니다. 정옥자·이상익 등은 위정척사사상의 재조명을 주장했다. 개화사상에 눌려 부당하게 과소평가되거나 왜곡돼왔다는 것이다. 1997년 이상익은 정옥자의 다음과 같은 주장에 지지를 보냈다.

"그동안 우리가 철석같이 믿었던 서구적 세계관과 가치관이 위기에 봉착하고 새로운 세계질서가 모색되고 있는 현 시점에서 수구파의 봉건질서 옹호 논리니 세계정세에 어두운 완고한 보수파의 자기보존 논리니 하여 평가절하되었던 위정척사적인 입장을 재조명해야 할 것이다. 그들의 시대에는 낙후된 논리로 평가되었지만 1세기가 경과한 현재 서구문명의 한계상황 속에서 그들이 이미 서구의 본질을 꿰뚫고 있는 선견지명을 갖고 있었다는 점은 높이 평가될 만하다. 위정척사론의 기본 논리는 한말 외세에 대한 다양한 대응방식의 하나라고 하지만 그 수에 있어서는 압도적 다수이며 전국적 규모였다. 그것은 조선왕조가 500년간 키워온 사기(士氣)의 집합체이며 민족정기(民族精氣)의 확산현상이기 때문이다."[55]

위정척사파를 '민족'과 연결시키는 것에 대해 강만길은 이미 1978년에 반론을 제시한 바 있다. 그는 위정척사론은 "본질적으로 중세적 질서를 유지하기 위한 이론으로써 근대화 과정에서 극복되어야 했던 사상"으로 규정하면서 다음과 같이 주장했다.

"척사위정론은 국가체제의 근대적인 개혁문제에 관해서는 합리적인 방법을 제시하지 못하였다. 민권신장이나 교육운동·언론운동에 대한 이해와 실천력이 약했다. 그 목적이 국권의 수호에 한정되었을 뿐 이 시기 우리 역사가 지향하고 있던 국민국가 건설을 위한 방안을 제시하기에는 거리가 너무 멀었다. 후세의 평자들 중에는 척사위정사상이 우리의 근대사상으로 전환·발전할 수 있었던 것처럼 주장하거나 그것이 민족주의적 성격을 가졌던 것이라 이해하는 경우가 있다. 근대 초기의 민족주의는 어디까지나 부르주아적 개념이며 척사위정론은 부르주아 이전의 사상임을 분명히 해야 할 것이다."[56]

위정척사파를 옹호하는 것이 꼭 보수적 입장은 아니다. 위정척사파를 오늘날의 이념적 위상에 꿰맞추기는 어렵다. 그래서 오히려 보수파가 오늘날에도 '위정척사파'가 있다며 비판하는 일도 벌어지고 있다.

2007년 1월 4일 보수성향의 원로들 모임인 국가비상대책협의회 새해 토론회에서 뉴라이트계열 '교과서포럼' 간부는 "무엇보다도 2007년 대통령선거에서 '위정척사파'적인 정치인들에게 정권이 돌아가지 않도록 해야 한다. 개화파 일부는 친일행위 혐의가 있지만 (대륙문명에서 해양문명으로의) 문명사적 전환의 시대에 그들이 담당한 긍정적 역할에 비추어 관대하게 받아들여져야 한다"며 "친미적이고 친일적인 해양문명의 신봉자"가 돼야 한다고 역설했다.

이에 한승동은 "오늘날 붕당적 정파들 간의 소아병적 권력투쟁을 개화와 쇄국 개념이라는 대립항으로 양분해 설명한 것부터가 어불성설이거니와 개화파의 친일행위를 문명사적 전환시대에 긍정적 역할을 한 것으로 평가한다니 그 알량한 '문명사적 전환' 때문에 얼마나 많은 사람과 가족들이 죄 없이 난도질당하고 어떻게 지역사회와 국가가 마침내 남의 노예로 전락했는지도 돌아보고 하는 소린가. 유대인 디아스포라를 연상시키는 한민족 이산의 한과 존망의 위기가 깊어간 지난 100여 년 세월은 이미 친일·친미 해양세력이 대권을 잡고 휘둘러온 세월이 아니었나"라고 비판했다.[57]

그런가 하면 홍성욱은 동도서기사상(東道西器思想)은 오늘날까지 살아남아 과학과 인문학이라는 '두 문화' 사이의 대화 부재라는 결과를 낳는 데에 일조했다고 주장했다. 서양에서는 이미 과학이 철학과 사상을 구성했던 가장 중요한 요소였음에 반해, 동도서기론은 사상과 철학, 즉 문화적인 측면을 쏙 뺀 채 과학기술만 받아들이게 했으며 과학을 기술혁신을 위한 수단으로만 보게 만들었다는 것이다.[58]

'위정척사'나 '동도서기'라는 말만 쓰지 않는다 뿐이지 그 개념의 기본 갈등구조는 오늘날에도 대외관계에서 지속되고 있는 쟁점이다. 우리가 개화기에 나타난 그런 갈등에서 교훈으로 삼아야 할 것이 있다면 그건 바로 각 진영의 주장을 소리 높여 외치기보다는 갈등을 최소화하면서 공통분모를 찾아낼 수 있는 방법론에 대해 고민하는 게 아닐까? 그렇게 하기 위해서는 각 진영의 내부적 이해관계를 감추거나 외면하지 말고 그걸 논의의 주제로 삼아 '승자 독식주의'를 견제하는 장치를 만드는 일일 것이다.

제6장

1880년대의 새로운 도전

01

이동인, 고종을 만나다

이동인의 귀국

1880년 4월 서울에 일본공사관이 설치되었다. 처음엔 공사 하나부사 요시모토와 그를 수행한 무관, 학생 등 수명에 불과했으나 이후 일본인들이 속속 이주하게 된다. 1880년에 835명이던 일본인 거주자는 일본공사관이 설치된 이후인 1881년에는 3417명으로 늘어났다.[1]

1880년 8월 부산의 관세문제 해결 등의 공식 목적으로 김홍집(1842~1896)이 수신사로 일본에 파견되었다. 김홍집을 정사로 한 수신사 일행 58명은 8월 1일(음력 6월 26일) 부산을 출발하여 11일 아침 도쿄에 도착했고 9월 8일 이곳을 떠나 9월 15일(음력 8월 11일) 부산으로 다시 돌아왔다.[2]

개화승 이동인은 수신사로 일본에 온 김홍집 일행을 만나 함께 귀국했는데 이동인이 일본에서 가져온 신사상의 책자는 개화사상파들을 크게 고무시켰다. 귀국 시 교토의 본원사(일본의 절)는 이동인에게 쌀 200가마 값 1000엔을 주었다. 이 돈으로 이동인은 램프·석유·잡화·성냥 등을 구입해 들여와서 왕실·세도가와 친지들에게 선물했는데 이것이 일제상품이 서울로 들어온 최초이다.[3]

조선인을 매료시킨 성냥

이동인의 소개 이후 석유를 이용한 램프·호롱 사용이 점차 늘어갔으며 성냥도 보급되기 시작했다.[4] 훗날 서재필은 이렇게 회고했다.

"두어 달 후에 그 중은 약속대로 책이며 사진이며 성냥 같은 것을 사가지고 왔어. 그때 성냥을 처음 보았는데 갑에다가 그으면 불이 저절로 일어나는 것을 보고 그 사람들은 귀신의 재주를 가졌나보다고 다들 놀랐으니 지금 생각하면 우스운 일이지. 그때에 가져온 책이 여러 권인데 역사도 있고 지리도 있고 물리·화학 같은 것도 있어. 이것을 보려고 서너 달 동안 그 절에 다니다가 그때는 이런 책을 보다 들키기만 하면 사학(邪學)이라 하여 중벌을 받게 되므로 한군데서 오랫동안 볼 수가 없어."[5]

성냥의 신기함은 1880년대 후반까지도 계속되었던 것 같다. 영국 화보잡지 『그래픽』 1888년 12월 22일자엔 '조선인들이 성냥을 처음 접하는 장면'이라는 그림이 실렸다. 이 잡지는 조선 여행에 성공한 한 영국인의 여행담을 소개하면서 다음과 같이 적었다.

"영국인 여행가는 신변보호를 위해 경호인을 쓰는 대신 한국인들이 가장 호기심을 갖는 서양의 잼·통조림·버터와 빵 등을 가지고 다녔는데 위험한 상황이 닥칠 때마다 이것들을 맛보이면서 조선인들의 적대감을 쉽게 누그러뜨릴 수 있었다. 특히 조선인들은 마치 요술을 부리는 듯한 성냥에 매료되어 서로 성냥을 켜보려고 몰려들기도 했다. 이 덕분에 조선에서 지방 여행을 안전하고 성공적으로 마칠 수 있었다."[6]

한때 외국물품을 쓰지 말자는 취지로 수입품인 성냥 대신 다시 부싯돌을 쓰자는 이른바 '부싯돌쓰기 운동'이 벌어지기도 했지만 성냥의 편리함이 워낙 커 이 운동은 효과를 거두지 못했다.[7] 1890년대까지도 성냥의 품질은 형편없었지만 그거나마 잘 팔려나갔다. 1894년 1월에서 1897년 3월까지 조선을 네 번이나 방문했던 영국의 여행가 이사벨라 비숍(Isabella Bishop, 1831~1904)은 다음과 같이 말했다.

"일본산 성냥은 불쏘시개 없이 한 곽을 몇 번이고 다 그어본 바에 따르면 불이 그다지 잘 붙지 않는 싸구려 물건이다. 그럼에도 불구하고 행상인들의 상품목록 속에 꼭 들어 있었고 소읍들을 중심으로 급속하게 팔려나갔다."[8]

국왕의 밀사가 된 이동인

이동인은 곧 정계의 실력자 민영익(1860~1914)에게 소개되었다. 서영희는 "김옥균 등 개화파로서는 자신들의 열 마디 말보다 일본의 실상을 생생하게 보고 온 이동인을 통해 민영익의 마음을 완전히 개화 쪽으로 돌려놓을 수 있다고 생각했을 것"이라고 보았다.[9]

이동인은 다시 민영익의 천거로 고종에게 소개되었으며 뛰어난 식견으로 고종을 감복시켜 국왕의 밀사로 중용되었다. 이동인은 곧바로 10월에 고종의 밀명을 받고 일본에 파견되어 미국과의 수교 결심을 적은 고종의 밀서를 주일청국공사 하여장(허루장, 何如璋)에게 전달했다. 조미수호통상조약 교섭의 알선을 의뢰한 내용이었다.[10]

이후 이동인은 아사노 도진(淺野東仁)으로 창씨개명을 하고 일본 외무성에서 복무했으며 다시 본원사가 제공한 1만 엔으로 면포·도자기 등 잡화를 구입해 조선으로 보냈다. 서울에서 이동인은 개화당 요인들과 접촉하는 한편 일본공사관에 출입하면서 정보를 교환하는 등의 활동을 했다.[11]

이동인은 일본 지식인 후쿠자와 유키치(1835~1901) 문하에서 공부하기도 했다. 이동인은 후쿠자와가 만난 첫 번째 조선인으로, 이후 후쿠자와를 조선 개화파와 연결시키는 역할을 하게 된다.[12] 이동인이 서울에 있는 박영효에게 보낸 책 중에는 후쿠자와의 3부작인 『학문의 진보』, 『문명론의 개략』, 『서양사정』 등이 포함돼 있었다. 개화파 인사들은 이를 돌려가며 탐독했다.[13] 1870년대 이후 조선의 개화파에게 가장 큰 영향을 미친 인물은 단연 후쿠자와였다. 도대체 그는 누구인가?

02

후쿠자와 유키치는 누구인가?

일본의 국민적 영웅

후쿠자와는 도쿠가와 말기에 오사카에서 지방 하급무사의 아들로 태어나 난학과 영학을 배웠고 에도에 진출하여 막부관료가 되었으며 세 차례의 구미견문을 통해 근대문명을 체득했다. 또 그는 메이지유신 이후에는 게이오(慶應)의숙을 창설하는 등 계몽활동을 벌였고 『시사신보』를 통해 일본의 대외정책에 대해서도 적극 발언했다.[14]

그런 공로를 인정받아 후쿠자와는 일본 제1의 '현자(賢者)'이자 '국민적 영웅'으로 존경받으며 일본의 최고액 지폐인 만 엔권에 등장했지만 후쿠자와에 대한 최고의 찬사는 훗날 조선인에게서 나왔다. 평소 자신을 '조선의 후쿠자와'라고 자부했던 이광수는 "하늘이 일본을 축복하셔서 이러한 위인을 내리셨다"고 했다.[15]

1883년 김옥균의 주선으로 약 60명의 유학생, 그리고 1894년에는

조선의 개화파에 큰 영향을 미친 일본의 사상가 후쿠자와 유키치.

조선 정부 위탁 유학생으로 약 200명이 게이오의숙에서 교육을 받았다.[16] 더욱 중요한 건 후쿠자와의 저술을 조선 개화파들이 필독서로 삼았다는 사실이다.

후쿠자와는 1860・1862・1867년 유럽과 미국 등에 세 차례 다녀와서 보고 들은 것을 일본어로 알기 쉽게 풀어 써 보급시켰다. 1866~1869년에 발간된 『서양사정』은 일본인들에게 서양에 대한 지식을 심어주는 데에 크게 기여했다.[17]

후쿠자와는 『문명론의 개략』(1875) 등을 통해 양이론자나 부분적 개방론자의 비난을 무릅쓰고 "단연코 서양의 문명을 취해야 한다"고 주장하고 나섰다. 후쿠자와는 문명을 "사람의 몸을 안락하게 하고 마음을 고상하게 하는 것"으로 정의하는 동시에 문명화를 서양의 긴박한 침략의 위협에 대처하여 나라의 독립을 지키기 위한 유일한 수단으로 인식했지만 그가 강조한 건 후자였다.[18] 그는 "일본에는 정부만 있고 아직 국민은 없다"며 '국민'의 창출에 전력을 쏟았다.[19]

『학문의 권장』과 『문명론의 개략』

1872~1876년까지 17권의 소책자로 간행된 『학문의 권장』은 1880년 합본으로 간행되었는데 일본에서 1880년 당시까지 해적판을 제외하고 초판은 20만 부 이상, 전체 약 70만 권이 팔렸다.[20]

한승동은 "미천한 신분 출신이었던 그가 그토록 학문을 권장한 것은 학문, 곧 지식을 신분상승의 강력하고도 유일한 무기로 인식한 개인적 동기와 함께 결국 근대 지식의 체현자였던 서양(유럽)을 신속하고도 철저하게 모방함으로써 근대의 지진아 일본을 단번에 기린아로 바꾸겠다는 욕망과 결합돼 있었다. 후쿠자와에게 학문(서양 지식)은 약육강식의 사회진화론적 인식지평 위에 자리잡고 있었다"며 다음과 같이 말했다.

"후쿠자와는 통째로는 아니지만 서양을 긍정했고 전적인 서양 수용만이 자신과 일본의 살 길이라고 믿었다. 그가 수용한 서양 근대가 곧 서세동점의 제국주의 침탈과 등치되는 시대였기에 그의 서양 모방은 일본의 제국주의 침탈 정당화로 이어질 수밖에 없었다. 부국강병을 지향한 그의 '학문의 권장'은, 서양 근대에 대한 저항이나 대적·극복과는 애초부터 길을 달리했으며 진정한 자아나 주체 확립과도 인연이 없었다. 철저한 서양 굴종과 숭배와 수용이 아시아에 대한 굴종과 숭배, 일방적 수용 강요로 이어진 것은 피할 수 없는 일이었다. 조선의 후쿠자와 후예들은 서양 숭배자의 숭배자였다는 점에서 이중으로 굴절된 식민지 군상이었다."[21]

정명환은 후쿠자와의 『문명론의 개략』에 대해 "문명론의 제국주의적 편향이 드디어 결실을 보게 된 것이 청일전쟁에서의 일본의 승리였다. 후쿠자와는 그 승전보에 접하자 지금 죽어도 여한이 없다고 하면서 크게 기뻐했고 그 후 한일합방으로 향해 가는 일본의 더 노골적인 책동에도 매우 동조적이었다"며 다음과 같이 말했다.

"이제 그러던 후쿠자와의 시대로부터 한 세기가 지났다. 그렇다면 오늘날의 '지금으로서' 일본은 그 국가주의와 제국주의를 청산하고 후쿠자와가 애초에 정의했던 문명의 본의로 되돌아온 것인가? 식민지통치·정신대·난징대학살·태평양전쟁·교과서편 왜곡 등의 문제를 둘러싼 일본 지배층의 행위를 보면 그것은 극히 의심스럽다. 그래서 내 눈에는 만 엔권의 후쿠자와의 초상이 문명의 본뜻을 밝힌 지성인의 모습으로보다는, 제국주의의 과거를 정당화하기까지 하려는 끈질긴 국가주의적 발상의 배후에 깔려 있는 사람으로 비치는 것이다. 그러나 다른 한편으로 나는 도덕적 인간과 보편적 자유와 세계평화를 위한 투쟁의 전통이 일본의 리버럴리스트 사이에서 굳건히 자리잡혀 있다는 것을 알고 있으며 그런 국가주의가 그들의 노력에 의해서 마침내 극복되리라고 여전히 믿고 있다."[22]

일본의 문명화=서양화=반(反)유교

후쿠자와는 조선의 문명에 대해 '완고하고 고루함' '고루하고 편협함' '의심 많음' '구태의연함' '겁 많고 게으름' '잔혹하고 염치를 모름' '비굴함' '잔인함' 등으로 묘사했다.[23] 이런 이유 때문에라도 한국에서의 평가는 매우 부정적이다.

박홍규는 "개화파 이후 지금까지의 친일파 중에는 이완용 등 악질적인 매국노만이 있는 것이 아니라 지식인들도 많다. 동시에 이완용을 귀여워한 이토 히로부미만이 아니라 김옥균을 귀여워한 후쿠자와나 그 비슷한 학자·종교인·예술가 등이 지금까지도 한국과 일본에 너무나 많다"며 다음과 같이 주장했다.

"후쿠자와는 당시 대두된 아시아 연대론을 공상이라고 일축하고 청일전쟁을 문명과 야만의 전쟁으로 보았으며 문명화를 위해 타국의 실권을 장악하는 것은 내정간섭이 아니라고 하고 특히 조선에 대한 무력행사는 조선인이 '연약 무염치' 하기 때문이라는 등 갖은 멸시의 말을 퍼붓고 그 책임을 조선인에게 돌렸다. 심지어 조선은 나라도 아니고 조선인은 소·말·돼지·개와 다름이 없으며 사지가 마비되어 자동능력이 없는 병신이고 부패한 유학자의 소굴이며 국민은 노예라고 하는 등 갖은 악담을 퍼부었다. 그는 김옥균 등 개화파를 가르쳐 친일파로 만들어 일본의 침략을 쉽게 했고 청일전쟁 때는 수구파인 대원군과도 결탁하는 등 조선을 패망시키는 데 그 어느 파벌도 가리지 않았다. 그런 그를 한국에서는 조선 근대화를 지원한 은인으로 모신다니 기가 차다."[24]

그러나 일본인들은 후쿠자와가 '봉건적 문벌제도'를 철폐 대상 제1순위로 삼아 투쟁을 벌인 걸 높이 평가한다. 후쿠자와는 자서전에서

"심지어 어린이의 교제에 이르기까지 상하귀천을 구분하고 있고 어린이들의 놀이에도 문벌이 붙어 다녀 하급무사 출신 어린이들은 사족(士族) 자녀들에게 꼬박꼬박 존댓말을 써야 했다"고 썼다.[25)]

후쿠자와는 유교가 이런 풍토에 책임이 있다고 보고 유교를 격렬하게 비판했다. 그는 유교가 아시아 특히 중국과 조선을 발전 없는 사회로 전락시킨 원흉으로 인식하고 '일본의 문명화=서양화=반(反)유교'의 등식을 역설했다. 정일성은 후쿠자와가 "유교비판에 생애를 바쳤다고 해도 지나친 말이 아니다"라고 했다.[26)]

후쿠자와의 조선관

우리에게 중요한 것은 후쿠자와의 조선관일 것이다. 일본의 부국강병을 이루기 위한 과정에서 조선을 어떻게 보았느냐는 것이다. 앞으로 계속 보게 되겠지만 서너 번의 큰 변화가 있었다. 그는 1875년엔 정한론을 반대했는데 다음과 같은 논지였다.

"원래 그 나라가 어떠한 나라인가를 보면 아시아 국가 중에 하나의 소야만국이고 그 문명은 우리 일본에 도저히 미치지 못한다. 이 나라와 무역을 해도 이익이 없고 이 나라와 통신해도 이익이 없으며 그 학문은 취할 것이 없으며 나아가 자청하여 우리의 속국이 되겠다고 하여도 그것은 크게 기뻐할 일이 아니다."[27)]

그러나 후쿠자와는 1881년부터 이른바 '유도론(誘導論)'을 펴게 된다. 조선 개화파를 이용해 조선을 근대화시킴으로써 일본이 이용해먹을 수 있는 가치를 높이겠다는 것이다. 이런 생각은 갑신정변 실패 후에 크게 달라지고 청일전쟁 시엔 아예 조선에 대한 '채찍'의 필요성을 역설할 정도로 또 한 번 달라진다.

이와 관련 양현혜는 "조선을 멸시하면서 일본의 방파제로 간주하기 위해 '유도' '탈아' '협박'을 정당화하는 후쿠자와의 논리는 근대 일본인의 사상 내지 의식의 중요한 일면을 대표하는 것이었다"고 평가했다.[28]

후쿠자와를 비롯한 일본인들의 대(對)조선관은 그들 자신도 어찌할 수 없는 호전성과 대륙지향성으로 인해 어떻게 해서든 조선을 이용하거나 먹어야 한다는 지정학적 틀에 갇혀 있었는지도 모른다. 이기백이 잘 지적했듯이 지정학은 독일 나치와 일제에 의해 악용되었다. 특히 일제는 지리적 결정론이라 할 '반도적 성격론'으로 일제의 한반도 지배를 정당화, 미화했다.[29] 이제 한국은 그런 '공격적 지정학'을 극복, 타도하는 동시에 '방어적 지정학'의 지혜와 슬기를 가져야 하는 건 아닐까? 지정학을 낡고 음흉한 학문이라고 평가하기에 앞서 적어도 한일관계에 있어선 지정학은 앞으로도 계속될 숙명이 될 수밖에 없다고 보아야 할 것이다.

03

황준헌의 『조선책략』 파동

친중 · 결일 · 연미

1880년(고종 17년) 8월 수신사 김홍집이 일본에 갔을 때 초대 주일중국(청)공사 하여장의 참찬(서기관) 황준헌(황쭌셴, 1848~1905)이 그를 보자고 청해 『조선책략(朝鮮策略)』이라는 책을 건넸다. 이 책의 내용은 '친중(親中) · 결일(結日) · 연미(聯美)', 곧 중국을 더욱 가까이 섬기고 일본 · 미국과 한편이 돼 연대함으로써 러시아의 남하를 막아야 한다는 것이었다.

황준헌은 책 서두에서 "조선은 실로 아시아의 요충지여서 형세가 (외세에 의해) 반드시 다투게 마련이며 조선이 위태로우면 중동(中東)의 형세도 날로 위급해질 것"이라고 밝히면서 미국에 대해선 다음과 같이 긍정 평가했다.

"선왕(워싱턴)의 유훈을 지켜 예의로 나라를 세우고 남의 토지를 탐

중국의 외교관 황준헌과 그가 쓴 『조선책략』.

내지 않고 남의 인민을 탐내지 않고 굳이 남의 정사에 간여하지 않았다. 그 남방에 하와이란 나라가 있어 합중국에 병합할 뜻을 보였으나 저들(미국)이 거절하였다."30)

『조선책략』은 황준헌이 작성한 것으로 되어 있지만 실은 하여장의 구상이 그대로 투영된 것이었다. 청은 이리(伊犁, 중국 위구르·신장 지역) 문제로 러시아와의 전쟁이 현실로 다가서자 일본과 손을 잡고 조선을 이용하여 러시아에 대항하고자 했다. 또 속국으로 여기는 조선에 미국과 일본 등을 끌어들이면 미국·일본 등이 중국 편에서 함께 간섭해 러시아가 조선을 먹는 걸 막을 수 있으리라는 계산이었다.31)

1880년 9월에 귀국한 김홍집은 『조선책략』을 고종에게 바쳤으며 『조선책략』은 필사되어 전국에 유포됨으로써 널리 읽히게 되었다. 고종은 영의정 이최응을 불러 『조선책략』에 대해 물었다. 이최응은 다음과 같이 답했다.

"신도 그 책을 보았는데 그(황준헌)가 여러 조항으로 분석하고 변론한 것이 우리의 심산(心算)과 부합되니 한 번 보고 묶어서 시렁 높이 얹어둘 수는 없습니다. 대체로 러시아는 먼 북쪽에 있고 성질이 또 추운 것을 싫어해 매번 남쪽을 향해 나오려고 합니다. 러시아 사람들이 욕심내는 것은 땅과 백성입니다. …… 바야흐로 지금 러시아 사람들은 병선 열여섯 척을 집결시켰는데 배마다 3000명을 수용할 수 있다고 합니다. 만약 추위가 지나가면 그 형세는 틀림없이 남쪽으로 향할 것입니다. 그 의도를 헤아릴 수 없으니 어찌 대단히 위태롭지 않겠습니까."

이최응은 "방비대책은 어떠한가?"라는 고종의 물음에 다음과 같이 답했다.

"우리 스스로가 어찌 강구할 방비대책이 없겠습니까. 청나라 사람의 책에서 논한 것이 이처럼 완벽하고 이미 다른 나라(조선)에 준 것은 충분한 소견(所見)이 있어서 그런 것입니다. 그중 믿을 것은 믿고 채용해야 할 것입니다. 그러나 우리나라 사람들은 틀림없이 믿지 않을 것이니 장차 휴지로 되고 말 것입니다."[32]

영남 유생들의 만인소

이최응의 우려대로 『조선책략』에 대한 유언비어가 급속히 퍼져나갔다. 『조선책략』은 오랑캐의 사주를 받아 지은 것이라며 그런 책을 들고 온 김홍집을 의심하는 내용이었다. 『조선책략』과 그 핵심이 되는 연미론은 이최응과 의정부 당상들의 지지를 받았지만 반대 흐름이 더

거셌다.

관원들의 반대상소가 일어나기 시작했다. 1880년 11월 첫 반대상소를 한 병조정랑 유원식은 『조선책략』에 대해 함구하고 있는 성균관 유생들을 성토하는 한편, 이와 같은 문자가 나오게 된 것은 국내에 잔존하는 천주교와의 결탁이 있었기 때문이므로 이들을 남김없이 제거해야 한다고 주장했다.[33]

유원식의 상소에 영향을 받은 영남 유생(儒生)들이 벌떼처럼 들고일어났다. 퇴계 이황의 후손인 이만손을 필두로 한 이들은 1881년 3월 25일(음력 2월 26일) 상주에서 대회를 가진 뒤 "임금을 그릇된 길로 인도한" 김홍집을 탄핵하는 만인소(萬人疏, 1만 명이 연명으로 올리는 상소)를 지어 올렸다.[34]

전통적인 위정척사론(衛正斥邪論)을 내세운 만인소는 『조선책략』에 대해 "저절로 머리카락이 곤두서고 쓸개가 흔들리며 통곡하고 눈물을 흘렸다"고 감정을 토로한 뒤 그 내용을 조목조목 반박했다. 요약하면 조선은 이미 200년 전부터 중국의 속방으로서 그 직분에 충실해 왔는데 새삼 중국과 친(親)하라고 한 것은 공연히 중국을 자극하는 일이며 이미 우리의 지형지세를 잘 파악하고 있는 데다 도대체 믿을 수 없는 일본과 결탁하는 일은 위험하며 미지(未知)의 미국을 일부러 끌어들였다가 그들의 꾐과 요구에 말려 감당하기 어려운 국면에 처할 수 있으며 러시아의 경우 쓸데없이 그들을 자극하여 침범을 자초하는 결과를 가져오게 될 것이므로 황준헌이 말한 것은 백해(百害)만 있지 일리(一利)가 없는 것이라고 주장했다. 또 서학(西學)을 배우고 상공업에 힘을 다하라는 『조선책략』의 지적에 대해서는 농공업을 경제의 바탕으로 삼아온 선대의 훌륭한 법도를 해치는 것이며 사교(邪敎, 기독

교)를 전파하려는 음흉한 속셈이 깔려 있는 것이라고 주장했다.[35]

'만인소'는 막판에 수정을 했지만 세간에 나돈 것은 수정되지 않은 원본이었는데 원본은 영의정 이최응은 물론 국왕까지 비난하는 내용이었다.[36]

위정척사파·개화파의 언론전

1881년의 신사(辛巳) 척사론 가운데 그 규모가 크고 선도적이었던 영남 만인소는 이전의 정치사회적 성격과는 달리 본격적인 반외세투쟁의 성격을 띠었다. 이후 경기·충청·호남·관동 등 전국에서 상소가 일어나는 계기가 되었다.[37]

1881년 4월 21일(음력 3월 23일)에는 황재현과 홍시중의 상소가 있었다. 무과에 급제한 홍시중의 상소는 매우 격렬해 모든 외래 서적을 불살라버려야 한다고 주장했다. 이들은 유배에 처해졌다.[38]

1881년 8월 30일에는 강원도 유생들의 복합상소(伏閤上疏)가 있었다.(복합이란 나라에 큰일이 있을 적에 조신(朝臣) 또는 유생이 대궐문 밖에 이르러 상소하고 엎드려 청하던 일을 뜻한다) 이항로의 문하생인 홍재학이 주도한 상소문은 '고종 및 민씨 일파가 사학(邪學)의 주범'이라는 내용까지 담고 있어 홍재학은 서소문에서 참형에 처해졌다.[39]

한편 위정척사론을 규탄하는 개화상소도 만만치 않아 양측 사이에 언론전이 전개되었다. 예컨대 1881년 7월 사헌부 전 장령(掌令) 곽기락은 상소를 통해 위정척사론을 비판하고 일본이 서양과 수교하여 양복을 입고 양학(洋學)을 배우는 것을 우리가 금지할 것이 아니라는 것, 일본과의 통상은 쓸데없이 이를 거부하여 원수를 맺을 것이 아니라

신의를 갖고 구교(舊交)를 두텁게 해 자강(自强)의 법을 생각해야 한다고 주장했다.[40]

이재선 반역 사건

『조선책략』으로 인해 빚어진 유생들의 척사·척왜운동은 대원군과 그 지지세력을 고무했으며 이는 재집권을 위한 쿠데타 시도로 나타났다.

대원군의 서장자(庶長子)인 이재선은 1881년 9월 13일(음력 8월 21일) 경기도 지방시험을 치르기 위해 모인 유생들을 동원하여 대신들과 민씨들을 제거하려 하다가 발각되어 사사(賜死)당했다.[41] 그래서 이 사건을 '이재선 사건'으로 부르지만 진짜 주모자는 전 형조참의 안기영이었다.

안기영을 비롯하여 이 사건에 가담한 주동자들은 거의가 대원군 계열이었으며 대원군은 배후의 인물로만 머무른 게 아니라 이 사건을 직접 지휘하기까지 했다. 대원군을 제외하곤 이 사건에 가담했던 대부분의 인물들이 죄의 경중에 관계없이 처형돼 대원군의 지지기반이 붕괴되었다.[42]

2007년의 조선책략 논쟁

『조선책략』은 120여 년 후인 2007년에까지 거론되곤 했다. 2007년 2·13 베이징 합의는 6자회담의 성과로 북핵과 한반도 문제의 국제화를 의미하는 것이었다. 이와 관련해『동아일보』논설실장 이재호는 "러시아의 남하를 견제하기 위한 방아책(防俄策)이기도 했던 조선책략은 유생들의 반대로 제대로 논의조차 안 됐다. 원교근공(遠交近攻)이라고 미국이라도 동맹으로 확실하게 잡았더라면 사정은 달라졌을 것이다"라며 다음과 같이 주장했다.

"황준헌은 '모두 조선이 위태롭다고 하는데 조선은 절박한 재앙을 도리어 알지 못하니 이것이 어찌 집안의 제비나 참새가 (불붙는 것도 모른 채) 즐겁게 노니는 것(연작처당, 燕雀處堂)과 무엇이 다르겠는가' 라고 했다. 6자회담의 진정한 성공을 위해서라면 설령 '평화' 가 눈에 아른거려도 한 번쯤은 '연작처당' 의 경구를 떠올려주기 바란다."[43]

『한겨레』 선임기자 한승동은 " '2·13 합의' 이후 6자회담을 중심으로 돌아가는 동아시아 정세가 상상력을 자극한다"며 "2030년께면 미국과 버금가는 대국으로 성장할 중국이 만일 러시아와 손잡고 유럽 연합마저 무조건 미국 편들기를 거부할 경우 미국은 어떻게 대처할까. 그야말로 '신냉전' 이 도래한다면?"이란 질문을 던졌다.

"그렇게 보면 한미자유무역협정(FTA)이야말로 제2의 '조선책략'이며 북미 간의 최근 급반전도 그 연장선상에 있다고 할 수 있지 않을까. 중국을 끌어들이려면 북한을 '악의 축' '깡패국가' 로 계속 남겨놓고 악역을 맡겨온 지금까지의 대북정책을 버려야 한다. 대신 한반도에서 장차 중국의 자장이 너무 강력해지는 걸 막고 통일 한반도를 계속 속국으로 붙잡아두는 방법은 통일 한반도의 주력군이 될 한국을 FTA 체결로 미일동맹 체제에 단단히 묶어두는 것이다. 그럴 법하지 않은가. 최근 미국 조야에서 네오콘들이 무더기로 쫓겨나고 있는 건 그들이 이런 전략 변화에 방해물이 됐기 때문이 아닐까. 어쨌거나 먹이를 가로채려는 탐욕스런 제국들의 이합집산 합종연횡은 100년 전이나 지금이나 변한 게 없다."[44]

그렇다. 120여 년 전 조선을 떠들썩하게 만들었던 '조선책략의 시대'는 아직도 끝나지 않았다. 국익보다는 각 정파의 이해관계를 앞세워 반대하거나 찬성하는 행태도 과거 그대로다. 이해관계에 감정까지 연루되면 통제불능의 상태로 빠지게 되는 것도 변하지 않았다. '조선책략 사태'는 스스로 '책략'을 생산하고 실천에 옮길 수 있는 역량의 확보가 필요하다는 걸 말해주고 있지 않은가?

04

일본 시찰단 파견과
아시아주의

위정척사파 몰래 떠난 시찰단

『조선책략』은 척사파들의 거센 반발에도 불구하고 조선 정부의 정책에 큰 영향을 미쳤다. 『조선책략』은 조선의 새로운 외교 방향을 제시하고자 했던 중국의 의도가 담겨 있는 것이었는데 조선 정부는 그 의도에 부합하는 방향으로 개화정책을 추진하게 된 것이다. 1881년 초 오늘날의 외무부 격인 통리기무아문(統理機務衙門)을 설치하고 청에 영선사를 파견하고 일본에 조사(朝士, 관원) 시찰단을 파견한 것도 바로 그런 개화정책의 일환이었다.[45]

본격적인 개화추진기구로 통리기무아문의 설치와 더불어 김보현·민겸호·조영하·김홍집 등과 함께 스물한 살 나이의 민영익이 당상(堂上) 자리에 임명되었는데 이때부터 민영익은 개화정책 추진에 본격적인 시동을 걸기 시작했다."[46]

그러한 시동의 일환으로 조사 시찰단이 일본으로 파견되었다. 시찰단은 조준영(1833~1886)·홍영식(1855~1884)·박정양(1841~1904)·어윤중(1848~1896) 등 열두 명의 조사가 각각 다섯 명 내외의 수원(隨員)을 대동하는 등 총 61명으로 구성되었다. 당시는 개화에 반대하는 위정척사파 유림들의 상소가 맹렬하던 시절인지라 이들은 1881년 1월 이후 비밀리에 민정시찰을 위한 암행어사라는 명목으로 개별적으로 서울을 떠나 일단 부산에 집결했다. 이들은 극비리에 5월 7일(음력 4월 10일) 부산을 떠나 10월 18일(음력 8월 26일) 귀국하기까지 약 4개월 20일 동안 일본을 시찰했다.[47]

시찰단 파견은 이동인의 노력이 크게 작용해서 이루어진 일이었다. 이동인은 군함 구입 임무를 띠고 시찰단과 동행하기로 돼 있었다. 그러나 이동인은 일본으로 출발하기 직전 왕궁에 들어가다가 행방불명이 되었다. 강재언은 "양이론자(攘夷論子)에 의해 암살되었다는 소문이 떠돌았다"며 다음과 같이 말했다.

"홍영식·어윤중 등의 일본 시찰단이 암행어사로 변장하여 극비리에 추진되었다는 사실, 또 이동인이 일본 시찰을 눈앞에 두고 행방불명되었다는 사실 등은 당시 개화파의 활동이 얼마나 곤란한 조건 속에서 이루어졌는가의 일단을 말해주는 것이라 하겠다."[48]

반면 이현희는 이동인이 민영익의 집을 들른 뒤에 행방불명이 되었다는 설도 있다며 김홍집·이조연 등의 작용으로 암살되었을 가능성을 제시했다.

"이동인이 김홍집이나 이조연의 뜻을 외면한 채 민씨 문중으로 출입하면서 공적(功績) 위주의 행동을 하는 것처럼 보이자 김옥균 등은 그에게 충고를 해주었다. 그러나 그가 듣지 않았다고 하니 이 같은 그

일본 시찰단 파견에 큰 역할을 한 개화승 이동인(왼쪽)과 시찰단의 민영익.

의 경솔하고도 단순한 판단이 온건개화파 사상가인 김홍집 등의 비위를 상하게 하였다. 또한 김홍집의 입장에서 보면 이동인은 자기가 천거한 사람임에도 불구하고 배신행위를 자행하였고 더욱이 국가기밀까지도 누설하였다. 결국 이동인은 자신의 처신이 죽음으로까지 몰고 간 것이라 생각된다."[49]

임혜봉은 "이동인을 개화사상의 선두주자로서 선각자로 추켜세우는 것이 지금까지의 대체적인 경향이었다"며 "그러나 필자로서는 그를 '일본의 조선침략 세력에 부화뇌동한 전형적인 친일인물로 평가한다"고 주장했다.[50]

1881년 9월엔 영선사가 청에 파견되었다. 김윤식을 단장으로 한 영선사 단원은 모두 69명(실제로는 83명)이었는데 이 중 유학생 38명이 톈진 기기국(機器局)의 산하 학당에 입학했다. 유학생들은 화약이나 탄약제조법을 포함하여 각 분야의 자연과학 지식과 외국어도 공부했다. 이들은 임오군란 발생, 재정 빈곤 등의 이유로 1년 만에 돌아오고 말았지만 1883년 3월 한국 최초의 근대 병기공장인 기기창을 설립하는 데에 기여하게 된다.[51]

개화파와 후쿠자와의 만남

일본 시찰단은 그간 '신사유람단'으로 불려왔으나 이이화는 신문물을 시찰하고 견문을 넓히려는 목적이었으므로 '일본 시찰단'으로 부르자고 제안했다. 당시 '신사(紳士)'는 오늘날의 용어 개념과는 달리 관리를 의미했는데 "벼슬아치들이 어슬렁거리면서 산천 구경을 한 모임"이라는 의미로 받아들이기 쉽다는 것이다.[52]

시찰단은 국민개병제에 기반한 일본의 징병제(1872년부터 실시)에 깊은 인상을 받았는데 어윤중은 귀국 후 고종에게 양반을 포함한 전 국민을 대상으로 하는 국민개병제를 시행하여 상비군을 확보함으로써 강병을 도모해야 한다고 건의했다.[53]

일본 시찰단 파견은 신문에 눈뜨게 하는 계기도 되었다. 신문 도입에 큰 역할을 한 유길준이 신문에 대해 관심을 가진 것은 시찰단 파견 시 어윤중의 수원(隨員)으로 뽑혀 일본에 간 다음 그해 6월 8일 동경에 있는 게이오의숙(慶應義塾)에 입학하게 되면서부터였다. 한국 최초의 일본 유학생인 셈이다.

유길준 이외에 유정수・윤치호・김양한도 일본에 남아 유학생이 되었다. 유정수는 유길준과 함께 게이오의숙, 윤치호는 동인사(同人社), 김양한은 조선소에 입학했다. 이들은 모두 어윤중의 수원들로,

처음부터 유학을 목적으로 시찰단에 참여시켰을 가능성이 높다.

유길준은 게이오의숙의 설립자인 후쿠자와 유키치의 집에서 5개월 가까이 지내면서 후쿠자와가 『시사신보(時事新報)』(1882년 3월 1일~1936년 12월 25일)를 창간하는 과정을 지켜보았다.[54] 유길준은 『시사신보』 1882년 4월 21일자에 「신문의 기력(氣力)을 논함」이라는 글을 투고해 신문이 사회발전에 절대적인 역할을 한다는 주장을 펴기도 했다.[55]

후쿠자와는 『시사신보(지지신보)』를 창간한 이유에 대해 다음과 같이 말했다.

"정치적으로 싸움이 벌어지면 경제적으로도 싸움이 벌어지기 마련이다. 앞으로 한층 심해질 것이다. 이런 상황에서 필요한 것은 소위 완전중립의 견해인데 완전중립이라고 해도 말과는 달리 마음속으로는 자신의 이해 쪽으로 이끌린다면 도저히 공평한 견해를 내세울 수 없다. 그래서 지금 전국에서 조금이나마 독립적으로 생계를 유지하며 다소의 지식도 있고 정치적 경제적으로도 아무런 야심 없이 모든 것에 초연한 듯한 입장을 취하는 사람은, 주제넘은 소리를 하자면, 나 외에는 별로 없으리라 마음속으로 자문자답했다. 그렇게 해서 결국에는 결심을 하고 새롭게 착수한 사업이 바로 『지지신보』이다."[56]

『시사신보』는 창간 이후 「조선과 교제를 논함」(1882년 3월 11일)이라는 사설을 필두로 하여 10개월간 약 25편에 달하는 조선관계 사설을 발표하면서 조선과의 관계의 중요성을 강조했다.[57]

흥아회의 아시아주의

시찰단 일행은 1881년 6월 22일 신문사를 방문하여 견학하고 그날 오후에는 정치단체인 흥아회(興亞會)주최 환영회에 참석했다.[58] 1883년 1월에 아세아회로 이름을 바꾼 흥아회는 1880년 3월 10일 일본의 학자·군인·정치인들이 일본 천황의 지원을 받아 만든 어용단체였다. 이들이 내세운 아시아주의는 '일본을 맹주로 한 아시아'라는 구도였다.[59]

1881년 12월 김옥균이 은밀한 왕명을 받고 서광범·강위·변수·정병하 등 10여 명과 함께 일본을 방문했을 때에도 김옥균은 이동인의 주선으로 후쿠자와를 만나 의기투합했으며 흥아회의 토론모임에도 참석했다. 흥아회는 김옥균 일행을 열렬히 환영했다. 이 토론회에서 김옥균은 자신의 평생 신조가 된 이른바 삼화주의(三和主義)를 발표했다. 조선·일본·청 세 나라가 평화를 유지하면서 연합해 서구 제국주의에 대항하자는 것이었다.[60]

삼화주의는 조선의 희망이 담긴 것이긴 했지만 현실로 나타나는 정책에선 아시아주의의 일종으로 귀결될 수밖에 없는 것이었다. 백인종이라는 적(敵)을 설정해 일본을 중심으로 한 아시아 황인종의 단결을 부르짖는 아시아주의는 개화기부터 일제강점기에 이르기까지 많은 한국 지식인들의 지지를 받으면서 친일 논리의 지주가 되었다.

개화기 시절의 아시아주의엔 1866년 병인양요, 1871년 신미양요가 미친 영향이 컸다. 1880년 수신사로 일본을 방문했던 김홍집은 고종에게 제출한 보고서에서 유럽인에 대항하는 동아시아 '삼국연합'을 위한 흥아회의 노력에 대해 매우 긍정적으로 언급했다. 1882년 김옥균도 일본 여행에서 돌아와 고종에게 아시아주의 의견을 제출했다. 김옥균은 일본이 아시아의 영국이 되고 나면 조선이 프랑스나 이탈리아의 역할을 하게 될 것을 기대했다. 훗날 『한성순보』 제26호(1884년

6월)엔 일본인 흥아회 멤버가 쓴 글이 실렸다. 유럽 침략자들에 대항하기 위한 협력의 필요성을 역설한 글이었다.[61]

이 아시아주의의 망령은 개화기를 넘어 일제강점시기에도 내내 출몰해 큰 영향을 미치게 된다. 친일세력이 자신을 정당화하는 최대 논리도 바로 이것이었다. 중요한 건 그 어떤 주의(主義)이든 그걸 주도하거나 적어도 능동적으로 실행할 수 있는 역량이 없을 때엔 현실도피의 명분으로 전락할 수 있다는 사실이다. 개화기의 아시아주의도 바로 그런 운명에 처해지고 만다.

제7장 서양에 문을 연 조선

01

1882년
조미수호조약

미국은 영토 욕심이 없는 나라

1880년 4월 미국 정부로부터 조선과의 수교 임무를 하달받은 해군 제독 로버트 윌리엄 슈펠트는 대서양·아프리카남단·인도양을 거쳐 일본의 나가사키에 도착했다. 그는 5월 부산에서 일본영사를 통해 동래부사와의 회담을 요청했으나 거절당하자 청의 이홍장(리훙장, 李鴻章)과 조미조약을 담판했다.[1]

이홍장이 조선 문제를 맡게 된 건 1879년 일본의 류큐(琉球) 병합 때문이었다. 일본과 중국의 중간 지점에 놓여 있는 류큐는 오래전부터 "중국은 우리의 아버지이고 일본은 우리의 어머니이다"라는 식으로 양쪽에 조공(朝貢)을 바치면서 독립을 유지하고 있었는데 1879년에 일본이 이를 독단적으로 병합하여 '오키나와현'으로 개칭하고 일본의 영토로 만들어버렸다. 이에 놀란 청은 조선 문제를 그간 종속관

계로 취급하던 부서인 예부(禮部)에서 중국의 대외관계를 관장하고 있던 이홍장에게 이관시켰다.[2]

슈펠트는 1880년 8월 26일 이홍장과 가진 제1차 톈진회담을 시작으로 1882년 3월 19일~4월 22일의 제4차 회담을 통해 조미수교에 대한 최종 합의를 성사시켰다. 당사자인 조선은 배제된 가운데 이뤄진 합의였다.[3] 다만 1881년 11월 중국 톈진에서 이홍장을 만나 조미수교를 권고받은 김윤식은 상소문을 올려 고종으로 하여금 조미수교 결심을 하게 했다는 것이 조선의 참여라면 참여였다. 청은 일본의 진출을 막기 위해 조선 정부가 서양의 여러 나라와 통상조약을 맺는 것이 유리하다고 보았을 것이다.

사실 조선에도 이미 조미수교를 위한 분위기는 무르익고 있었다. 고종은 이미, 1871년 대원군이 전국에 세웠던 척화비를 철거했고 "병인(1866)·신미(1871) 양요는 우리나라가 반성해야 할 것이며 서양 배를 침략선이라고만 떠드는 것도 잘못"이라고 하였다. 게다가 강화도조약으로 인해 이제 조선은 기존의 척양(斥洋)정책을 계속 추진할 수는 없게 되었다. 미국을 호의적으로 평가한 『조선책략』의 영향도 컸다.[4]

고종은 미국을 "영토 욕심이 없는 나라"로 이해하면서 양대인(洋大人)이라 존칭했다. 미국에 대해 "부강하되 소국을 능멸하지 않는다"고 밝힌 『해국도지』의 영향을 받은 박규수도 미국을 "부(富)가 6주에서 으뜸이면서도 가장 공평한 나라"로 인식했다.[5]

조미수호조약의 평가

1882년 5월 22일 조선은 제물포 화도진 언덕에서 미국과의 수호통상조약을 체결했다. 조미수호통상조약 1조는 "일방이 제3국에 의해 강압적 대우를 받을 때 다른 일방은 중재를 한다"고 했다. 이른바 '거중조정(居中調停, good office)' 조항이다. 조선은 여기에 큰 기대를 걸었지만 훗날의 역사는 이게 아무런 의미가 없다는 걸 말해주었다.

이홍장은 "조선은 청의 속방"이라는 조문을 조약 안에 넣으려고 애를 썼고 조선의 조정도 이를 무조건 지지하고 나섰지만 미국의 끈질긴 반대로 이 조문의 삽입은 이루어지지 않았다.[6]

김원모는 "조미조약을 체결함에 있어서 청국 이홍장의 끈질긴 대한종주권 주장을 단호히 물리치고 조선왕조를 주권독립국가로 인정하고 대등한 주권국가의 위치에서 조약을 체결했다. 이로써 조선은 조청 간의 전통적인 조공관계를 청산하고 주권독립국가로 새 출발을 했다는 점에서 그 역사적 의의는 매우 크다"고 평가했다.[7]

하원호는 "조미조약은 치외법권 등 전형적 불평등조약 내용을 담고 있었으나 조선 측으로서는 일본과의 조약에 비하면 다소 나아진 것이었다. 먼저 이 조약은 열강이 조선의 관세자주권을 인정한 최초의, 그리고 유일한 조약이었다"고 평가했다.[8]

반면 김정기는 조미수호조약을 "첫째, 조미조약의 교섭을 중국과 미국이 주도했고 정작 교섭 파트너여야 할 조선은 거의 배제되어 있었다. 둘째, 조미조약의 성격은 수호조약이 아니라 불평등조약이었다. 셋째, 조약 내의 허황된 약속조항으로 고종의 숭미의식이 형성되었다. 넷째, 1905년까지 미국 정부의 조선정책은 불개입·친일정책으로 거의 일관하였다. 다섯째, 1905년까지 미국의 조선주재 외교관들은 정부 훈령에 반하여 많은 이권을 침탈했고 선교의 바탕을 마련했다"며 부정적으로 평가했다.[9]

미국과의 통상 문제를 협의하기 위해 콜로라도호에 승선한 조선의 문정관들

 미국은 조미조약에서 최혜국대우권을 얻었는데 이는 당시 세계적으로 강대국들이 약소국들의 이권침탈을 위한 도구로 이용되었다. 예컨대 영국은 1883년 조영조약을 맺어 서울에서 상점을 개설하는 권리를 얻었는데 이 권리를 얻지 못했던 미국은 최혜국대우조항 덕분에 영국이 새로 획득한 그 개설권을 자동적으로 향유하게 되었다.[10]
 1876년 이후 해안을 따라 전국 각지에 개항장들이 들어섰는데 1882년에는 서울까지 개시장이 됨으로써 외국 군인은 물론 외국 상인까지 서울에 거주하기 시작했다.[11]

『한국, 그 은둔의 나라』

1882년 10월 일본에서 활동한 미국 선교사 그리피스(William Elliot Griffis, 1843~1928)가 미국 뉴욕에서 『한국, 그 은둔의 나라(Corea The Hermit Nation)』란 책을 출간했다. 이 책은 전 세계적으로 많이 팔렸다. 그리피스는 목사직을 포기하고 전업작가로 나서긴 했지만 '기독교적 팽창주의자'로 활동했다. 미국의 개신교 선교부는 선교전략을 수립하는 과정에서 특히 이 책을 많이 참고했다. 비극은 그리피스가 일본의 조선 침략은 조선인들을 위한 행위라고 보는 친일 인사였으며 이런 시각이 이 책에 반영되었다는 사실이다.[12]

이태진은 이 책을 한국이 은둔국이었다는 인식에 가장 큰 영향을 미친 주범으로 지목하면서 "문제는 그리피스가 스스로 찬사를 보내고 있는 일본의 '성공'을 설명하기 위해 한 번도 가보지 않은 나라 한국을 비교의 대상으로 삼았다는 점이다"라고 비판했다.[13]

이태진은 '은둔국' 수사(修辭)의 정치적 함의를 파고들었다. 그는 "근대 한국은 흔히 '은둔국'으로 규정한다. 대원군 집권기(1863~1873)에 병인양요·신미양요 등 외세와 충돌한 사건들이 발생했으므로 이 기간에 한해서는 이 규정이 적절할 수 있다. 그러나 이 시기를 벗어나서도 은둔국이란 딱지는 떨어지지 않는다"며 다음과 같이 주장했다.

"1876년 조일수호조규, 1882년 조미수호통상조약, 1883년 조영수호통상조약 등 각국과의 수교 통상이 시작된 후에도 은둔국이란 규정은 철회되지 않는다. 1910년에 일본에게 나라가 병합되었을 때는 은둔과 쇄국 때문에 이렇게 병합되는 지경에 이를 수밖에 없었다는 해석이 붙기까지 하였다. 이런 인식 아래 한국 근대사는 곧 자력 근대화에 실패한 역사로 평가되었다. 한국인들은 지금도 국제적으로 어떤 큰 시련을 겪게 되면 '실패한 근대'를 들먹인다."[14]

이어 이태진은 "한국이 근대화에 실패한 것은 지금까지 알려진 것처럼 전적으로 자체에만 문제가 있었던 것이 아니다"며 다음과 같이 주장했다.

"오히려 한국은 뒤늦게나마 적극적으로 국제 사회에 진출하고자 하였지만 이웃한 일본의 침략주의, 중국의 해묵은 국가이기주의로 방해를 받고 말았다. 한국은 국방력이 약하여 이를 극복하지 못한 것이지만 근대화의 의지마저 결여했다는 것은 역사적 진실이 아니다. 한국 역사학계는 이러한 잘못된 인식을 바로잡기 위해 새로운 차원의 연구와 정리 작업을 서둘러야 한다."[15]

너무 늦은 건 아닌가?

이태진의 이런 주장에 대해, 조선이 1876년 조일수호조규와 1882년 조미수호통상조약 이후엔 적극적 자세를 가졌다는 건 진실일망정 그게 너무 늦은 시점이 아니었는지, 그리고 그 의미가 매우 중요한 게 아닌지 하는 의문을 제기할 수 있겠다. 강재언의 다음과 같은 주장을 참고해보는 게 좋겠다.

"조선의 비극은, 이웃 나라 일본이 서양의 종교와 학술을 분리하여 양학을 수용함으로써 서양관에 일대 변혁을 이룬 시기에, 1801년의 신유교난으로 시작된 천주교 탄압의 와중에 반서교(反西敎)에서 반서양(反西洋)으로 전환하고 '쇄국양이'의 틀 속에 틀어박혀 아시아 최후의 '은자의 나라'가 되고 말았던 데에 있다. 그리고 '서학 부재' 상태에서 1882년에 겨우 미국이란 서양세계에 문호를 개방하였다. 이미 양국 간의 국력에는 하늘과 땅만큼의 차이가 벌어져 있었다."[16]

사회진화론에 대해선 나중에 자세히 다루겠지만 이태진의 주장에 대해선 사회진화론에 대한 비판과는 정반대의 관점에서 이의를 제기할 수도 있겠다. 제국주의 기운이 전 세계를 덮치고 있던 시절 국가 간의 관계에서 다른 나라의 침략주의나 국가이기주의를 비판하는 게 무슨 소용이 있을까? 근대화의 의지를 국방력과 분리시켜 말해도 되는 걸까? 물론 식민주의 사관의 잔재가 아직 한국 사회를 억누르는 점이 있다는 점에서 이태진의 주장은 경청할 점이 있는 건 분명하지만 이 경우에도 최소한의 균형은 필요하지 않을까 하는 의문을 제기해볼 수 있겠다.

조미수호조약과 한미 FTA

1982년 '한미수교 100주년' 기념행사가 성대하게 열렸다. 삼성은 미국 내에 토지를 사서 슈펠트의 흉상을 세웠다. 한국 정부는 개항기에 한국에서 활동한 대부분의 미국인들에게 훈장을 추서했고 언론과 보수학계에서는 각종 기념 심포지엄과 기념논문집을 추진했다.[17]

2006년부터 한미자유무역협정(FTA)을 계기로 124년 전의 조미수호조약이 다시 화제가 되었다.

2006년 8월 서울대 교수 송호근은 한미 FTA에 대해 "경제적으로는 제조업 '약진', 서비스와 금융 '침해', 농축업 '대체로 파산'. 사회적으로는 하위 소득 일자리의 대량 파괴와 사회 양극화 심화. 이는 단기적 전망이고 장기적 전망은 여전히 두 개로 갈린다. 'G10행 급행'이라는 예찬론과 '마킬라도라(중남미형 수출자유지역)로 가는 쪽문'

이라는 비관론. 자, 그러면 이제 가부를 결정하자. 필자는 매우 조심스럽게 '가' 쪽이다"라며 다음과 같이 주장했다.

"양자협상만이 트여 있는 길이라면 미국과 겨루자. 올인에는 오기가 필요한 법, '살아남을까?'를 '살아남아야 한다'로 바꾸고 주눅 든 역사의 화려한 반전을 꾀하자. 미몽에서 헤맸던 1882년 조선이 통상조약을 미국과 체결했듯 운명의 연장선에서 항상 어른거렸던 나라가 미국이었다. 그 운명을 받아들이되 마치 핵탄두가 터진 듯한 충격을 완화할 사회적 대피소를 중층적으로 만드는 일에 나서는 것이 더 현명하다."[18]

2007년 4월 『중앙일보』 기자 배영대는 "조미수호통상조약은 우리가 쇄국에서 개국으로 가는 새로운 도전의 선택이었다. 하지만 당시 우리의 힘은 너무 약했다. 대등하게 협상할 수 없었다. 곧이어 한반도에서 벌어진 청일전쟁과 러일전쟁, 그리고 을사늑약에 이은 일본의 침략에 무기력하게 대응할 수밖에 없었다. 조선은 미국이 일본의 침략을 제지해줄 것으로 기대했으나 그것은 조선의 일방적인 생각이었다. 한국과 미국이 다시 만난 것은 해방 이후며 한국전쟁을 거치면서 혈맹이 된다"며 다음과 같이 주장했다.

"2007년 한국과 미국은 또 한 번의 뜻 깊은 역사를 펼쳐가고 있다. 한미 FTA 타결이 그것이다. 125년 전에 그랬듯이 오늘의 한미 FTA 선택도 새로운 도전과 기회를 예고하고 있다. 지난 125년간 무엇이 달라졌나. 학계에서는 우리의 역량이 놀라울 정도로 향상된 점을 가장 큰 차이로 꼽는다. 125년 전의 형편없던 지위에서 이제는 세계 최강대국인 미국의 의회와 대통령도 신경 쓰는 협상 파트너로 성장한 것이다. 양국 간 협상에 반대하는 여론과 시위가 치열하게 전개되는 점도 125년 전과 달라진 모습으로 지적된다."[19]

　그러나 문제는 국가 단위의 그런 계산만으론 끝나지 않으며 끝날 수 없다는 데에 있을 것이다. 오히려 문제는 내부에 있다. 조선시대의 양반-평민 구조는 오늘날 양극화 구조로 바뀐 채 상존하고 있다고 보아야 하지 않을까? '핵탄두가 터진 듯한 충격을 완화할 사회적 대피소를 중층적으로 만드는 일'을 할 수 있는 의지와 역량이 있는가? 한국은 여전히 내부갈등을 다루는 데에 무능한 나라는 아닌가? 이런 물음에 대한 답도 같이 모색되어야 할 것이다.

02

축구를 신고 온 영국 군함

신라의 통일을 가능케 한 축국?

누구나 한 번쯤은 길을 걷다 발에 걸리는 무엇인가를 걷어차본 경험이 있을 게다. 이 능력이나 버릇이 현대인만의 것일까? 인간이 직립보행을 시작한 이후부터 갖게 된 게 아니었을까? 아니면 적어도 어떤 형태로든 발가락을 보호할 수 있는 신발을 신게 된 이후부터 나타난 게 아니었을까?

『삼국사기』와 『삼국유사』는 신라시대에도 '축국(蹴鞠)'이란 놀이 형태의 공차기가 있었다고 기록하고 있다. 삼국 통일의 주역인 신라의 김유신과 김춘추가 농주(弄珠)를 가지고 노는 축국을 했다는 것이다. 축국은 둥근 놀이기구, 이를테면 가축의 방광이나 태반에 바람을 넣어 차거나 던지는 놀이였을 것으로 추측된다.[20]

그 무렵의 당나라 문헌에는, 넓은 빈터에 몇 길(장)되는 장대를 양편에 꽂고 그 장대 위에 망을 친 다음 7~9명씩 짝지어 공을 차는데 그 망 위에 공을 얹는 편이 득점을 하는 것으로 기록돼 있다. 이규태는 신라의 통일이 바로 이 축국에서 비롯되었다고 주장했다.

"신라 통일의 쌍벽은 김춘추와 김유신이다. 이 통일공신이 손을 잡고 유대를 맺게 된 계기가 축국이기 때문이다. 이들이 젊었을 때 어느 날 김유신의 집 앞에서 서로 반대편이 되어 축국시합을 했던 것 같다. 김유신이 태클하는 바람에 김춘추의 옷고름이 떨어져 나갔고 반칙을 범한 김유신은 그 길로 김춘추를 집에 데리고 들어가 누이동생인 문희로 하여금 옷고름을 꿰매게 했다. 이것이 김춘추와 문희를 꿰맨 것이 되고 더 나아가 김춘추와 김유신을 꿰맨 것이 되었으며 더 나아가 신라 통일의 대업을 꿰맨 것이 되었던 것이다."[21]

조선시대 정조 때에 간행된 『무예도보통지』에 따르면 "국(鞠)은 곧 구(毬, 球)라는 글자이므로 축국은 공놀이인 것이다. 옛날에는 털을 모아 묶어서 만든 공을 사용했는데 지금은 뱃속의 어린애를 싸고 있는 삼(胎) 같은 것을 사용한다. 생각건대 이것은 즉 소의 오줌통으로 만든 공일 것이다. 이 속에 공기를 불어넣어 찬다."[22]

가축의 방광을 공으로 이용하는 놀이는 16세기 이탈리아에서도 성행했다. 한국은 『삼국사기』와 『삼국유사』의 기록에도 불구하고 축구 종주국임을 주장하지 않는 반면, 이탈리아인들은 바로 그 16세기 놀이를 들어 이탈리아야말로 축구의 진정한 기원지라고 굳게 믿고 있다.

"이탈리아 피렌체에서는 16세기 축제 기념일에 정기적으로 칼초(calcio, '공차기'라는 뜻) 경기가 행해졌다. 이는 100명에 가까운 선수가 모여 사람의 두개골이나 동물의 방광을 부풀려 만든 공을 발로 차거나 주먹으로 쳐서 전진하는 형태의 거친 경기였다."[23]

1882년 축구를 싣고 온 영국 군함

영국을 모태로 하는 근대 축구가 한국에 전파된 것은 1882년(고종 19년) 6월 인천항에 상륙한 영국 측량함 플라잉피시(The Flying-fish)호의 승무원들을 통해서였다. 플라잉피시호의 해군 승무원들은 선상생활의 지루함을 덜기 위해 연안 부두에서 공을 찼고 호기심이 가득한 눈으로 지켜보는 주민들에게도 축구를 가르쳤다. 이후 주민들이 선원들이 두고 간 공을 차면서 한국의 근대 축구는 시작됐다. 영국 해군이 조선 정부의 허락도 없이 상륙했다 하여 선상으로 쫓겨 가면서 공을 놓고 갔고 이 공을 아이들이 주워 영국인들의 흉내를 냈다는 주장도 있다.[24] 한국 축구의 시작을 1882년으로 보는 근거다.

플라잉피시호가 놀다간 지 1개월이 지난 1882년 7월엔 다른 영국 군함 엥가운드호가 인천항에 입항했다. 승무원들은 서울에 들어와 축구를 했는데 이때 많은 사람들이 몰려들어 구경했다. 승무원들은 구경하던 사람들에게 공을 주었고 이후 공놀이가 서울에서도 시작되었다.[25]

2004년에 재현된 갑판축구

바로 그런 역사적 근거 때문에 훗날 "한국 축구는 축구 종가 영국의 피를 물려받았다"는 말까지 나오게 되었다.[26]

2004년 6월 22일 인천항에 정박한 영국 군함 엑시터호 함상에, 한국축구협회 전시관에 보관 중이던 1920년대의 축구공과 저고리와 대님 차림의 사람들이 등장했는데 이는 한국 축구의 효시가 된 갑판축구가 재현된 무대였다.[27]

당시 흰색 바지저고리에 대님을 매고 머리에 상투까지 튼 조선 축

1906년 지금의 서울 삼선교에서 축구를 하는 대한체육구락부.

구팀이 영국 해군과 축구를 하던 모습을 재현한 것이다. 이 행사는 2003년 9월 대한축구협회가 창립 70주년을 맞아 주한영국대사관에 공로패를 전달하는 과정에서 아이디어가 나왔고 영국 군함이 국내에 입항하면서 이뤄지게 됐다. 행사에는 양팀 선수단 각 15명, 응원단 500여 명이 참가했다. 한국 선수들은 구한말 전통 평민 복장인 흰색 바지저고리에 대님·흰색 머릿수건을 둘렀고 두 명은 별도로 도포를 입고 갓까지 썼다. 영국 해군도 전통 평민 복장을 갖춰 입었다.[28]

한국 최초의 공개 축구경기가 이루어진 건 1882년으로부터 20여 년이 지난 1905년이다. 이후 축구는 한국인의 카타르시스 매체로 중요한 기능을 수행하게 된다. 심지어 2000년대까지도.

03

외국군의 주둔을 불러온
임오군란

화적으로 전락한 농민

1882년 봄 가뭄으로 민심이 흉흉했다. 7월에 접어들면서 영의정 홍순목(1816~1984)은 흉년 때문에 수도 안팎 백성들에게 심각한 우환이 있을 걸 예측했다. 일본공사 하나부사(1842~1917)도 쌀값 폭등으로 인한 폭동을 예상하고 있었다.[29] 당시 조선은 민씨 척족 정권의 무능과 부패로 국고가 바닥나는 극한상황에 처해 있었기 때문에 이 같은 우려는 결코 기우가 아니었다. 정환덕의 『남가몽』은 당시 상황을 다음과 같이 기록했다.

"상감(고종)이 갑자년(1864)에 즉위한 뒤 임오군란이 일어난 1882년까지 19년 동안 곤궁(민비)은 음악을 지나치게 좋아하시어 배우들을 궁중에 데려다가 노래 부르게 하고 기생들로 하여금 묘기를 부리게 하기를 하루도 거르지 않았다. 그러니 그 상으로 하사한 금품이 수를 기록할 수 없을 정도로 많았다. 이 때문에 백성은 극도로 곤궁해지고 국고는 탕진되어 바닥이 드러났다. 그러나 배우들은 배가 불러 죽을 지경이었고 군인들은 배가 고파 죽을 지경이었다. 궁중에서는 비록 태평세월이라 할 수 있었겠으나 민간은 만신창이가 된 빈사의 세상이었다. 이때를 당하여 '하늘의 경고(천경)'가 여러 번 나타나고 인심이 흩어졌으니 무슨 변란인들 일어나지 않았겠는가."[30]

도저히 먹고살 길이 없는 농민들은 화적(火賊)으로 내몰렸다. 횃불을 들고 다니며 부호를 습격할 때에도 주로 화공(火攻)을 쓴다고 해서 화적 또는 명화적(明火賊)이라는 이름이 붙은 이 도적 무리는 다른 도적·강도와는 달리 수십 명 이상의 규모와 일정한 조직체계를 갖고 있었다. 두목 아래에는 몰락양반으로 추측되는 지식분자가 모사(謀士)로 간여하기도 했다.[31]

화적은 그간 늘 있어 왔지만 보다 조직적이고 강력한 세력으로 부각된 건 1882년부터였다. 이때부터 화적은 "없는 날이 없고 없는 곳이 없다"고 표현될 정도로 기승을 부렸다. "정의의 이름으로 왜구를 토벌할 것이다"라는 명분을 내세워 부자에게 돈을 요구하는 화적도 있었지만 굴총(掘冢)에 재미 붙인 화적들이 가장 많았다. 이는 직접 무덤을 파 해골을 꺼내거나 서찰을 보내 무덤을 파헤치겠다고 위협해 돈을 탈취하는 방법이었다.[32] 굴총은 1885년부터 일반화되었다.[33]

이에 대해 김양식은 "더욱이 당시 부호들은 많은 산을 소유하고 있었고 가난한 농민들은 무덤을 쓸 자리도 없는 실정이었다. 그에 대한 빈농들의 강한 불만과 저항이 굴총이란 형태로 표출된 것이다. 그것은 곧 화적의 의식 속에 중세적인 국가권력과 신분사회와 유교적 지배이데올로기를 부정하고 있다는 반증이다"라고 평가했다.[34]

왜놈을 몽땅 죽여버리자

그렇게 먹고살기가 어려운 시절이던 1882년 7월 18일은 군인들의 봉급날이었다. 구식군대의 병졸들은 개항 뒤 새로 만든 신식군대인 별기군에 비해 차별적인 대우를 받았으며 1년 넘게 급료를 받지 못하고 있었다. 일본공사 하나부사의 권고로 1881년에 창설된 별기군은 양반 자제 80명(임오군란 당시 400명)을 사관생도로 교육시킨 최신식 부대였다.

그러나 말이 좋아 최신식이지 양반 자제들로 꾸린 군대니 군기가 설 리 만무했다. 생도들은 자신을 가르치는 교관인 우범선(1857~1903)이 중인 출신이라는 이유로 반말을 했다. 이에 분노한 우범선은 생도를 집합시켜놓고 일장연설을 했다. 그는 생도들의 반말에 대해 "어찌 그것이 스승을 대하는 도리가 되며 관직을 대하는 조정의 체면이 되겠는가"라고 꾸짖은 뒤 "나는 실로 담 있는 사나이로 더 참을 수 없으니 이 자리를 떠나겠다"고 했다. 실제로 떠나버렸으니 그는 '탈영'을 한 셈이었다. 이게 큰 사회문제가 돼 양반사회가 들고 일어나 처벌하려고 하자 우범선은 일본으로 망명해버렸다.[35]

이 우범선 사건이 시사하듯이 당시 군대 내의 갈등은 '신식'이니 '구식'이니 하는 걸 떠나서 신분상의 차이에 따른 대우 문제가 불거진 것이기도 했다. 게다가 신식군대를 창설하는 대신 구식군대는 5영에서 2영으로 감축해 수많은 군인들이 졸지에 실업자 신세가 되었다. 여기에 더하여 구식군대의 병졸들이 13개월 만에 한 달치 급료라며 받은 건 무게를 늘리기 위해 물을 부어 썩거나 모래가 섞인 쌀이었다. 군졸들은 격분해 7월 19일(음력 6월 4일) 들고 일어섰다. 처음엔 몸싸움 수준에 불과하던 것이 7월 23일에는 대대적 시위로 발전했다. 『남

일본식 군대인 별기군. 별기군과의 차별도 구식군대의 군인들이 불만을 가진 한 요인이었다.

『가몽』은 그 과정을 이렇게 기록했다.

"한 마리 개가 짖으면 두 마리 개가 따라 짖는 법이고 일시에 짖어대면 천백 마리가 떼를 지어 짖어대는 법이다. 한 사람의 군졸이 주동하여 일어나면 두 사람의 군졸이 제창하여 일어나고 일시에 제창하고 일어나면 5000명의 군졸이 호응하여 일어나게 된다. 원래 5영의 군인 수는 5772명이었다. 이와 같은 다수의 군중이 들고 일어나면 누가 감히 막을 수 있겠는가. 군료를 여러 달 지급받지 못한 군사들의 분통과 원망이 쌓여 동심동력으로 일시에 들고 일어나니 고함지르는 소리와 하나로 합친 형세가 바람이 휘몰아치는 것과 같고 비가 거꾸로 쏟아 퍼부어지는 듯했으며 하늘이 무너지고 땅이 쪼개지는 것과도 같았다."[36]

정부가 처음부터 합리적으로 대처했더라면 일어나지 않을 수도 있는 봉기였다. 각종 공납미(貢納米)를 맡는 관청인 선혜청 당상(堂上) 민겸호는 난동에 앞장선 병사 네 명을 체포하라고 명령했는데 체포된 이들이 사형으로 죽는다는 소문이 퍼졌다. 이 소문을 들은 병사들이 거리로 뛰쳐나갔던 것이다. 이들 중 일부는 군부 실력자인 무위영(武衛營) 대장 이경하(1811~1891)의 집으로 달려가 민겸호의 비행을 규탄했다. 이경하가 해산명령을 내리자 군졸들과 합세한 성난 군중은 그의 부하 여러 명을 살해한 뒤 그를 내쫓았다. 또 민겸호의 집을 습격해 방화했다.[37]

290년 만의 대사건

일이 이렇게 벌어지자 주동자들은 내심 불안했을 것이다. 그래서 대원군을 찾아갔다. 이 사태를 주시하고 있던 대원군은 표면상으론 달래는 한편 이면(裏面)으론 그들에게 밀계(密計)를 내려 활동케 했다. 이제 주동자들은 자신감을 갖고 임하게 되었다.[38]

이 사건이 일어나기 직전 반일(反日)감정은 극에 이른 상태였다. 1882년 3월경엔 일본인들이 "조선 부인을 보면 그 피를 빨아 먹는다"는 유언비어가 나돌기도 했다.[39] 성난 군중은 서울을 점령한 가운데 "왜놈을 몽땅 죽여버리자"고 외치며 서대문밖 일본공사관도 습격했다.[40] 일본공사 하나부사와 공사관 직원들은 비밀서류를 파괴하기 위해 공사관에 스스로 불을 지르고 간신히 인천(제물포)으로 도망쳐 영국 군함 플라잉피시호를 타고 나가사키로 귀국했다.[41]

다음 날인 7월 24일 도성 안팎의 하층민이 연합한 1만여 명의 군중은 영의정 출신이자 대원군의 둘째형 이최응의 집을 습격하고 이최응을 처단했다. 창덕궁도 함락했다. 이 같은 "백성들의 범궐(犯闕) 행위는 임진왜란 때 왜군의 궁궐 점령 이후 290년 만의 대사건"이었다.[42]

군중은 궁궐에 도피해 있던 민겸호·김보현 등을 즉사시키고 민비를 찾는 데 혈안이 되었다. 이와 관련해 배항섭은 "임오군란에서 주목되는 점은 도시하층민으로 구성된 하급군병들이 집권 관료들을 죽이고 궁궐을 쳐들어가 왕비를 죽이려 했다는 사실이다"라며 "이것은 일반적인 민란에서는 상상하기 힘든 행위로 그 배후에 대원군이 있었다 하더라도 민중운동의 전개에서 획기적인 의미를 가진다"고 했다.[43]

궁정이나 관아의 필요물자를 공급하는 대신 몇 가지 상품의 독점판매권을 허용받은 어용상인인 시전상인도 평소 원성의 대상이었기에 군중은 상점을 파괴하고 상인 100여 명을 살해했다.[44] 사찰과 무당집도 습격의 대상이 되었는데 이에 대해 김정기는 다음과 같이 말했다.

"민심이 흉흉하고 살기가 어려운 사회일수록 백성들이 즐겨 찾아가 정신의 위안을 받는 곳이 바로 절과 치성터일 텐데 이곳을 파괴하는 상식 밖의 해괴한 일이 벌어졌다. 서울 근교의 모든 절과 치성터는 물론 전국의 유명한 치성터를 민비가 거의 독점하다시피 쓸어버린 결과였다. 왕자의 무병장수를 갈구하는 민비의 욕심 때문이었다. 여기에 드는 막대한 재물과 비용은 국가재정을 축냈고 이 축난 재정은 세금의 남징과 어용상인인 시전상인·공인(貢人)의 부담으로 메워졌으며 어용상인은 이 부담을 판매상품의 가격등귀로 해결할 수밖에 없었다."[45]

정말 그랬을까 하는 의아한 생각이 들긴 하지만 황현의 『매천야록』에 따르면 민비는 무당과 점술가 등을 불러들여 궁궐에선 굿놀이·불공놀이·치성놀이가 끊일 사이가 없었으며 세자의 병약함을 낫게 하기 위하여 금강산을 비롯한 명산대천에 기도를 드리는 데 돈 · 쌀 · 포 등을 퍼붓다시피 했다고 한다.[46]

대원군의 재집권

이 군란으로 민겸호 · 김보현 · 이최응 등 판서급 이상 고관 여섯 명, 시전상인 100여 명, 일본인 열세 명이 살해되었다. 사태 수습은 불가능해 보였다. 고종은 7월 25일 대원군의 입궐을 요청해 전권을 대원군에게 위임했다. 이에 따라 대원군이 다시 정권을 잡게 되었다.

군란을 일으킨 병졸들이 대원군의 집권을 원한 이유는 대원군이 1차 집권 시기에 양반귀족관료 · 대지주 · 특권상인 세력을 견제하면서 도시하층민과 농민들의 경제적 부담을 감소시켜주었기 때문이었을 것이다.[47]

임오군란의 원인은 무엇이었을까? 대원군은 민씨 척족의 부패, 청은 대원군의 선동 때문이라고 주장했다. 여기에 '조선 쌀의 일본 유출에 따른 쌀값 폭등설'이라는 외인론(外因論)이 가세했다. 그러나 김정기는 쌀의 일본 수출량이 전체 생산량에서 차지하는 비율은 1880년 0.93퍼센트, 1881년 0.45퍼센트로 미미했으며 오히려 가뭄이 쌀값 폭등의 주범이었다며 다음과 같이 주장했다.

"임오군인항쟁의 배경은 안으로 대원군 실각(1873) 이후 9년 남짓 펼쳐진 민비와 그 척족의 준제도화된 부정부패(국고 탕진)가 횡행하고 자금도 없이 무계획적으로 개항정책(개화정책)을 무리하게 추진한 데다 밖으로는 1876년의 조규체제에 기반하여 일본이 다방면에서 조선 침투를 독점적으로 자행한 결과, 바로 내외 두 요인이 상승작용한 데 있다. 즉 민중의 위기의식에 민족적 위기의식마저 중첩된 국가의 위기상황이 바로 항쟁의 배경이 되는 것이다. 항쟁의 발단은 민겸호의 연 10만 섬 안팎에 이르는(서울 쌀 소비량의 10분의 1) 군대 봉급 쌀 횡령과 시전상인들의 쌀 매점 그리고 그해 덮친 가뭄이 어우러져 생긴 서울의 쌀값 폭등(2~3배)이었다."[48]

집권 후 대원군은 즉각 상품의 매점행위를 중지시키고 1000여 명의 시전상인들을 처형했다. '살인적 물가고를 대량 살인으로 해결'한 것이다.[49] 또한 대원군은 행방이 묘연한 민비의 국상을 서둘렀다. 시신이 없어 국상을 치를 수 없다는 반대를 무릅쓰고 대원군은 민비의 옷을 시신으로 삼아 염을 한 뒤 관에 넣고 장례식부터 치러 민비의 죽음을 기정사실화하려 했다.[50] 민비의 '정치적 매장'을 시도한 셈이다.[51]

대원군, 33일 만에 물러나다

그러나 곧 청이 개입하고 나섰다. 청의 오장경은 이홍장 부대의 최정예 3000명을 이끌고 인천의 일본군을 피해 8월 20일 경기도 남양만의 마산포에 상륙했다. 훗날 악명을 떨치게 되는 청년사관 원세개(袁世凱·위안스카이, 1859~1916)는 이 부대의 군수참모격이었다. 상륙하자마자 민가를 습격, 약탈하는 등 행패를 부리기 시작한 청군은 수원을 거쳐 8월 25일 서울에 도착했다.[52]

8월 26일 오장경(우창징, 吳長慶) 등은 고종을 예방한 다음 운현궁으로 대원군을 예방했다. 이 예방에 판단이 흐려졌던 걸까? 대원군은 그날 오후 청군 막사로 오장경을 방문했는데 여기서 그만 포로가 되고 말았다.

결국 대원군은 33일간의 집권(7월 24일~8월 26일) 끝에 중국 텐진(天津)으로 압송되었다. 대원군은 이곳에서 4년간 유폐생활을 하게 된다. 개혁조치로 인기가 급등했던 대원군이 압송되자 대원군은 '민중의 구원자요 민족의 수호자'라는 신화가 창조되면서 민중 사이에 반중국(반청)의식이 확산되었다. 게다가 청군은 '군란의 난당'을 완전 소탕한다는 명목으로 군인 집단거주지인 왕십리와 이태원을 야습, 초토화하여 반중의식을 심화시켰다.[53]

군란에 참여한 군인들과 빈민층은 도망쳤지만 이들에겐 현상금이 붙어 있어 갈 곳이 없었다. 이들은 화적이 될 수밖에 없었다. 1882년 이후 화적이 급증한 데는 바로 갈 곳 없는 이들이 화적으로 변신한 탓이었다.[54]

조선이 청군의 파병을 요청했느냐, 또 했다면 누가 했느냐에 대해 지금까지 논란은 계속되고 있다.

이태진은 청군의 조선 출병은 조선 정부의 자진 요청에 의한 것이 아니라 원세개에 의해 강요된 것이었다고 주장했다. 그렇다고 해서 "조선 정부나 국왕의 책임이 완전히 면해지는 것은 아니지만 양자 사이에는 의미상 엄청난 차이가 있다"는 것이다.[55]

서영희는 "임오군란 시 고종이 청군을 불러들임으로써 개화파 관료들의 자주외교 노력을 좌절시키고 결국 망국의 길을 튼 과오가 너무 크다"는 이영훈의 주장은 '사실에 대한 대단한 무지'라며 다음과 같이 반박했다.

"임오군란 당시 파병을 요청한 것은 고종이 아니라 텐진에 체류 중이던 김윤식과 어윤중 등 온건개화파였으며 청나라 측에서는 출병을 요청하는 고종의 친서라도 얻으려고 했으나 유폐 중이라 불가하다는 어윤중의 말을 듣고 고종의 뜻과 상관없이 청군의 출병을 결정한 것이다."[56]

이에 대해 이영훈은 "저는 고종이 직접 요청하지 않았다는 주장에는 동의합니다만 사후 재가는 있지 않았을까 추측합니다. 파병 이후 조선 내부에서 심각한 저항이 없었기 때문이지요"라면서 "국내에서 발생한 정변을 빌미로 외국 군대가 그렇게 손쉽게 수도 한복판으로 주둔해올 수 있었다는 사실 자체가 저는 당시 위정자들의 머릿속에 박혀 있는 어떤 고정적인 국제 관념을 잘 반영한다고 생각합니다"라고 말했다.[57]

이에 대해 이태진이 "뭔가 오해를 하고 있는 것 같은데 군대를 요청한 적이 없어요"라고 반박하자 이영훈은 "파병 요청이 사실이든 아니든 간에 그렇게 간단히 청군이 출병하여 수도에 진입할 수 있었다는 사실 자체가 하나의 독립국으로서 조선과 중국의 관계를 생각할 때 잘 납득이 안 된다는 것이지요"라고 말했다.[58]

조청상민수륙무역장정과 개화윤음

임오군란 이후 청의 세력에 의지하는 민씨 일파가 정권을 장악하게 되었고 청은 원세개가 이끄는 군대를 서울에 남겨놓고 내정을 간섭했다. 엎친 데 덮친 격으로 일본으로 도망친 일본공사 하나부사는 8월 12일 육군보병 1개 대대, 네 척의 군함 등 1200여 명의 병력을 이끌고 서울에 침입해 지금의 충무로2가와 을지로2가 일대에 주둔하며 보상을 요구했다.

조선 정부는 8월 30일 제물포조약을 체결, 주권을 침해당했다. 제물포조약 제5조에는 일본공사관에 약간의 경비병력을 둘 수 있게 하고 1년 후에 경비대를 철수할지 여부는 조선 정부가 아니라 일본이 판단하는 것으로 명문화되었다. 이 조약에 따라 '공사관수비대' 또는 '공사관호위대'라는 이름의 1개 중대가 남게 되었다.[59]

한편 김옥균·박영효·홍영식·서광범 등 급진개화파 인사들은 청의 내정간섭과 청에 의존하는 정부의 사대정책에 반발했다. 이들의 주권 개념 수용은 국제법 서적 『만국공법』을 통해서였지만 구체적인 자주독립 의지는 바로 이 임오군란을 계기로 형성되었다.[60]

특히 1882년 10월 4일(음력 8월 23일) 청의 강요에 못 이겨 굴욕적으로 체결한 '조청상민수륙무역장정(朝淸商民水陸貿易章程)'은 조선이 청의 속국임을 명기하고 있을 뿐만 아니라 다른 조항들도 하나같이 불평등한 내용을 담고 있어 급진개화파의 청에 대한 반감은 더욱 강해졌다. '장정'이라는 용어 자체가 문제였다. 정(程)은 법식(法式), 장정(章程)은 여러 조목으로 나누어 정한 규정을 의미하는데 '조약'은 독립국 사이에나 가능한 것이고 조선은 중국의 속국이므로 중국 황제의 특별 허가만으로 효력을 갖게 되는 '장정'이 옳다는 게 청의 주장이었다.[61]

이 장정은 최초로 청인들에게 서울 지역에서 점포를 갖추어 상거래할 수 있는 권리를 부여했을 뿐만 아니라 여행권을 소지할 경우 개항장 밖으로의 통상이 가능한 내지통상권과 더불어 연안무역권까지 인정했다. 이로 인해 전국의 상권이 위협을 받게 되었으며 이때 인정된 특권은 이어 체결된 조영신조약에도 그대로 적용되었다.[62]

1882년 12월 13일(음력 11월 4일) 청의 지도하에 조선의 정치와 외교를 지도하는 고문으로, 독일인 묄렌도르프(Paul G. von Moellendorff·穆麟德, 1848~1901)와 마건상(馬建常)이 서울에 도착했다. 서구인으로서 공식적으로 조선에 들어온 첫 번째 사람이자 조선 최초의 외국인 관리가 된 묄렌도르프는 이홍장의 조언에 따라 고종을 알현할 때 심한 근시안이었는데도 안경을 벗고 삼궤구고(三跪九叩, 세 번 무릎을 꿇고 아홉 번 머리를 조아림)를 함으로써 고종의 호감을 샀다. 그는 나중에 친로배청(親露背淸) 노선으로 돌아서 이홍장의 눈 밖에 나기까지 2년 9개월 동안 재임하게 된다.[63]

임오군란은 조선의 상황을 더욱 복잡하게 만들었다. 임오군란은 조선에서의 일본세력을 약화시키고 청의 지위를 상대적으로 강화시키는 결과를 초래했지만 그와 동시에 개화정책을 강력하게 추진하는 계기가 되었다.

청국의 군사적 개입, 대원군의 중국 압송이라는 불확실한 정세하에서 재집권한 고종은 이른바 '개화윤음(開化綸音)'을 발표하여 어수선한 정국을 타개하려 했다. 윤음은 임금이 신하나 백성에게 내리는 말로 오늘날의 법령과 같은 위력을 갖고 있다. '개화윤음'은 그간 위정척사파들의 눈치를 보느라 비밀리에 추진해온 서구 열강과의 조약체결을 전면적으로 공개했다.

고종은 개화윤음에서 국제 정세가 이미 강대국과 수교치 않고는 국가존립이 어렵다는 점을 지적한 뒤 부국강병의 필요성을 역설했다. 유승주는 개화윤음이 "그간 유림의 일각에서 일고 있었던 동도서기 사상을 현실적인 명분론으로 승화시킨 계기가 되었"다고 평가했다.[64] 김성우는 "'개화윤음'의 반포로 종래의 쇄국·개국논쟁에서 개국론이 우위를 점하게 되었고 정부의 정책 추진 방향도 개국정책으로 가닥이 잡히게 되었다"며 "이러한 정부의 적극적인 개화정책에 힘입어 다양한 개화소(開化疏)가 답지하게 되었다"고 평가했다.[65]

급진개화파와 온건개화파의 분리

급진개화파의 활동은 1882년 8월 박영효가 임오군란의 뒤처리를 위해 수신사로 일본에 가게 된 뒤부터 활발히 전개되었다.(김옥균 · 서광범 · 민영익도 동행)[66] 박영효 일행의 일본행은 급진개화파와 온건개화파가 확실하게 분리되는 계기가 되었다. 김윤식과 어윤중은 1882년 당시에 김옥균 · 서광범을 "동지이며 친구" "절친한 친구"라고 했지만 박영효와 김옥균은 일본에 수신사로 가서 후쿠자와 유키치를 만나면서 변화되었다.[67]

주진오는 "문명개화론의 수용, 즉 동도서기론으로부터의 단절은 박영효 · 김옥균 등이 1882년 수신사로 일본에 가서 후쿠자와 유키치를 만나고 메이지 일본의 성과에 감명을 받게 된 것이 결정적인 영향을 미쳤다"고 보았다.[68]

1882년 4월에 치러진 별시문과(別試文科)는 또 한 명의 급진개화파 인사의 본격적인 정치참여 발판을 만들어주었으니 그는 바로 스물세 명의 합격자 중 최연소를 기록한 서재필(1864~1951)이었다. 서재필은 1883년 5월 신식 군사기술을 배우기 위해 일본 육군 유년학교에 유학하는 열네 명의 생도단 대표를 맡아 일본에 가 도야마 육군학교를 다닌 뒤 1884년 7월에 귀국해 갑신정변에 합류하게 된다.

서재필의 나이에 대해선 1863년생, 1864년생, 1866년생 등 세 가지 설이 있다. 서재필 자신은 1866년생이라고 주장했지만 신복룡은 서재필이 일부러 자신의 나이를 줄여서 말한 것으로 보았다. 일본 도야마 육군학교 입학생의 상한 연령은 열다섯 살이었는데 이미 그 나이를 넘긴 서재필은 입학에 조금이라도 유리하게끔 자신의 나이를 줄여서 말했고 이게 그 후까지 이어졌을 가능성이 높다는 것이다.[69]

이처럼 일본은 급진개화파의 산실이었다. 일본에 가서 느낀 충격이 그만큼 컸기 때문이리라. 훗날 박영효는 일본을 둘러보고 느낀 놀라움을 다음과 같이 회고했다.

"당시 일본은 메이지유신의 대개혁을 단행한 때라 상하가 결속해 내치외교에 나라는 날로 융성해가는 판이었다. 체류하는 동안 이런 성황(盛況)을 본 우리 일행은 선망천만(羨望千萬)이었다. '우리나라는 언제 저리 될까' 하는 조급한 마음이 우러나는 동시에 개혁의 웅심(雄心)을 참으려 해도 참을 수 없었다."[70]

박영효는 수신사 활동의 공로로 1882년 12월 29일 한성부판윤에 임명되었다. 그는 한성부에 치도국(治道局, 도로국)과 경순국(警巡局, 경찰국) 등을 세우고 개혁을 추진했다. 그는 도로를 침범한 가가(假家)를 철거하고 도로변 가옥을 정비하는 등 도로확장을 추진했지만 이 사업으로 피해를 본 사람들의 원성과, 민태호 등 민씨 척족과의 갈등으로 곧 해임되고 말았다. 그는 이듬해인 1883년 3월 광주유수 겸 수어사(守禦使)로 좌천성 발령이 났지만 이마저 민씨 척족의 방해로 12월에 내놓고 말았다.[71]

민비의 51일간 피신

임오군란 당시 민비는 궁궐을 탈출해 9월 12일(음력 8월 1일) 환궁(還宮)하기까지 51일간이나 피신했다. 환궁 후 민비의 목숨을 구한 공신들에 대한 논공행상이 뒤따랐다. 명성황후를 충주까지 수레를 태워주고 수행하여 보호하는 일을 맡은 홍계훈은 양주군수, 서울에서 충주로 가는 데 필요한 여비 500궤미(말을 판 돈이었다)를 댄 조충희는 전남 영광군수로 임명되었다. 거의 하루도 빠짐없이 서울과 충주를 왕래하면서 중앙의 정세변동을 민비에게 보고한 이용익(1854~1907)은 북청 물장수에 보부상 출신으로 훗날 대한제국의 탁지부(국가재정 담당) 대신을 맡아 이른바 광무개혁을 주도하게 된다.[72]

민비를 궁녀차림으로 변장시켜 업고 궁궐을 탈출한 이수정에겐 비록 비수행원이지만 2차 신사유람단 일원으로 일본에 갈 수 있는 기회가 주어졌다. 1882년 10월 인천을 떠나 일본 요코하마를 거쳐 도쿄에 도착한 이수정은 그곳에서 개신교로 개종해 마가복음서를 한글로 번역하는 등 훗날 한국 개신교 성장의 선구자가 된다.(임오군란 시 이수정의 활약에 대해선 설이 분분하다. 또 그는 나중에 신앙을 버렸으며 귀국 즉시 처형되었다는 설도 있다)[73]

보부상과 혜상공국

보부상도 민비를 보호하는 데에 큰 기여를 했다. 민비의 총애를 받게 된 이용익이 바로 보부상 출신이었다. 보부상은 임오군란 이후 더 큰 힘을 누리게 되었다.

1882년 12월 신분에 구애 없이 사족들도 농공상에 종사할 수 있다는 국왕의 전교 이후 상인에 대한 인식 변화가 이뤄지면서 보부상 조직에 사족층이 집중적으로 개입했다.[74] 이는 보부상의 정치세력화를 가속화시키는 주요 이유가 되었다.

보부상 조직 역량에 주목한 조선 정부는 이들을 군대 조직으로 흡수하려고 했는데 1883년 4월 보부상 조직이 군대의 최고 지휘기관인 삼군부에 통합된 것도 바로 그런 취지에서였다.[75]

그러나 보부상의 일차적인 목적이 어디까지나 상업에 있었기 때문에 이들은 1883년 4월과 6월 두 차례에 걸쳐 상업 문제와 군사권을 모두 관할하는 통리군국사무아문에 소속되기를 원하는 진정서를 냈다. 1883년 7월 관제가 개편되면서 삼군부가 해체되자 고종은 보부상을 통리아문에 소속시켰다가 이어 혜상공국(惠商公局)을 설립하여 여기에 소속시켰다. 혜상공국 소속 보부상은 상업을 하는 동시에 군·경찰업무에 동원되었는데 나중에 갑신정변의 정령에서 혜상공국을 혁파할 것을 공식적으로 선언한 것도 바로 그런 이유 때문이었다.[76]

짜장면과 임오일기

임오군란 시 들어온 청병을 따라 일반 중국인들도 들어왔는데 이들은 산동 출신으로 훗날 중국 음식점과 짜장면 생산의 원조가 되었다. 임오군란 다음 해인 1883년 중국인은 인천에 5000여 평의 청국조계지를 설정했으며 자연스럽게 음식점도 생겨나기 시작했다.

부유한 중국인은 무역업에 종사했으나 대부분은 적은 자본으로 호떡집이나 호국수집을 경영했다. 호떡은 얼마 후엔 "호떡집에 불났다"는 말이 유행될 정도로 조선인들에게 널리 사랑받게 되었다. 짜장면·짬뽕·잡채·탕수육 등도 이때 선을 보였다. 기록에 남은 한국 최초의 중국음식점은 바로 인천 차이나타운에 1905년 자리잡은 공화춘(共和春, 1984년 폐업)이다. 2005년 10월 7일부터 3일 동안 인천시 차이나타운에서는 '짜장면 100주년 대축제'가 열렸다. 2006년 3월 2일 공화춘은 문화재로 등록됐다.[77]

2006년 6월 민비의 51일간 피신 행적을 담은 기록이 처음으로 발견됐다. 대전시향토사료관은 임오군란 때 충북 충주 등지로 피신한 명성황후의 행적이 담긴 '임오유월일기(壬午六月日記, 이하 임오일기)'를 발견했다고 밝혔는데 이 자료는 2006년 5월 초 향토사료관이 기증받은 유물을 정리하는 과정에서 발견됐다. 학계에선 일기를 쓴 사람이 명성황후를 가까이서 모셨던 민씨 일가일 것으로만 추정할 뿐 정확히 누구인지는 알려지지 않았다.

임오일기는 민비가 궁궐을 빠져나온 날부터 환궁한 9월 12일까지의 피신생활을 상세하게 담고 있는데 민비가 한양을 출발한 뒤 경기도 광주와 여주, 충북 충주 등 7~8곳의 거처로 옮겨 다니며 고단한 피란생활을 했음을 보여주고 있다.[78]

2006년 용산기지 논쟁

바로 이 임오군란 때 청군의 서울 점령이 1876년 개항 이래 오늘까지 지속돼온 외국 군대 주둔 역사의 본격적인 시작이었다.[79] 청군은 용산(龍山)에 주둔했다. 용산은 인왕산 줄기가 만리재길을 거쳐 청파동으로 이어지면서 한강으로 뻗어 내린 형태가 용의 모습을 닮았다고 하여 붙여진 이름이었다. 용산은 13세기 고려를 반식민지로 삼은 몽골제국의 몽골군이 병참기지를 세운 것에서 시작하여 임진왜란 시 일본군이 현재의 효창공원 부근에 보급기지를 설치했고 이어 병자호란 시 청의 군대가 주둔하며 강제로 군량미를 징수해가는 등 개화기 이전에도 파란만장한 역사를 안고 있었다. 임오군란 이후에도 동학농민전쟁과 러일전쟁 때 일본군, 일제강점 후 일본군, 해방 후 미군 등 100년이 넘도록 용산은 외국 군대의 주둔지가 되었다.[80]

1901년경의 용산 일대.

　임오군란으로부터 124년 후인 2006년 8월 24일 한국은 용산기지 공원화 선포식을 가졌다. 대통령 노무현은 이 선포식에서 "(용산은) 청나라 군대가 주둔해 국정을 좌지우지했고 일본 제국주의 침략과 지배의 전진기지가 되었고 해방 후엔 미군이 주둔해 우리의 국방을 기대어왔던 아픈 역사를 가진 땅이다. (이곳에) 침략과 지배, 전쟁과 고난의 역사를 과거로 보내고 자주와 평화의 대한민국을 상징하는 기념비적인 공원이 들어서게 될 것"이라고 말했다. 노무현은 이런 자주 담론을 작전통제권 단독행사의 당위성과 연결시켰다.
　이에 대해『조선일보』사설은 "국민들은 그간 용산공원 관련 토론을 지켜보며 서울 한복판에 숲과 잔디밭·산책로·호수가 있는 81만 평의 공원이 생긴다는 소식에 들뜬 기분이었다. 그런 줄 알고 있던 국민들은 바로 그 자리에서 난데없이 이 정권이 국가의 안보 현실을 무시하고 자주 구호 아래 선동적으로 밀어붙이고 있는 작전통제권 단독행사에 관한 정치연설을 듣게 된 것이다"라며 다음과 같이 주장했다.

"우리 역사에 왜 이렇게 수난이 끊이지 않았겠는가. 근본 이유는 우리가 부강한 나라를 만들지 못했던 것이고 부수적 이유는 세계와 지역의 정세변화에 어두웠기 때문이다. …… 지금 이 정권은 세계정세의 대변화 앞에서 바로 300년, 400년 전의 탁상공론식 자주 타령을 하며 나라의 안보를 걸고 정치도박을 하고 있다. 대통령이 용산공원 착공에 앞서 정치연설을 그렇게 하고 싶다면 부강한 나라를 만들지 못하고 세계의 정세를 읽지 못해 스스로 전쟁을 불러왔던 아픈 역사에서 교훈을 끌어낼 연설을 할 일이다. 그렇기는커녕 못난 옛 위정자들이 넘어졌던 바로 그곳에서 허황한 자주론을 편다는 것은 역사는 역사를 잊어버린 민족에게 복수하는 법이란 교훈을 잊은 처사다."[81]

자주와 사대의 변증법, 이는 이후 개화기 내내, 그리고 2000년대에 이르기까지 계속되는 한반도의 지정학적 숙명의 일면이다.

04

태극기의 국기 제정

어떻게 태극기가 선정되었나?

조선에서 국기에 대한 논의가 본격 거론되기 시작한 것은 개항 후 서구 열강과의 교섭이 빈번해지면서였다. 국기 제정에 대해 청의 의견을 물었으나 청은 조선이 청의 속국임을 강조하기 위해 국기 도안에 중국기를 본뜬 용(龍)을 넣을 것을 요구했다. 그런데 태극문양이 절충안으로 채택됐다. 1882년 5월 미국과의 통상조약 체결로 국기 제정의 필요성이 다시 제기되자 김홍집 등이 태극문양을 안(案)으로 제시하면서 국기 제정에 대한 논의가 구체화되기 시작했다.[82]

당시 청의 사신으로 조선에 와 조미수호통상조약 체결을 주도한 마건충(마젠중, 馬建忠)과 김홍집 간의 필담을 담은 『청국문답』에 따르면 태극기의 도안자는 마건충이었다. 1882년 4월 11일 마건충은 김홍집과의 회담에서 조선의 국기를 흰 바탕에 태극그림을 사용하고 주위에

는 8괘를 그리는 것이 어떻겠느냐고 제안했다.[83]

이에 대해 이태진은 "자신의 체면을 세우기 위해 몇 마디 붙인 것에 불과한 정도의 얘기를 가지고 태극기가 마건충의 창안이라고 말하는 것은 지나친 평가라는 비판을 면하기 어렵다"고 했다.[84]

박영효는 1882년 8월 임오군란 사죄 사절단을 이끌고 일본에 가면서 다시 국기 문제에 봉착했다. 박영효가 탄 배는 일본 국적의 메이지마루란 배였는데 선장은 영국인 제임스였으며 조선주재영국총영사 애스턴도 동행했다. 박영효는 애스턴과 조선 국기에 관해 협의했는데 애스턴은 세계 각국을 돌아다닌 제임스를 추천했다. 제임스는 마건충의 도안대로 8괘가 다 들어가면 복잡해 다른 나라 사람들이 따라 그리기가 힘들다고 충고했다. 이에 따라 태진손간 4괘를 들어내고 건곤감리 4괘만 남기면서 상하좌우에 있어야 할 정괘를 45도 왼쪽으로 돌려버린 태극기가 탄생했다. 기선 안에서 태극기를 만들어 사용했다는 설도 있고 태극기가 처음 게양된 곳은 일본 고베의 박영효 일행 숙소였다는 설도 있다.[85]

이 사실을 보고받은 고종은 1883년 3월 6일 태극을 중심으로 건곤감리 4궤를 사각형 네 귀퉁이에 배치한 태극기를 국기로 제정, 선포했다. 이듬해 조선은 태극기를 널리 알리기 위해 태극기 도안을 넣은 우표 5종, 280만 장을 일본에 제작의뢰했으나 일본은 우리의 요청과는 달리 4궤를 삭제하고 태극문양도 중국의 태극도형으로 바꿔 우표를 보내왔다. 우리가 중국의 속국임을 나타내기 위한 치밀한 계산이었다. 현재의 국기가 대한민국 국기로 사용되기 시작한 것은 1949년 10월 15일부터였다.[86]

김원모·김영환의 발견

1998년 1월 태극기 전문가인 단국대교수 김원모는 서울대 규장각이 소장 중인 중국 외교문서 제2권에서 태극기 원본 그림과, 이것이 1883년에 제작됐음을 보여주는 기록을 찾아내 공개했다. 이 태극기 원본은 1883년 고종이 태극기를 국기로 제정, 반포한 직후 제작된 것으로, 중국 청나라 외교문서인 '통상장정성안휘편(총 12권, 1886년 발행) 제2권에 들어 있는 채색그림이다. 이 외교문서엔 선명한 모습의 태극기가 '고려국기'라는 이름으로 수록돼 있고 "광서 9년 2월 10일 (양력으로는 1883년 3월 18일) 청의 요청에 따라 조선 국왕이 국기의 채색그림 한 장과 왕복 공문서를 보내왔다"는 내용의 기록도 들어 있다.

이는 현존 태극기 중 가장 오래된 것으로 알려진 미국 스미소니언 박물관 소장 태극기(1884년 작)보다 1년 앞서는 것이다. 이 태극기 원본엔 건곤감리 4괘가 청색으로 그려져 있어 현행 태극기(1949년 제정)의 검은색 4괘가 원래의 태극기와 다르다는 사실이 명확히 밝혀졌다. 김원모는 "이것은 태극기의 완전한 원형으로 태극기 연구의 결정판"이라고 강조했다.[87]

1998년 2월 대한민국 국기선양회 회장 김영환은 고려대학교 대학원 도서관에 소장된 『통상약장유찬』이라는 책에서 태극기의 바탕과 괘의 색 등을 규정한 대목을 발견했다고 밝혔다. 『통상약장유찬』은 청나라 동치 13년(1874) 청국 정부가 조약 및 외국 사신의 서한 등을 모아 엮은 책으로, 태극기를 '고려국기'로 표시해놓았다. 이와 함께 그간 청색 또는 흑색으로 논란이 분분했던 괘의 색깔은 청색으로 규정했고 현재 흰색 바탕은 황색으로 칠하도록 돼 있다. 김영환은 "태극기의 기원을 추적하면서 문헌을 연구하던 중 태극기의 설계도라고 볼

고종이 조선 정부의 외교 고문으로 일하던 미국인 데니에게 하사한 태극기.

수 있는 도안과 대목을 발견하게 됐다"면서 "이번 발견이 태극기 연구에 많은 도움이 될 것"이라고 말했다.[88]

지금까지 가장 오래된 것으로 알려진 태극기는 고종황제가, 1886~1888년 조선에 머무르면서 정부의 외교고문으로 일했던 미국인 데니(Owen M. Denny, 1838~1900)에게 하사한 것으로 알려진 이른바 데니 태극기다. 미국인으로부터 기증받아 독립기념관에 전시돼 있는 이 태극기는 1884~1890년에 제작된 태극기일 것으로 추정된다.[89]

국내 국기 게양은 언제부터인가?

2001년 4월 국내에서 가장 오래된 태극기인 '데니 태극기'와 비슷한 시기에 제작된 것으로 추정되는 태극기가 발견됐다. 기독교대한감리회는 구한말 서울에서 활동한 미국 북감리교 아서 노블 선교사의 부인 마티 노블 여사가 소장하고 있던 태극기를 재미 신학자인 김찬희 박사(미국 클레어몬트 신학대학원 명예교수)를 통해 입수해 공개했다.

이 태극기는 가로 23.5센티미터, 세로 18.5센티미터의 옥색 명주천에 태극문양과 4괘를 정교하게 박음질했다. 이 태극기를 입수한 기독교대한감리회 측은 "당시 궁중에서 쓰던 옥색 명주천 바탕에 전통 감색이 사용됐고 게양용이 아니라 휴대용으로 제작된 것으로 미루어 고종의 하사품일 가능성이 높다"며 "1885년에서 1890년 사이에 제작된 것으로 추정된다"고 밝혔다.[90] 또한 1887년 박정양이 초대 주미전권공사로 부임하면서 워싱턴 15번가 주미공사관 건물에 게양한 사실이 전해지고 있다.

하지만 태극기가 국내에서 언제부터 게양됐는지는 확실치 않다. 다만 1884년 서울을 기행한 일본인 오비 스케아키(小尾直藏)가 이듬해인 1885년 2월 도쿄에서 펴낸 보고서 『조선경성기담(朝鮮京城奇談)』은 조선의 관공서 중 '우정국(郵征局)'을 설명하면서 "우정국 구내에는 매일 국기를 게양했는데 그 높이가 2장(약 6미터) 남짓이다"며 "조선 국내에서 국기를 게양한 것은 이것이 효시다"라고 기록하고 있다. 이 보고서에 따르면 우정국 구내에 수령 500~600년 된 고목이 한 그루 있는데 이 나무 곁에 태극기를 게양한 것으로 돼 있다. 이 나무(회화나무)는 체신기념관으로 활용 중인 서울 종로구 견지동의 옛 우정국(사적 213호) 건물 앞에 지금도 여전히 서 있는 것으로 확인됐다.[91]

이후 태극기는 한국인이 겪게 되는 온갖 국가적, 민족적 고난과 시련을 넘어서기 위한 의지의 표현 매체이자 상징으로서 한국인들의 눈물을 자아내게 만든다.

제8장

근대 언론의 탄생

01

미국공사 입국, 미국 보빙사 파견

조선은 단물 빠진 껌

1882년 5월 22일(음력 4월 6일) 조미수호통상조약 체결과 비준(1883년 1월 9일)에 따라 1883년 5월 12일 초대 미국전권공사 푸트(Lucius H. Foote)가 입국해 비준서를 교환했다. 고종은 "초대 조선주재미국공사의 격을 도쿄·베이징주재공사와 동격으로 격상하자 뛸 듯이 기뻐했다."[1]

당시 조선은 미국에 큰 기대를 걸고 있었다. 반면 일본은 소국이면서도 최강국이고 일본과 지정학적 조건이 유사하다는 이유에서 일찍부터 영국에 주목했다. 김옥균이 "일본은 동방에서 영국과 같은 역할을 하려 한다. 그러므로 우리는 우리나라를 아시아의 프랑스로 만들어야만 한다"고 했지만 프랑스가 본격적인 탐구 대상이 된 건 아니었다. 장인성은 "조선 지식인들은 중화체제 외부의 특정 국가를 모델로 삼아 유비(類比)의 심리를 투사하는 일은 별로 없었다"며 다음과 같이 말했다.

"개국기 조선 지식인들에게 의미 있는 서양 국가는 미국이었다. 미국은 대단히 호의적으로 인식되었다. …… (그러나) 미국은 동일화하거나 유비를 통해 자기존재를 증명할 수 있는 대상이 아니었다. '경제대국'으로서의 미국은 유력한 모델이 될 수 있고 도덕적 국가로서의 미국은 기대와 선망의 대상일 수 있을지언정 영토의 크기나 부국의 정도, 그리고 국제 정치적 위상 등에서 '유비'의 대상(모델)이 될 수는 없었다."[2]

푸트는 부임하자마자 조선의 시장조사에 들어갔다. 그는 5월 26일 미 정부에 보낸 보고서에서 한국 정부는 실질적인 힘이 거의 없고 나라는 정체돼 있고 가난하며 다년간에 이룩된 중국과 일본에 대한 굴종은 일정 수준의 우매함을 자아냈다고 했다. 또 그는 "수출 가능 물품은 소가죽·쌀·사람 머리털·전복껍데기 등등이다"며 조선의 경제적 가치를 '단물 빠진 껌 내지 계륵(鷄肋)'이라고 평가했다.[3]

1883년 동문학교 설립

미국은 조선의 경제적 가치에 크게 실망했겠지만 조선에선 미국과 영어의 가치가 서서히 인식되기 시작했다. 푸트의 통역관으로 활약한 이는 윤치호였다.

충남 아산에서 출생한 윤치호(1865~1945)의 부친 윤웅렬은 무인(武人)으로서 형조판서를 지냈다. 윤치호는 유길준과 함께 조선 최초의 일본 유학생이자 중국·미국에서 유학한 지식인으로서 그의 일생은 개화기에서 일제강점기를 거쳐 해방에 이르는 기간 동안 한국의 운명을 시사해주기도 하는 것이었다.

윤치호는 서얼 출신으로 이 출신배경이 내내 윤치호의 사상과 행태에 큰 영향을 미쳤다. 윤치호는 열일곱 살 되던 해인 1881년 신사유람단의 수원(隨員)으로 일본에 유학해 약 2년간 일본어와 영어 공부에 힘썼고 일본 최고의 개화사상가였던 후쿠자와 유키치로부터 사상적으로 깊은 영향을 받았으며 당시 일본에 체류 중이던 김옥균·서광범 등과 접촉하면서 동지적 관계를 맺게 되었다.[4]

일본 유학 중 십대 소년이었던 윤치호는 김옥균으로부터 "일본말만 배우지 말고 영어를 배워야 태서(서양) 문명을 직접 수입할 수 있다"는 말을 들었다. 윤치호는 1883년 1월부터 넉 달간 일본에서 영어를 배웠는데 그 실력으로 미국공사의 통역관이 됐다. 직접 통역은 아니었다. 윤치호는 일본어를 유창하게 구사할 수 있었기에 영어통역 초기에는 일본어통역의 도움을 받아 이중 통역을 했다. 그는 귀국 이후 갑신정변이 일어나기까지의 1년 8개월 동안 푸트의 통역관으로 일하는 동시에 개화당의 멤버로 활약했다.[5]

최초의 영어 교육 기관인 동문(同文)학교(또는 동문학)가 서울 재동에 설립된 것도 1883년이었다. '동문(同文)'은 "둘 이상의 민족이나 국민이 같은 글자를 쓰는 경우"를 가리키기도 하지만 동문동궤(同文同軌)라 하여 "천하가 모두 같은 글자를 쓴다"는 뜻도 있다. 동문학교에선 15세에서 30세 사이의 지체 높은 집 자제들이 공부했는데 영어와 문장구조가 비슷한 한문에 능했던 덕에 해석은 비교적 잘했다. 동문학교의 1회 졸업생인 남궁억은 길에서 만나는 친구들에게조차 '서학쟁이'라며 외면당했으나 삯바느질하는 모친 슬하의 냉방에서 밤새도록 영어사전을 읽고 책이 다 떨어질 정도로 열심히 공부해 국왕의 영어 통역관을 거쳐 정부의 여러 요직을 맡게 된다.[6]

민영익 등 보빙사 미국 파견

푸트는 고종을 배알하는 자리에서 미국 대통령 아서(Chester A. Arthur)가 사절단 파견을 환영한다는 의향을 전했고 여기에 고종이 쾌히 동의했다. 1883년 7월 조선 정부는 미국에 보빙사(報聘使, 보빙은 답례로서 외국을 방문하는 일)를 파견했다. 사절단은 정사(正使)에 민영익, 부사(副使) 홍영식, 종사관(서기관) 서광범 등으로 모두 20대의 젊은이들이었다. 이밖에 유길준·고영철·변수·현흥택·최경석과 중국인 오례당, 미국인 퍼시벌 로웰, 일본인 미야오카 등이 수행했다. 모두 열한 명이었다.[7]

이들은 7월 15일 주한미국공사인 푸트가 주선한 아시아 함대 소속 미 군함 모노카시호를 타고 제물포(인천)항을 떠나 일본 요코하마에서 동서기선회사 소속 태평양 횡단 여객선 아라빅호로 갈아타고 9월 2일 이른 아침에 미국 샌프란시스코항에 도착했다. 제물포항을 떠난 지 한 달 반 만이었다. 이때의 모습을 김인숙은 다음과 같이 묘사했다.

"미국의 샌프란시스코 항구에는 긴 도포자락을 휘날리는 조선의 젊은 관리들의 모습이 보인다. 큰 갓의 챙으로 스며든 햇살이 위엄을 잃지 않으려고 애쓰는, 그러나 충격에 빠진 그들의 얼굴을 비추고 있다. 태평양을 건너는 동안의 오랜 뱃멀미는 이제 서구문명에 대한 다스릴 수 없는 멀미로 뒤바뀐다."[8]

민영익 일행의 미국 도착 사실을 당시의 『샌프란시스코 모닝 콜』지

조미수호조약 체결 1년 후인 1883년 7월 최초로 미국에 파견된 사절단. 앞줄 왼쪽부터 통역관 로웰·홍영식·민영익·서광범이다.

는 이렇게 보도했다.

"어제 이른 아침 이곳 항에 도착한 아라빅호는 한국으로부터 귀빈 일행을 모셔왔다. 이들은 그 왕국으로부터 외국에 파견된 최초의 사절단이다. 그들의 여행은 슈펠트 제독의 협상에 의해서 이루어진 한미조약 조인과, 지금까지 닫혀 있던 왕국의 몇 개 항만이 그 나라 역사상 최초로 외부세계와의 상업을 위해 문호개방된 결과라 간주된다. 영국·독일·프랑스도 모두 한국과의 교역의 문을 트려 애써왔으나 미국이 이들을 앞질렀다."[9)]

이들의 전통 옷차림도 화제가 되었다. 『샌프란시스코 이브닝 블레틴』지는 "가장 이목을 끄는 것은 모자다. 그들은 공무를 집행하고 있을 때는 물론이고 방문객을 맞고 있을 때도 반드시 모자를 쓰고 있어야 한다. 만찬회 석상에까지 쓰고 나온다. 그것은 대나무로 만들었는

데 색깔만 다를 뿐 꼭 퀘이커교 신자들이 쓰는 챙이 넓은 모자와 같다"고 보도했다.[10]

보빙사 일행은 샌프란시스코에서 기차로 제노 · 솔트레이크 · 덴버 · 오마하를 거쳐 시카고에서 1박하고 다시 클리블랜드 · 피츠버그를 거쳐 8일간의 기차여행 끝에 워싱턴에 도착했다. 그러나 당시 미국 대통령 차터 아서(Charter Arthur)가 수도인 워싱턴을 떠나 뉴욕에 가 있는 중이어서 이들은 대통령 접견과 신임장 제정을 위해 다시 뉴욕으로 갔다.

9월 18일 오전 11시경 민영익 등 사절단은 뉴욕 5번가 호텔의 대귀빈실에서 아서 대통령을 만나 신임장을 제정했다. 일행은 민영익의 신호에 따라 마루바닥에 엎드려 이마가 닿을 정도의 큰절을 해 아서 대통령을 당황하게 만들었다.[11]

아마도 복잡한 통역 절차는 모두에게 당황스러운 것이었으리라. 조선어-영어통역을 할 수 있는 사람이 없어 보빙사 일행엔 '영어-중국어' '영어-일본어' '중국어-조선어' '일본어-조선어' 를 구사하는 네 명의 통역이 포함되었다. 이런 식이었다. 아서 대통령이 영어로 말하면 영어-중국어통역이 중국어로 옮기고 이어 중국어-조선어통역이 조선어로 옮겼다. 그걸로는 부족하다고 생각했던 것인지 똑같은 방식으로 영어-일본어통역과 일본어-조선어통역을 활용함으로써 두 가지를 종합해 의사소통을 했던 것이다.[12]

한국 최초의 미국 유학생이 된 유길준

이어 보빙사는 40여 일간 각지를 순방하면서 공공기관 · 산업박람회 · 시범농장 · 병원 · 전신회사 · 소방서 · 우체국 · 상점 · 제당공장 · 해군기지 등을 시찰했다. 민영익 일행이 뉴욕항을 떠나 귀국길에 오른 것은 1883년 11월 10일이었다.

민영익은 자신이 수행원으로 발탁했던 유길준을 국비 유학생으로 미국에 남겨두고 떠났다. 이렇게 해서 유길준은 한국 최초의 미국 유학생이 되었다. 부사 홍영식을 단장으로 하는 일행은 갔던 길을 다시 택하여 그해 12월 말에 귀국했고 정사 민영익과 서광범 · 변수는 유럽 제국(諸國)을 역방(歷訪)하고 1884년 5월 말에 귀국했다.[13]

민영익이 귀국 이후 보인 달라진 행태는 갑신정변을 촉발시키는 한 요인이 된다.

02

유길준과 사회진화론

유길준과 모스의 만남

한국 최초의 미국 유학생 유길준의 미국 생활은 어떠했던가?
　미국 『뉴욕타임스』 1883년 11월 8일자는 "사절 수행원의 한 사람인 유길준은 자기나라의 옷을 벗고 지금은 서양 옷을 입고 있다. 그는 매사추세츠주 세일럼시의 에드워드 모스(Edward S. Morse, 1838~1925) 교수 지도하에 학생으로 이 나라에 머물 것이다. 어제 저녁 이 젊은이는 5번가(뉴욕)에 산책을 나갔다가 길을 잃었다. 그러나 몇 마디의 영어를 사용하여 경찰관에게 호텔 가는 길을 물어 찾아왔다"고 보도했다.[14]
　유길준은 유학지로 세일럼을 선택했다. 보빙사의 통역 겸 가이드로 일본에서부터 따라왔던 퍼시벌 로웰이 그를 모스에게 소개했기 때문이었다. 유길준은 민영익 일행이 뉴욕을 떠나기 앞서 11월 10일을 전후한 시기 세일럼으로 가 모스를 만났다. 『세일럼 이브닝 뉴스』지

1883년 11월 10일자는 다음과 같이 보도했다.

"세일럼은 외국의 한 젊은이에게 우리의 관습과 예절을 가르치는 특별한 기회를 갖게 되었다. 모스 교수는 영어를 배우기 위해 한국에서 온 스물여섯 살 청년 유길준을 로렐가의 자택에 유숙시키고 있다. 유길준은 일본에 1년 체류하면서 일본어를 배운 바 있다. 그는 모스 교수와 일본어로 대화한다. 유길준은 지난주 처음으로 양복을 입었으나 집에서는 입지 않는다. 그는 외양과 태도에서 대단히 신사답다. 기자는 동인도해운협회회관(현재의 피바디박물관 본관)에서 유길준을 소개받았다. 모스는 유길준이 어떤 학교에 입학할 수 있도록 충분히 영어를 교습하는 개인교사가 될 것이다."[15]

보빙사의 미국 파견 시 세일럼시 피바디박물관의 관장은 모스였다. 유길준을 매개로 인연이 돼 유길준·민영익 등 보빙사 일행의 유품이 현재 피바디박물관에 소장돼 있다. 1884년 간행된 피바디박물관 연례보고서에서 모스는 "작년에 미국을 방문한 한국 외교관 일행들은 우리 박물관에 많은 한국 물건들을 기증했다. 그중 미국에 남아 현재 세일럼에 살고 있는 유길준은 자신이 한국에서 입고 온 옷과 다른 물건들을 기증했다"고 말했다. 피바디박물관 지하수장고의 한국 컬렉션 중에서도 별도로 구분된 한쪽 구석의 서랍장엔 100여 년 전 유길준이 입었던 한복 두루마기와 신발·버선·모자·부채, 심지어 내복까지 남아 있다.[16]

모스는 유길준에게 가장 큰 영향을 끼친 인물

1987년 여름 피바디박물관의 큐레이터 수잔 빈은 이 박물관 부속 도

한국 최초의 미국 유학생 유길준. 후쿠자와 유키치의 영향으로 신문의 필요성을 절감한 그는 박영효와 함께 『한성순보』 창간을 준비했다.

서관의 고문서 더미에서 유길준이 자신의 미국 유학 후견인인 에드워드 모스 박사에게 보낸 영문 서한들을 발견했다. 1884년 6월 7일부터 1897년 6월 7일까지 13년에 걸쳐 쓴 편지 19통이었다. 여기에는 한국 최초의 유학생으로 미국에 갔던 유길준의 생활과 생각, 학업성취 정도 등이 생생하게 드러나 있다. 세일럼에 온 직후 모스의 집에서 6개월가량 머문 후 따로 나와 하숙하며 문안인사를 올리는[17] 1884년 6월 7일자 편지 내용은 다음과 같다.

"오늘은 제가 세일럼에 와서 오랫동안 교수님과 교수님의 가족들로부터 도움을 받다가 교수님의 집에서 나온 뒤 첫 일요일을 맞는 날입니다. 저는 매우 건강합니다. 그리고 신선한 공기, 친절하게 잘 보살펴주시는 집주인 아주머니와 가족 때문에 즐겁습니다. 언제 저의 집에 오시겠습니까? 만약 교수님께서 오시지 않으면 제가 다음 주 일요일에 교수님 댁을 방문하여 하루를 지내도록 하겠습니다."[18]

유길준은 훗날 『서유견문』의 서문에서 모스를 가리켜 "뛰어난 재주와 넓은 학식으로 미국 전체를 통하여 학문의 지도자 위치에 있으며 그의 명성을 온 세계에 떨치는 사람"이라고 했으며 후에 막내아들에게 남긴 글에서도 자신의 생애에 가장 큰 영향을 끼친 인물로 모스를 꼽았다.[19]

그런데 모스는 사회진화론자였다. 여기서 잠시 1880년대 조선 지식인들에게 큰 영향을 미친 사회진화론에 대한 이야기를 유길준·모스와 관련해 미리 해두는 게 좋겠다. 개화기 내내 사회진화론이 출몰하기 때문이다.

사회진화론이란 무엇인가?

사회진화론(Social Darwinism)은 사회과학이 찰스 다윈(1809~1882)의 진화론으로부터 영향을 받은 결과라고 널리 알려져 있지만 그게 아니라는 주장도 있다. '진화'라는 개념을 널리 보급시키고 '적자생존(適者生存, survival of the fittest)'이라는 말을 처음 사용한 사람은 영국의 철학자이며 사회학자인 허버트 스펜서(1820~1903)였으며 1858년 다윈의 『종의 기원』(1859)이 나오기 전부터 이미 사회진화론적인 주장들이 제기되었다는 것이다.(스펜서가 '적자생존'을 처음 거론한 건 1864년 『생물학원리』라는 책에서였다)[20]

과학사학자 파트릭 토르는 『종의 기원』에 가려진 다윈의 또 다른 저서인 『인간의 계보』(1871)는 문명화가 진척된 상황에서는 자연선택의 원리가 작동하지 않는다는 점을 분명히 밝히고 있다는 점을 지적하면서 사회진화론은 다윈과는 무관하다고 주장했다.[21]

1870년대 이후 사회진화론은 우월한 인종이 열등한 인종을 지배하는 것을 자연의 법칙으로 주장함으로써 제국주의의 정당화에 기여했다. 칼 마르크스(1818~1883)조차 식민주의를 문명화의 사명으로서 정당화하는 관점에서 "잉글랜드의 죄악이 무엇이건 간에 그들은 아시아에 근본적인 혁명을 가져오는 데 역사의 무의식적인 도구가 되었다"며 제국주의에 지지를 보냈다.[22]

스펜서는 빈부격차의 심화는 사회진화 과정에서 불가피하며 기업의 활동을 규제하는 것은 종(種)의 자연적 진화를 막는 것과 같다고 주장했다. 그는 가난한 사람들에게 사적으로든 공적으로든 도움을 준다는 것은 인류의 진보를 심하게 방해하는 것이라고 주장했다. 자연은 발전 정도가 가장 뒤떨어진 자를 배제하는 동시에 살아남은 자에게 끊임없이 시련을 가함으로써 생존의 조건을 이해하고 또 그것에 따라 행동할 수 있는 인간의 진보를 확실하게 하는 것이라는 이유 때문이었다.[23]

이거야말로 부자들이 반겨 마지않는 복음이었을 것이다. 가난한 사람들을 그대로 내버려두는 게 인류의 진보에 기여하는 것이라지 않은가. 그러니 얼마나 마음이 편했겠는가.

스펜서의 사회진화론은 1880년대에 미국으로 수출되었다. '미국의 스펜서'라 할 미국의 대표적인 사회진화론자는 예일대 교수 윌리엄 섬너(William Sumner, 1840~1910)였다. 섬너는 노골적인 '부자 옹호론'을 폈다. 그는 "백만장자는 자연도태의 산물"이며 그들은 어떤 역할을 하기 위해 자연스럽게 선정된 사회의 대행자로 보는 것이 마땅하며 그들의 존재는 사회적으로도 이로운 것이라고 주장했다.[24]

김병곤은 "만약에 이러한 이론을 전적으로 받아들인다면 사회의 진화는 인간의 생존을 위한 능력의 유무라는 하나의 명제 속으로 갇혀 그 방향성이 고착되고 만다"며 "이 이념 속에서 자유주의의 고유한 가치는 유산자의 재산축적의 자유가 되고 부의 불균등한 분배를 정당화하는 결론이 도출된다"고 비판했다.[25]

사회진화론과 자유주의

19세기 후반 미국에선 섬너의 주도하에 사회진화론이 큰 영향력을 발휘했는데 이 시기에 윤치호도 미국에서 공부하고 있었다.[26] 윤치호의 일기에 스펜서가 등장하는 걸로 보아 윤치호도 사회진화론에 심취했던 것으로 보인다.

사회진화론은 일본을 통해 1880년대에 조선에도 수입되었다. 베스트셀러가 된 후쿠자와 유키치의 『문명론의 개략』(1875)은 사회진화론을 국가 간의 생존경쟁에 적용시켰으며 이는 유길준을 비롯한 조선 개화기 지식인들에게 큰 영향을 끼쳤다.[27] 또한 유길준이 1881~1882년 일본 도쿄에서 유학하고 있을 당시 도쿄제국대학교에서 생물학을 강의한 미국인 교수 에드워드 모스의 진화론은 일본 학계에 엄청난 반응을 불러일으키고 있었다. 이때 진화론을 접한 유길준은 1883년 한국 최초의 도미 사절인 보빙사의 일행으로 미국을 가게 되자 모스를 찾아가 그를 스승으로 삼아 1885년까지 공부하게 된 것이다.[28]

그러나 정용화는 유길준의 경쟁이 '자연도태' '우승열패'를 다투는 경쟁이 아니며 유길준의 '경쟁'과 '진보' 관념은 사회진화론적 관점으로 보기 어렵다고 주장했다. 그는 "경쟁을 발전과 진보의 요인으로 파악하는 것은 전형적인 자유주의(Liberalism)적 관점이다. 그런데 '경쟁'과 '진보'라는 용어에만 주목하여 이를 사회진화론의 수용(그것도 최초의 사례)으로 이해하는 경우가 있다"며 다음과 같이 말했다.

"하지만 이것은 자유주의에서 말하는 '경쟁' 및 '진보'와 적어도 동양에 수용된 사회진화론에서 말하는 그 개념들과 혼동한 데서 비롯된 것이다. 양자가 모두 경쟁과 진보를 말하고 있는 것은 사실이지만 경쟁의 과정과 결과에 대해서는 관점의 차이가 있다. 자유주의에서는 '보이지 않는 손'에 의해 궁극적으로 '조화'를 상정하고 있는 데 반해 사회진화론에서는 '자연도태'를 상정하고 있다. 따라서 사회진화론의 경쟁은 '적자생존' '우승열패'를 향한 경쟁으로서 끊임없는 세력의 강화만 요구하는 영원하고도 잔악한 경쟁을 말하며 강자의 권리와 약자의 복종만이 정당화되는 경쟁이다."[29]

반면 전복희는 '자유주의와 사회진화론의 부분적 공통성'에 주목하면서 "어떤 의미에서 자유주의는 자유방임주의이므로 사회진화론적인 측면이 강하다. 그 같은 측면이 19세기라는 급격한 변화와 도전의 시대를 맞으면서 보다 확연하게 증폭되어 나타나게 되었고 그것의 구체적인 정치적 표현이 사회진화론이었다고 할 수 있는 것이다"고 주장했다.[30]

유길준이 끝까지 유교의 가치와 유용성을 포기하지 않았다고 해서 그를 동도서기론자로 분류하는 경우가 있다. 그러나 정용화는 "유길준의 개화론에서 유교는, 비록 그 가치가 포기되지 않았지만, 서구문명을 중심으로 한 가운데 보조적인 것이었다. 그러므로 유길준은 동도서기론자라기보다 문명개화론자로 봄이 옳다"고 주장했다.[31]

앞으로 이 책은 기존 통설에 따라 유길준을 사회진화론을 수용한 인물로 다루겠지만 정용화의 문제제기는 소중하다. 앞으로 진지하게 검토해볼 사안이다. 비단 유길준뿐만 아니라 사회진화론을 수용한 걸로 간주되는 다른 지식인·정치인들의 경우도 세심하게 살펴볼 필요가 있겠다.

이명화는 '한국 사회에서 전개된 사회진화론의 특수성'에 주목하면서 "한국 근대사에서 사회진화론은 강자에 대한 패배를 불가피한 숙명으로 보고 그 저항의욕을 약화시키는 패배주의를 낳기도 했지만 반면 한국 민족주의의 자강론(自强論)을 형성시키고 제국주의 침략으로부터 실력양성운동을 촉발하는 계기를 이루기도 하였다"고 주장했다.[32]

그렇다면 사회진화론을 '공격적 사회진화론'과 '방어적 사회진화론'으로 나누어보는 건 어떨까? 마루야마 마사오는 "중국에서는 같은 적자생존이라도 약자 편에 선 입장이 강조됩니다. 그런데 일본의 경우에는 강자·적자(適者)가 되어야만 한다는 것이라 제국주의의 입장이 되고 말죠"라고 했다.[33] 중국으로부터도 당해야 했던 한국의 경우엔 사회진화론의 방어적 성격은 더 말할 것도 없다. 그럼에도 국가별 차이를 무시한 채 사회진화론을 한꺼번에 싸잡아 평가해야만 하는가? 이 또한 주요 논점이 될 수 있을 것이다.

03

한국 최초의 신문 『한성순보』의 창간

원산학사의 설립

1883년 2월 5일(음력 1882년 12월 28일) 양반의 상공업 종사와 평민의 학교 취학을 허용하는 국왕의 조칙이 내려지자 1883년 들어 최초의 근대 학교인 원산학사를 필두로 영어 교육을 위한 동문학교가 세워졌다.[34]

원산학사는 1879년 원산 개항 후 지역 주민들이 신교육으로 인재를 양성하여 일본 상인의 침투에 대항하고자 하는 열의가 높은 가운데 서북 경략사 우윤중, 덕원부사 정현석 및 덕원부 상인들이 중심이 되어 세운 학교다. 원산학사는 경전(經典)의 학습을 통해 의리(義理)에 밝으면서도 시무(時務)에 대처할 수 있는 인재를 기르는 데에 목적을 두었다. 원산학사에는 문예반과 무예반 두 반이 있었으며 인원은 각각 50명, 200명이었다.[35]

강만길은 "원산학교는 외세 침입에 대응하기 위해 조선인 스스로 성금을 모아 설립했다는 점과, 외국인이나 관청의 주도에 앞서 민간 측의 근대화 의욕의 일환으로 설립되었다는 점에서 그 의의가 크다"고 평가했다.[36]

신용하는 더욱 적극적인 자세를 취해 '우리나라 최초의 근대 학교'를 배재학당으로 보는 기존 견해에 이의를 제기하면서 다음과 같이 주장했다.

"우리나라 초기 개화파는 백성들로부터 유리(遊離)되는 일이 많았으나 '원산학사'의 설립에서는 민중과 초기 개화파가 일치하여 합심함으로써 최초의 근대 학교를 훌륭하게 설립하였다. 1883년 우리나라 최초의 근대 학교인 '원산학사'의 설립은 우리나라 근대사에서 매우 중요한 역사적 의의를 갖는 것이다."[37]

그러나 이만열은 "한국의 근대 학교 효시는 한국인들에 의한 '원산학교'라는 주장이 있으나 교육의 내용과 추세, 그 영향력에서는 배재학당을 비롯한 선교계통의 근대 교육에 비할 바가 못 되었다"고 주장했다.[38]

김인숙은 원산학사가 학생들의 벼슬길을 열어달라고 청원한 걸 지적하면서 "아직 미래의 문을 힘껏 열기에는 그 힘이 미약했을지 모르지만 이미 시대는 청년들을 난세의 심장부로 끌어들이고 있었다"고 했다.[39]

한편 정부는 1883년 5월부터 만성적인 재정난을 해결하기 위해 당오전(當五錢)을 사용하게 했다. 당오전은 실질가치가 명목가치의 2분의 1에 불과한 악화(惡貨)로서 재정 문제를 해결하기는커녕 물가상승과 경제질서의 환란 등 많은 문제를 야기했다. 김옥균은 민씨 일파와 대립하여 당오전 발행에 반대하면서 일본으로부터의 차관 도입을 주장했다. 고종은 당오전 발행과 일본 차관 도입을 동시에 받아들였으나 김옥균의 차관 도입은 실패로 돌아갔다. 1883년 7월 5일 화폐 주조를 일원화하기 위해 전환국(典圜局)이 설치되었으며 2개월 전인 5월엔 근대적 병기를 제조하기 위해 기기국(機器局)이 설립되었다.[40]

후쿠자와 유키치의 영향

그런 변화의 물결에 교육과 더불어 개화의 쌍두마차라 할 언론(신문)이 빠질 순 없었다. 1883년 10월 31일(음력 10월 1일) 우리나라 최초의 신문 『한성순보』가 창간되었다. 『한성순보』는 1882년 일본에 수신사로 갔던 박영효가 일본의 개화사상가인 후쿠자와 유키치의 영향을 받고 돌아와 유길준과 함께 추진한 것으로, 신문발행에 필요한 모든 요건이 일본에 의해 공급되었다. 박영효는 일본에서 귀국하는 길에 유키치의 제자인 이노우에 가쿠고로(井上角五朗, 1860~1938)를 비롯한 편집 기술자와 인쇄공 일곱 명을 데려왔다.

 일본엔 1881년 87개의 신문이 있었으며 1882년엔 75개의 신문이 추가로 창간되었으니 박영효 등 개화파 지식인들이 이걸 보고 느낀 바 컸을 것이다.[41]

 유길준은 1882년 말 귀국하여, 일본에 수신사로 다녀온 다음 1883년 1월 7일 한성부판윤에 임명된 박영효를 보좌하여 『한성순보』 창간에 참여했다. 유길준은 후쿠자와의 영향을 받아 신문의 필요성을 절감하고 있었을 뿐만 아니라 박영효가 일본에서 데리고 온 일곱 명 중 이노우에 등 세 명이 게이오의숙 출신이라 유길준과 잘 아는 사이였기 때

문에 박영효는 신문간행의 모든 실무를 유길준에게 맡겼던 것이다.[42]

박영효는 치도국을 설치하고 순경부를 만드는 등 한성판윤 업무에 열성을 보였다. 그러나 도로정비사업 중 주민들의 민원을 산 데다 "자신만만한 태도로 새로운 사업을 추진"하다가 수구파들의 미움을 샀다. 게다가 민비의 만류도 듣지 않아 1883년 4월 23일 광주유수로 좌천되었다. 그의 좌천으로 말미암아 신문간행 사업은 일시에 중단되었다. 가장 나이가 젊은 이노우에를 제외한 일본인 편집자와 기술자들도 일본으로 돌아갔고 유길준도 외아문의 주사직까지 내놓고 신문간행 사업에서 손을 떼게 되었다.[43]

이노우에는 박영효에 의한 신문간행 사업이 좌절되었는데도 일본으로 돌아가지 않고 서울에 남아 있었다. 이후 활동에 대해 이노우에는 "나는 조선 조야의 많은 사람들과 광범위하게 교제했다. 다행스럽게도 나는 왕궁을 자유롭게 출입할 수 있었기 때문에 그들이 갖고 있는 깊은 내외의 사정을 탐색할 수 있었다"며 다음과 같이 말했다.

"당시 조선 정부는 청국에 예속되어 있는 것 같았다. 실제로 청국의 간섭은 그 도를 지나치고 있었다. 특히 조선에 주둔하고 있는 청국의 병사들은 거칠고 사나워서 때때로 양민을 학대할 뿐만 아니라 심지어는 물건을 구입하고도 그 값을 지불하지 않거나 민가에 들어가 부녀자를 욕보이는 등의 사례도 있었다. 이것은 실로 청국을 위해서도 서글픈 일이었다. 조선 사람들은 겉으로는 청국에 굴종하고 있으나 속으로는 청국을 몹시 싫어하고 청국인을 미워하고 있다는 것을 알 수 있었다. 김윤식은 민씨 계열의 사람으로서 청국 정부의 신용 또한 매우 두터웠다. 그는 심정적으로 청국에 기울고 있었으나 그의 사촌 형 김만식과 더불어 은밀히 조선왕조의 자주독립을 희망하고 있었다. 그래서 나는 그들과 매우 가까운 관계를 유지할 수 있었다. 나는 김윤식의 알선으로 외아문에 초빙되었다. 당시 외아문의 독판은 민영목이었고 마건상은 이미 고문직을 사임하고 청국으로 돌아갔으며 대신 묄렌도르프가 고문으로 있었다. 나를 외아문에 초청한 것은 외아문협판 김윤식과 한성판윤 김만식이었다. 그때는 묄렌도르프가 점점 세력을 상실하고 있었다. 나는 다행스럽게도 외아문에 적절히 관여할 수 있게 되었고 동시에 정부의 고문 지위를 얻을 수 있었다. 이로써 그동안 애쓰고 희망해온 것을 이루기 위한 서막을 열게 되었다."[44]

유길준은 한국 최초의 기자?

앞서 보았듯이 유길준은 1883년 5월 초대 미국공사 푸트의 서울 부임을 계기로 그 해 7월 보빙사의 정사(正使)인 민영익의 수원(隨員)으로 발탁되어 미국으로 가게 되었다.

그리하여 『한성순보』의 발간은 몇 개월 지체되었지만 민비세력이 『한성순보』의 창간을 적대시한 건 아니었다. 이때엔 김옥균도 "중전(민비)의 총애를 일신에 모으고 있"어(서재필의 말) 양 진영 사이의 갈등이 심하지 않을 때였다.[45] 또한 민비 일파도 청국을 통하여 구미의 새 문물을 간접적으로 호흡했던 관계로 신문발행에는 비교적 이해가 깊었다. 그들은 『한성순보』의 발행엔 반대하지 않으면서 다만 『한성순보』가 혁신파들의 아성이 되는 것만 경계했다.[46]

그런 암묵적 타협하에서 『한성순보』는 1883년 10월 31일(음력 10월 1일)에 창간된 것이다. 그런 창간 배경으로 인해 『한성순보』는 여러 정치세력들이 갖고 있는 각기 다른 생각들의 투쟁의 장(場)이 될 수밖에

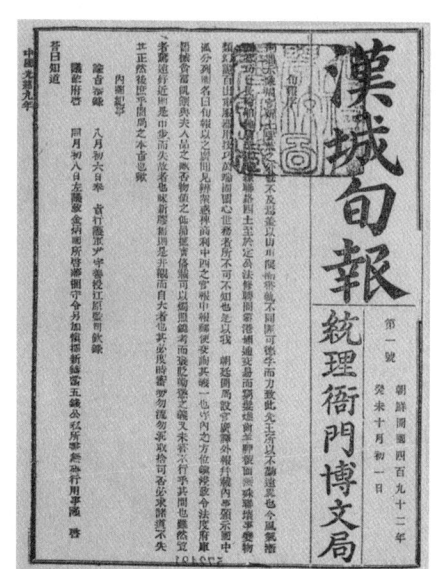

급진개화파와 온건개화파 등 여러 정치 세력의 합작품인 『한성순보』 제1호.

없었다. 이와 관련 김민환은 "개화 지식인 가운데 아직 혼재하고 있던 양무론적 서구수용론과 메이지유신형의 탈아론적 서구수용론이 『한성순보』라는 한 마당 안에 그대로 혼재하게" 되었으며 "이런 특성은 『한성순보』의 지면에 그대로 반영되었다"고 평가했다.[47]

『한성순보』는 순간(旬刊)신문으로 순한문 책자형(16.4센티미터×22.3센티미터) 체제(24면)로 만들어졌다. 『한성순보』의 창간사는 유길준이 써두었던 걸로 알려져 있는데 이를 근거로 유길준을 한국 최초의 기자로 보는 시각도 있다. 정진석은 유길준이 구체적인 준비작업은 했지만 신문이 창간되기 전에 손을 뗐기 때문에 그렇게 보기는 어렵다고 했지만[48] 유길준이 '『한성순보』 창간의 초석이 되었'다곤 말할 수 있겠다.[49]

『한성순보』는 정부기관인 박문국(통리아문의 동문학 부속기관)에서

8장_근대 언론의 탄생 297

발행하는 관보였기 때문에 전문직으로서 오늘날과 같은 기자가 존재했던 게 아니라 박문국의 관리가 기사를 쓰고 신문을 만들었으며 일반 독자를 대상으로 한 게 아니라 관청에서 의무적으로 구독한 신문이었다.

이 신문이 순한문으로 쓰인 것도 관리와 귀족계급만을 대상으로 했기 때문이었다. 처음에는 국한문을 섞어서 신문을 내고자 했으나 한글 활자를 갖추지 못한 데다 수구파들의 완강한 반대로 순한문으로 발행하게 되었다는 주장도 있다.[50] 그러나 『한성순보』는 과거의 관보가 다루지 않았던 시사성 있는 보도와 새로운 서양 문화의 소개에 치중함으로써 과거의 관보와는 분명한 차별성을 갖고 있었다. 그렇기 때문에 보수파는 이 신문을 야소교(耶蘇敎) 전파의 앞잡이라 하고 때로 일본에 아부하는 기관이라고 비판했다.[51]

『한성순보』 이식설 논쟁

후쿠자와는 『한성순보』 창간호가 자신의 집으로 도착하자 대단히 기뻐하면서 "기사 재료에는 해외 신문도 필요하다. 이를 위한 번역부 인재를 채용해야 하고 지면에 삽화를 넣는 방법도 고려해보도록 하라"고 이노우에에게 서신으로 충고했다. 이노우에는 후쿠자와에게 보낸 11월 21일자 편지에서 "앞으로는 신문에 한글도 함께 쓸 계획"이라고 알렸는데 그는 『한성순보』 창간에 앞서 편집 실무진에게 국한문 혼용을 건의했으나 뜻을 이루지 못했다고 한다.[52]

후쿠자와의 이런 관심이 시사하듯이 『한성순보』의 창간을 위해 일본의 지원을 받은 것과 관련하여 학계에선 이른바 '이식설(移植說) 논쟁'이 벌어졌다. 임근수는 "우리나라 근대 신문은 단순하게 그 전반적 근대화 과정에서 외세에 의해 타율적으로 이식되었다"고 주장했다.

이에 차배근은 "우리가 서양의 근대 언론문물을 수용, 『한성순보』를 창간하게 된 것은 단순히 일본의 후쿠자와 유키치 등의 권고에 의한 타율적인 것은 아니었으며 개화의 한 수단으로서 신문도 발간할 마음의 자세가 이미 마련되어 있던 중에 마침 후쿠자와 유키치의 권고도 있게 되자 이를 실천에 옮기게 되었다고 볼 수 있다"며 "임근수의 주장에 대하여 의문을 제기하지 않을 수 없다"고 반박했다.[53]

윤병철도 "비록 신문발행의 사상적 배경과 기술과 기술자까지 일본의 도움을 받았지만 그것은 조선의 근대화와 자주적 독립을 위해 필요한 도구가 될 것이라는 개화세력의 주체적인 판단에 의한 것이라는 점에서 일본에 의한 이식설의 주장은 어불성설"이라고 주장했다.[54]

이는 이식의 대상을 무엇으로 보느냐 하는 관점의 차이에서 비롯된 것으로 보인다. "타율적으로 이식되었다"는 임근수의 표현엔 논란의 소지가 있겠으나 신문을 창간할 '마음의 자세'나 '주체적 판단'이 있었다고 해서 이식설을 전면 반박할 수 있는 것인지, 또 그러한 '마음의 자세'나 '주체적 판단'도 일본인들의 영향을 받은 것이라면 이건 어떻게 보아야 하는 건지에 대해선 의문의 여지가 있겠다. 신문을 발행할 수 있는 시설과 기술의 이식 못지않게 중요한 게 '사람들의 인식 수준' 등을 포함한 신문발행의 조건과 환경일 터인데 조선의 경우 그것이 마련돼 있지 않은 가운데 정부의 정책에 의해 신문이 '위에서 아래로' 도입되었다는 점에서 더욱 그렇다. 이는 '이식'이라는 단어를 둘러싼 수사학적 논쟁이라고 볼 수도 있겠다.

또한 이는 후쿠자와와 이노우에를 어떻게 평가하느냐에 따라 달라질 수도 있는 논쟁이다. 임종국은 『한성순보』를 후쿠자와의 조선 침략 도구로, 그리고 이노우에를 후쿠자와의 '공작원'으로 보았다. 임종국은 그런 주장의 근거로 후쿠자와가 이노우에에게 했다는 다음과 같은 발언을 들었다.

"좌우간에 일본 이외의 국가가 조선에 손을 대게 할 수는 없다. …… 그러자면 무력이 제일로 필요한데 이것은 당국에 일임할 수밖에 없고 문력(文力) 또한 크게 필요한 것이니까 …… 조선에 가면 우선 그곳의 풍토·인정·경제·정치 기타, 이거든 저거든 조사, 연구해서 후일에 쓸모 있는 일꾼이 되어주기 바라네."

이어 임종국은 『한성순보』가 제10호에서 청병의 횡포를 비난하는 기사를 게재해 크게 물의를 일으킨 것도 "친일배청의 노선인 것이며 일본 이외의 국가가 조선에 손을 대는 것을 막으려는 공작인 것이다"라고 주장했다.[55]

반면 이태진은 『한성순보』는 물론 뒤이어 나온 『한성주보』에 대해서도 고종의 역할을 강조했다. 고종의 개화정책이 가장 중요한 동력이었다는 것이다. 그는 "두 신문은 종래 '온건개화파' 또는 '민씨 척족 정권'의 개화정책의 산물로 간주되었다. 그러나 이러한 이해는 지금까지 이 시대의 역사상에 대한 잘못된 인식의 결과였다"며 다음과 같이 주장했다.

"일본 식민주의자들은 '병합' 전후부터 대한제국의 근대화사업의 성과를 부정하기 위해 의도적으로 이 시대사를 대원군과 민황후 사이의 대립으로 정리하였다. 이러한 역사 정리방식은 정치의 중심이던 국왕 고종의 존재와 역할을 몰각시키면서 파벌주의의 폐단을 부각시키는 것이었다. 한국 역사에 대한 일본 측의 식민주의적 왜곡은 이처럼 당대사에 대한 것에서부터 시작되었지만 일제의 식민주의 사관에 대한 우리의 비판의 눈길은 지금까지 불행하게도 이 등잔 밑의 어두운 그늘에까지 미치지 못하였다."[56]

『한성순보』와 사회진화론

『한성순보』는 신문발간의 동기와 기술적 지원은 일본에 의존했지만 신문의 뉴스원·내용과 관련해선 중국의 영향을 더 많이 받았다.[57] 이 신문이 기사로 가장 많이 다루었던 국가는 중국(453회)이었으며 그 다음으로 베트남(165회)·프랑스(71회)·영국(56회)·일본(53회)·미국(47회) 등이었다. 중국 관련 기사가 압도적으로 많았던 이유는 조선과 중국의 관계가 밀접했다는 것 이외에 영국·미국을 비롯한 열강의 선교사나 상인 등이 발간하던 중국계 신문들을 주요 뉴스원으로 이용했기 때문이다.[58] 또한 『한성순보』의 실무자들은 "거의가 한학자와 중국어 역관(譯官) 출신들로서 한문에는 능통한 반면 일본어는 몰랐다는 점"과, 이들이 "일본보다는 중국을 더 숭상"했다는 점도 작용했다.[59]

베트남·프랑스 관련 기사가 많았던 건 1884년 6월 프랑스의 베트남 침략(1883) 문제로 일어난 청불전쟁과 베트남이 프랑스에 먹히는 비극에 대한 동병상련(同病相憐) 감정 때문이었다. 청군은 청불전쟁에서 연전연패했는데 "이 정보가 한국에도 전해져서 종주국으로서의 청국의 권위가 약해지고 반대로 친일파가 강해져서 국왕조차도 친일파를 중용하게 되었다."[60] 박노자는 "김옥균은 이 보도를 통해서 중국이 베트남 문제에 몰두하느라 조선에 간섭할 여유가 없다는 인상을 받고 시기를 놓치지 않기 위해 서둘러 갑신정변을 일으키기도 했다"

며 "머나먼 베트남의 일들이 알게 모르게 한국의 역사 전개에 영향을 끼치고 있었던 것이다"고 했다.[61]

유일상은 『한성순보』가 "세계정세 보도에 있어서 제국주의 열강의 약소국 침략에 대해 반대 입장을 분명히 하면서 침략자를 증오하는 필치를 보이고 있다"며 "월남이 프랑스의 침략을 받게 된 원인으로 월남인이 풍부한 자원을 개발하여 부국강병의 계책을 세우지 않은 채 내정은 부패하고 대신들은 사리사욕을 취하기에 급급하며 권력쟁탈을 위한 당쟁이 심했음을 지적하여 봉건정부에 대한 경고성 논조를 유지하고 있다"고 분석했다.

또한 『한성순보』는 사대주의를 반대하는 입장을 분명히 했다. 이 시기에 첨예한 문제로 제기된 청국과 베트남의 관계 문제에서도, 베트남은 청국의 속국이 아니라 자주국이라는 주장을 폄으로써 우회적으로 조선이 자주국임을 역설했다. 이와 관련 유일상은 "한 가지 재미 있는 현상으로 창간 기사 중에는 '대일본' '대미국' 등의 표제에서 인쇄 후 대(大) 자가 말소된 흔적이 세 개나 발견되는 점이다. 이것은 편집진영 내부의 사대주의자와 그 반대자의 대립이 심각했음을 보여주는 좋은 예라 할 수 있다"고 했다.[62]

『한성순보』는 제국주의에 비판적인 입장을 취하면서도 약육강식이 팽배한 세계대세를 긍정하는 차원에서 그 책임을 피침략국의 잘못으로 돌렸다. 이는 당시 세계 사상계를 풍미하던 사회진화론을 받아들인 결과였다.[63] 『한성순보』 1883년 11월 30일자가 아프리카의 식민화를 아프리카의 야만성을 장황하게 거론하면서 '침략'이라기보다는 일종의 '교화'로 본 것도 바로 그런 시각을 반영한 것이었다.[64]

사회진화론의 조선 내 수입은 유길준이 1883년에 쓴 「경쟁론」이라는 글에서도 잘 나타났다. 이 글에서 유길준은 경쟁심이 일국의 문명부국을 위해서는 반드시 필요한 정신이라며 아무 조건 없이 칭송했다. 이에 대해 구선희는 "이것은 유길준이 사회진화론의 영향을 받았기 때문인데 당시의 약육강식의 논리가 관철되던 세계적 상황에서 조선은 경쟁에서 반드시 승자가 되어야 하고 그러기 위해서는 힘이 정의가 되는 시대상황을 수용해야 하는 것으로 인식한 것이다"며 "이런 경향은 변법개화파에게서도 나타난다"고 했다.[65]

『한성순보』의 상업제일주의

국내 보도의 경우 『한성순보』는 정부의 보도자료에 의존하고 사회 실정에 대해 직접적인 비판을 회피하는 소극적 태도를 보였다. 부국강병의 사상을 역설하고 사대주의를 반대하면서도 국내 문제와 구체적으로 결부된 측면은 취약했다. 또 자본주의제도의 선진성과 봉건제도의 낙후성을 집중적으로 선전하면서도 봉건제도를 구체적으로 반대하는 논조는 미약했다.[66] 이는 『한성순보』가 급진개화파와 온건개화파의 합작품이었기 때문에 나타난 결과인 것으로 보인다.[67]

또 『한성순보』에 실린 다음과 같은 주장은 『한성순보』가 실사구시(實事求是)·이용후생(利用厚生)·상업입국(商業立國)을 추구했음을 보여주고 있다. 처음 글은 김윤식의 글로 알려진 『한성순보』 창간호 사설의 일부이며 두 번째 글은 『한성순보』 제3호에 실린 것으로 김옥균의 글로 알려져 있는 것이다.

"우리는 우리나라의 여러 군자(君子)들이 쓸데없이 시비하지 말고 오직 실사구시(實事求是)를 기할 것을 원한다. …… 낮에는 부강(富強)

의 방책을 생각하고 밤에는 이용(利用)의 방법을 연구함에 분발하여 끼니까지 잊어야 할 것."

"군대를 사방으로 진출시키고 만국과 통상하여 부(富)는 천하에 으뜸을 이루고 이웃 나라를 위압하는 국면은 서양만이 할 수 있는 것은 아니고 우리도 할 수 있으며 부강(富强)하려고 힘쓰면 우리도 세계에 나아가서 쟁패할 수 있다."[68]

『한성순보』가 추구한 '상업제일주의'는 구체적으로 상회사 설립의 필요성을 강조한 결로 나타났는데 『한성순보』 제3호에 실린 글은 다음과 같이 회사의 개념을 설명했다.

"동방의 상인들은 지금까지 4000여 년을 지내오는 동안 단지 한 사람 단독으로 무역하고 바꿀 줄만 알았지 여러 사람이 모여 함께 경영할 줄을 몰랐기 때문에 상업이 성하지 못하고 나라 형세가 떨치지 못한 지 오래되었다. 저 서양은 그렇지 않아서 한 사람 혼자 힘으로 무역할 수 없으면 반드시 백 명 천 명이 함께한다. 그래서 크고 작은 일이 성사되지 않음이 없어 한 집안이 넉넉해지고 나라가 부강하여 다만 한 고장에서 안녕을 누릴 뿐만 아니라 반드시 온 천하에서 우뚝하고자 한다."[69]

『한성순보』는 순한문으로 만들어지긴 했지만 그렇다고 시각적 장면들을 전혀 싣지 않은 건 아니었다. 예컨대 창간호에 실린 「지구전도(地球全圖)」는 목판에 의한 것으로서 신문이 시각적 전달을 위해 시도한 최초의 도판이었다.[70]

우정국 설립

1882년 12월 5일 통리교섭통상사무아문에 우정사가 소속돼 우편 등을 취급했고 1884년 4월 22일(음력 3월 27일) 우정총국이 설립돼 홍영식이 총판에 임명되었다.[71] 1840년 영국이 세계에서 가장 먼저 우편제도를 시작했으니 그로부터 40여 년 만이었다. 우정총국 설립 이후 종로·교동·남대문·동대문 등 서울시 10군데에 국내 1호 우체통이 마련됐으며 당시 우체통은 사각형의 나무통이었다.[72]

또 조선은 1883년 1월 일본의 주선과 덴마크 대북부전신회사(The Great Northern Telegraph Company Ltd.)의 청원으로 '부산 구설 해저전선조관'을 맺었다. 조선 사회에 전신매체가 최초로 도입된 것은 덴마크의 대북부전신회사가 일본 나가사키와 부산 간에 해저전선을 가설하여 전신업무를 개설한 1884년 3월이었다.[73] 이 해저전선은 "우리나라에 설치된 최초의 전신시설이었으나 일본이 정치·경제적으로 진출할 목적으로 만들었던 것이어서 우리에게는 이용가치가 거의 없었다."[74]

오늘날 정보통신부는 우정국 설립일인 4월 22일을 '정보통신의 날'로 지정하고 있지만 우체통은 점점 사라져가고 있다. 전국의 우체통은 가장 많았던 1993년엔 5만 7000개나 됐지만 2007년 4월 현재 전성기의 반도 안 되는 2만 7300여 개로 줄어들었다. 우정사업본부장 황중연은 "아직도 여러 지역에서 우체통이 중요한 소식창구 역할을 하는데 폭죽을 집어넣어 불을 내거나 쓰레기를 버리는 일이 종종 있어 안타깝다"며 "국민들이 불편을 느끼지 않도록 유동인구가 많은 곳에 우체통을 설치하겠다"고 말했다.[75]

04

『한성순보』 이전의 언론

조선의 왕성한 언론활동

유럽에서 신문이 출현한 것은 16세기 중반에서 17세기 초 사이였다. 우리나라 최초의 신문은 1883년에 창간된 『한성순보』이니 유럽에 비해 200~300년 늦은 셈이다. 『한성순보』 이전엔 언론 기능이 없었는가? 그렇진 않다. 형식과 방법을 달리했을 뿐 조선은 왕성한 언론 기능을 갖고 있던 나라였다. 조선왕조 500년의 비밀을 바로 이런 언론 기능에서 찾으려는 학자들도 많다. 문제는 언론이 사실상 양반계급의 독점물이었다는 사실이다.

'언론(言論)'이란 단어는 삼국시대와 고려시대의 문헌에도 등장하지만 조선왕조에 이르러 일상적으로 사용했다. "어떤 논제에 관해 말을 통하여 각자의 의견을 나타내는 일"이라는 뜻이었다. 조선왕조는 '언론' 이외에 '간(諫)'과 '간쟁(諫爭)'이란 말을 많이 썼는데 '간'은 사전적 의미로 "웃어른이나 임금께 옳지 못하거나 잘못한 일을 고치도록 말한다"는 뜻이었다. 또 조선왕조는 오늘날의 '여론' 개념인 '공론(公論)'과 그 유사 용어들도 많이 사용했다.[76]

사간원과 사헌부의 관리를 가리키는 대간(臺諫) 또는 언관(言官)은 오늘날의 언론인과 비슷한 기능을 수행했다. 사간원은 임금의 동정을 살피고 시정(時政)이나 인사의 잘못을 논하고 간(諫)하는 기관이며 사헌부는 시정을 논하고 백관의 잘못을 규찰하며 풍속을 바로잡는 기관이었다. 조선시대 대신을 임금의 팔과 다리에 비유하고 대간을 임금의 눈과 귀에 비유했던바 그래서 대간을 이목지관(耳目之官)이라고 불렀다. 여기에 홍문관을 더해 삼사(三司)라고 불렀다.[77]

언로(言路)라는 표현도 자주 쓰였다. 언로는 냇물이 막히면 썩는다는 뜻으로 자주 냇물과 비교되었다. 조선왕조실록엔 "언로가 통하면 국가가 편안하고 언로가 막히면 나라가 망한다"는 표현이 자주 보이는 등 '언로'라는 말이 무려 4712건이나 등장한다.[78]

'언로 지킴이'라 할 수 있는 언관은 근거를 제시하지 않아도 되었지만 국왕은 자주 출처를 요구했고 그때마다 언관들은 투옥을 감수하며 취재원을 보호했다. 성종 8년(1477) 7월 사헌부 장령(掌令) 경준(慶俊)이 "말의 근원을 물으시면 사람이 연루됨을 두려워할 것인데 누가 대간과 더불어 즐겨 말하겠습니까?"라고 항의한 것이 그 좋은 사례다.[79]

유생의 상소문화

상소도 중요한 언론 형식이었다. 김문식은 "조선시대의 공론(公論)이란 '국가 공공의 의논'이라는 뜻으로 오늘날 언론 혹은 여론이라는 말과 가깝지만 단지 다수의 견해라기보다 국가의 흥망이나 유학의 성쇠와 같은 대의명분으로 뒷받침되는 것이어야 했다"며 다음과 같이 말했다.

"주목해야 할 점은 당시 언론이 언관이라 불리는 사간원·사헌부·홍문관 관리들만의 몫이 아니었다는 점이다. 예비 관리 집단으로 전국 각지에 거주하던 유생들의 재야언론이 막강한 영향력을 행사했기 때문이다. 유생들의 언론은 상소를 통해 공론으로 표출되었다. 상소에는 서울에 있는 성균관과 사부학당의 유생이 올리는 관소와, 지방 향교나 서원, 각 행정단위에 거주하는 유생들이 올리는 유소가 있었다. 이들은 때로 힘을 합하여 연합소를 올리기도 했다. 유생들이 올린 상소는 승정원을 거쳐 국왕에게 전달되었는데 특히 성균관 유생이 올린 상소에는 국왕이 직접 답변을 하는 것이 관례였다. 따라서 유생들은 비록 현직 관리는 아니었어도 공론을 형성하는 주체로 기능했고 이로 인해 조선시대의 정치참여층이 그만큼 확대되는 효과를 낳았다."

이어 김문식은 "유생의 상소가 표방하는 것은 공론이지만 중앙의 정치세력과 정치적 연대를 맺고 작성될 경우에는 사실상 당론과 구분하기 어려웠던 것이 사실이다"라고 지적하면서도 "그렇지만 유생들의 상소는 공론정치라는 새로운 정치문화를 형성하고 정치참여층을 크게 넓히는 효과를 가져왔다"고 평가했다.

"또한 그들이 형성한 공론은 군주나 특정 집단이 정국을 독점적으로 운영하는 것을 견제했다는 점에서 한국적 정당정치의 원형을 보여주기도 한다. 조선시대에 유생은 상소를 올리기 전 굳은 결심을 하고 나서야 했다. 유배는 물론이고 경우에 따라서는 죽음까지 각오해야만 했기 때문이다. 그렇지만 그들은 자신의 주장을 공론으로 확신했기 때문에 죽음을 두려워하거나 생각을 바꾸지 않았다. 연말 대선을 앞두고 수시로 변하는 여론조사 결과에 따라 요동치는 정국을 보며 그런 조상의 기개와 소신이 그리운 것은 비단 나 혼자만이 아닐 것이다."[80]

성균관 유생들은 상소가 받아들여지지 않을 경우 집단 시위를 하기도 했다. 가장 극단적인 방법이 식사 거부의 표현으로 식당에 들어가지 않는 권당과, 나아가 각자 집으로 돌아가 아예 성균관을 비우는 공관이 있었는데 권당과 공관은 조선시대를 통틀어 100여 차례나 있었다.[81]

만인소와 풍문탄핵

상소 중에서도 가장 강력한 건 만인소(萬人疏)였다. 상소에 1만여 명이 연대 서명을 했다고 해서 이름 붙여진 만인소가 처음 기록에 등장하는 것은 1792년(정조 16년) 영남 유생들이 상소한 것으로 사도세자를 복권시켜 달라는 것이었다. 영조 대에 유생들의 상소가 너무 많아 성균관에서 걸러내는 법이 만들어지기도 했으나 만인소만은 어디도 거치지 않고 왕에게 직접 전달됐다.

만인소는 작성자 쪽에서도 큰 부담이었기 때문에 『일상록』 『승정원일기』 등 기록에 남은 만인소는 모두 일곱 점이며 현재까지 남은 것은 세 점이다. 만인소 일곱 점 중 다섯 점을 영남 유생들이 작성했으며 서인들에게 정치적 치명타가 될 수 있는 사도세자 관련 내용이 두 점인 것은 조선 후기 정치사에서 비주류로 밀려난 남인들이 만인소를 이용해 자신들의 정치적 열세를 '공론'이라는 형식으로 돌파하고자 했기 때문인 것으로 추정된다.[82]

조선시대에는 풍문탄핵(風聞彈劾)이 유행하기도 했다. 확실한 정보

조선시대 1만 여 유생(儒生)이 잘못된 정부 시책에 대해 집단적으로 연명하여 올린 만인소.

는 아니지만 이미 세간에 파다하게 소문이 나면 그것만으로도 탄핵을 허용했다. 탄핵을 받은 사람은 사실 여부를 떠나 일단 그 자리에서 물러나 조사를 받은 다음 탄핵 내용이 사실이면 당사자가 처벌받고 허위이면 공격한 대간이 처벌을 받았다.[83] 이성무는 그럼에도 풍문탄핵은 많은 문제를 낳았다며 다음과 같이 말했다.

"반대파에 대한 근거 없는 인신공격으로 악용될 수 있는 소지가 다분했다. 조선 후기에 당쟁이 격화되면서 이런 우려는 현실로 나타났다. 대간은 풍문탄핵의 근거로 공론을 들었다. 그러나 공론이란 것도 당쟁이 격화된 시기에는 분열된 당론(黨論)에 지나지 않았다. 당쟁의 시대에 대간의 풍문탄핵은 반대 당파를 공격하는 도구로 이용될 뿐이었다. 더욱이 대간을 비판한다는 것 자체가 부도덕한 일로 여겨질 만큼 대간의 탄핵권이 강성했을 때는 풍문탄핵을 저지할 길이 없었다."[84]

공론장 논쟁

그간 많은 학자들이 조선의 공론문화가 활발했다는 연구 결과를 내놓았지만 이에 대한 반론도 있다. 방정배는 "봉건적 신분사회나 왕조적 폐쇄사회에서는 자유롭게 공론을 형성해낼 수 있는 합리적이고 평등하며 누구나 참여할 수 있는 열린 커뮤니케이션 마당으로서의 공론장(공론수렴제도)이 열리지 않고 있었으며 공론장의 주체인 공공도 없었다"면서 "그런 사회에서 민심이나 공론을 왈가왈부한다는 것은 이 용어들을 참칭하고 있는 것 이상이 아니다"고 주장했다. 이에 대해 김영주는 다음과 같은 질문을 제기했다.

"그렇다면 직접 민주정의 효시로 알려진 고대 그리스의 아테네에서는 공중이 없었기 때문에 민주정치는 있으되 공론은 이루어지지 못했으며 공론정치를 주요한 정치이념으로 삼았던 조선왕조시대 역시 공중이 없었기 때문에 공론이 형성되지 못했는가? 또한 조선왕조실록에 수백 번씩 나오는 공론과 공의라는 용어는 아무런 의미도 없는가? 그리고 조선왕조시대에 본궤도에 올라선 다양한 공론수렴제도들은 공론 형성 기능을 제대로 수행하지 못했는가?"[85]

이는 '민중의 참여'를 어떻게 볼 것인가 하는 문제이기도 하다. 조선시대엔 일반 민중들을 위해 신문고를 비롯한 열린 언론제도가 있었으나 형식적이었으며 민중이 실제로 이용한 건 상언·격쟁·민담·한글소설·민요·민화·가면극·판소리·유언(流言)·동요·소문·민심·풍문·괘서(掛書) 등과 같은 비제도권 커뮤니케이션이었다.(상언은 왕의 행차가 있을 때 그 앞에 나아가 글을 올려 억울함을 호소하는 것, 격쟁은 왕이 있는 곳 근처에서 시끄럽게 징을 울려 왕의 이목을 끈 다음 구두로 자신의 억울함을 호소하는 것, 괘서는 이름을 숨긴 벽보를 뜻한다)[86]

언론이 조선왕조 500년을 일구었다

제도권 매체 중심의 관점에서 보자면 우리나라 신문의 역사는 조보(朝報)까지 거슬러 올라가야 할 것이다. 조보는 조선시대 승정원에서 주로 조정의 소식을 필사하여 양반 관료들에게 반포한 것으로, 조선조 초기에서 1895년까지 발행된 일종의 관보이다. 엄밀히 말하면 1895년 필사 형식의 조보가 인쇄 형식의 관보로 바뀐 것이다.[87]

조보의 발행부수는 440여 부로 추산되지만 인쇄가 아닌 필사로 작성되었다는 걸 감안할 때에 작성자들에게 대단한 수고가 요구되었다고 볼 수 있겠다. 조보는 승정 서리들이 베껴서 발송했던 게 아니고 각 관청에서 보낸 서리들이 필사해갔다.[88]

승정원의 필사조보는 비공개에 가독성이 떨어져 1577년(선조 10년) 8월에 서울에 사는 민간인 수 명이 의정부와 사헌부의 허가를 받아 활자로 인쇄한 인쇄조보를 제작, 판매하게 되었다. 이게 계속되었더라면 한국 신문의 역사도 크게 달라졌겠지만 3개월이 지난 11월에 이를 우연히 알게 된 선조가 자신의 허락 없이 발행했다는 걸 문제 삼아 인쇄조보를 폐간시키고 조보발행 관련자 30여 명을 유배형으로 처벌하는 동시에 사헌부와 사간원 책임자를 경질시키는 조치를 취함으로써 다시 필사조보의 시대로 돌아가고 말았다.[89]

조보는 오늘날의 신문과는 큰 거리가 있어 근대적 의미의 신문의 역사는 '한국 최초의 신문'으로 일컬어지는 『한성순보』에서부터 출발한다. 1881년 제일 먼저 개항한 부산에서 일본인들이 일문으로 된 『조선신보』라는 신문을 냈지만 그건 어디까지나 한국에서 낸 일본 신문이지 우리 신문은 아니었다.[90]

전반적으로 보아 비록 서구식 신문의 발달은 늦었지만 조선조의 언론활동은 매우 활발한 편이었다. 김경수는 "'언론'이 조선왕조 500년을 일구었다"고 평가했고[91] 설석규는 조선시대 정치는 상소 등을 통한 '공론(公論)정치'를 골격으로 하고 있었다며 "조선왕조가 외형상 정치적 대립 갈등이 상존하는 가운데에도 세계 근세 역사상 유례를 찾아보기 힘든 518년이라는 장구한 수명을 견지할 수 있었던 원동력이 바로 여기에 있었던 것"이라고 평가했다.[92]

이성무는 500년 왕조가 유지될 수 있었던 비결 중의 하나로 부패를 방지하기 위한 노력으로서의 대간제도를 높이 평가하면서도 "대간이 긍정적으로 기능할 때 조선왕조는 건강하게 운영되었지만 부정적으로 기능할 때는 중심축을 잃고 혼란에 빠졌다"고 했다.

"실제로 조선왕조의 흥망은 대간제도와 운명을 같이했다. 대간제도가 제대로 운영될 때에는 태평성대를 구가했지만 대간제도가 제대로 작동하지 않으면서부터 점차 망국의 나락으로 빠져 들어갔던 것이다."[93]

왜 대간제도가 제대로 작동하지 않았던 걸까? 가장 큰 원인은 세도정치였다.[94] 언로(言路)가 몇 개 유력 가문에 의해 장악돼버린 탓이었다. 돌이켜보자면 대간제도는 좀더 일찍 좀더 폭넓은 여론수렴이 가능한 신문 등과 같은 근대적 언론제도로 전환되었어야 했다. 신문의 등장과 발달이 너무 늦은 것이었다. 그러니 자신의 뜻을 전할 길이 없는 민중은 저항의 길로 나설 수밖에 없었고 이런 내부갈등은 망국을 재촉했다. 결국 이렇게 된 1차적 책임은 양반 중심의 강고한 신분제에 있다고 보아야 할 것이다.

제9장

급진파와 온건파의 충돌

01

조영신조약과 조러수호조약

박영효 · 김옥균 등 개화파의 오판

조미수호조약 이후 조선은 불과 2주일 만에 조영수호통상조약(1882년 6월 6일)과 조독수호통상조약(1882년 6월 28일)을 맺었다. 그런데 영국이 비준을 거부하고 새 조약을 맺자고 억지를 부리기 시작했다. 기존 조약으로 러시아의 한반도 침투를 저지하겠다는 정략적 목적은 일단 달성했지만 경제적 욕구 충족엔 미흡하다는 판단 때문이었다.[1]

박영효 · 김옥균 등 개화파는 1882년 8월 임오군란의 뒷처리를 위해 수신사로 도쿄에 체류하게 된 기회를 이용해 일본 외무성의 주선으로 주일영국공사 파크스(Harry Parkes)를 예방했다. 다시 개화파는 청에 대해 분개하고 있던 상황이었다. 최문형은 "어떤 방법을 써서라도 청의 속박으로부터 벗어나야겠다는 일념에 사로잡혀 영국을 이용해보려 했던 개화파의 계략은 결국 18년간이나 주일공사로 활약해온

이 노회한 영국 외교관에게 여지없이 역이용당하고 말았다"고 했다.[2]

파크스는 개화파를 포섭, 1883년 11월 26일 민영목과 조영신조약 (파크스조약)에 서명할 수 있었다. 그는 12월 4일자 서한을 통해 "우리는 원하는 모든 것을 얻었다"고 했는데 실제로 조영신조약은 조선에 너무나도 불리한 것이었다. 무엇보다도 관세율이 이전 조약의 절반 정도로 인하되었다. 더욱 큰 문제는 이 세율이 영국에만 적용되는 게 아니라는 데에 있었다. 같은 날짜로 조독신조약이 체결됨으로써 독일에도 그대로 적용되었고 이미 조약을 체결한 일본과 미국에도 적용되었다. 뿐만 아니라 장차 수교가 이루어지게 되는 다른 나라들에도 적용될 수밖에 없었다.[3]

조미조약이 아니라 조영신조약이 규범

최문형은 "한영신조약은 이후 한국의 관세 수입에 엄청난 손실을 안겨주게 되었고 그럼으로써 이후 한국의 재정을 악화시킨 결정적 요인이 되었다"며 다음과 같이 말했다.

"그러나 한국이 이처럼 영국의 요구를 받아들여 관세를 크게 낮추어주었다고 해서 영국이 우리가 기대했던 청의 대한종주권 배제에 협력해준 것은 결코 아니었다. 그들은 엄청난 이득만을 챙겼을 뿐 오히려 자국의 주청(駐淸)공사로 하여금 주한공사를 겸직하게 하고 서울에는 대리총영사를, 제물포에는 영사를 두어 각각 베이징에 종속시킴으로써 청의 대한종주권을 외교적으로 지원해주기까지 했다. 영국으로서는 러시아의 한반도 침략을 저지하는 데 청을 이용하려면 그들에게 대한종주권을 인정해주어야 할 필요가 있었기 때문이다."[4]

이어 최문형은 "특히 강조하고자 하는 점은, 이후 모든 열강의 대한수교가 일반적으로 알고 있는 것처럼 한미조약을 규범으로 하는 것이 아니라 내용상 한영신조약을 규범으로 하게 되었다는 사실이다"고 했다.[5]

영국은 사실상 독일과 합동으로 이 일을 추진했기 때문에 독일도 조독신조약을 체결할 수 있게 되었고 조선은 이어 이탈리아(1884년 6월)·러시아(1884년 7월)·프랑스(1886년 6월)·오스트리아(1892년 6월)·벨기에(1902년 3월)·덴마크(1902년 7월) 등과도 잇달아 조약을 맺었다. 이 모든 조약들이 다 불평등조약이었다. 당시 조선은 10퍼센트 이하의 관세를 부과하는 규정을 체결(실제는 5~8퍼센트 부과)했는데 보호무역주의가 일반적 추세였던 유럽 지역의 관세율 20~30퍼센트에 비하면 엄청나게 낮은 것이었다.[6]

청을 견제하기 위한 조러수호통상조약

청의 조선에 대한 제국주의적 지배가 더욱 심화되자 김옥균·박영효·홍영식·서광범·서재필 등 급진개화파와 고종은 청국이 가장 두려워했던 러시아와 수교함으로써 러시아를 청의 견제세력으로 이용하고자 했다. 여기에 묄렌도르프의 권고도 있었다. 급진개화파의 접촉 끝에 1884년 7월 전격적으로 조러수호통상조약을 체결하기에 이르렀다. 이른바 인아책(引俄策)이었다.[7]

러시아의 입장은 어떠했던가? 최근 발굴된, 1884년 10월 8일 기르스 외무상이 톨스토이 내무상에게 보낸 조러수호통상조약 13조 전문 등이 포함된 23쪽에 달하는 극비문서의 일부 내용은 다음과 같다.

1876년 개항 이후 조선에 와 있던 러시아 군인들.

"서울에서 체결한 조러수호통상조약 문을 동봉한다. 외무성은 조선과의 수교가 불가피하다고 판단하고 있으나 정치적 상황이 여의치 못해 이를 실현시키지 못하고 있었다. 그러나 독일과 영국이 조선과 통상조약을 체결했다는 소식을 접한 후 황제폐하(니콜라이2세)의 윤허를 얻어 서울에 웨베르(전권위원, 초대 대리공사)를 보내 조약을 체결했다. 이 조약은 독일과 영국이 체결하지 못한 영사관 설치 문제가 제2조에 명문화돼 있으며 블라디보스토크주재 청국영사관의 불만을 피하기 위해 그곳에 조선영사관을 허용하지 않은 특징이 있다."[8]

그럼에도 세상은 개화파의 뜻대로 돌아가진 않았다. 점점 더 강해지는 보수세력의 압박으로 큰 정치적 위기에 처하게 되자 김옥균·박영효·홍영식·서재필 등이 주동이 된 급진개화파는 "죽음을 무릅쓰고서라도 자주권의 회복을 결심"했고(서재필의 말)[9] 그 결과 정변이라는 비상수단을 강구하게 되었다. 그게 바로 1884년 12월 4일 우정국 낙성 기념축하연에서 단행된 갑신정변이다.

02

미국 보빙사 단장 민영익의 귀국

민영익과 김옥균의 결별

조미조약 체결 1주년을 맞아 미국으로 파견된 보빙사를 이끌었던 정사 민영익은 미국·유럽 순방을 마치고 1884년 5월 말 귀국했다. 그는 귀국 후 "나는 암흑세계에서 태어나 광명세계에 갔다가 다시 암흑세계로 돌아왔다"고 고백했다.[10]

보빙사 귀국 후 개화정책은 급격히 미국을 통로로 추진되기 시작했다. 미국인 군사교관을 초빙하고 라이플총 4000정을 미국에 주문했다. 양잠시설과 상하이-인천, 부산-시모노세키 간 기선항해를 미국회사에 허락하고 민영익이 미국에서 구입한 가축들로 목장을 개설했다.[11]

김옥균은 윤치호를 데리고 인천으로 민영익을 마중하러 나갈 정도로 김옥균과 민영익은 '동지' 관계였지만 민영익이 나라 밖을 구경하고 다닌 근 1년간의 세월은 그 관계를 파탄내고 말았다. 정확히 무슨 이유 때문이었는지는 알 수 없지만 민영익은 귀국 후 수구당 쪽으로 되돌아섰고 김옥균 등과 멀어졌다.

민영익의 변화 이유

민영익은 왜 달라진 걸까? 서영희는 "흔히 민영익이 보빙사행 이후 오히려 개화에서 후퇴하여 수구세력 쪽에 가담함으로써 개화당에서 이탈했다고 얘기되고 그 증거로 민영익이 여행 내내 유교경전만 보았다거나 미국이 조선을 도와줄 역량이 없다는 걸 알고 친청 쪽으로 기울기 시작했다는 기록들을 들고 있으나 미국여행 시 그토록 적극적으로 근대 문물을 구경하고 유럽여행까지 한 민영익이 급작스럽게 수구로 돌아섰다는 것은 믿기 어려운 사실이다"며 다음과 같이 주장했다.

"근대문명의 본고장인 미국과 유럽을 둘러보며 일본을 통한 서기(西器) 수용만이 최선책이 아닌 것을 깨달았고 또 국제 정세에 대한 시야의 확대로 일본 측과 너무 밀착된 김옥균 등을 멀리하기 시작한 것으로 보는 것이 오히려 자연스럽다고 생각된다."[12]

그러나 이정식은 민영익을 '주견(主見)이 없는 변덕쟁이'로 규정하면서 "민영익의 용서될 수 없는 행동은 그가 너무나 열악한 환경에서 자라났기 때문이라 할 것이다. 그랬기 때문에 민비를 포함한 민씨 척족은 자기 가문의 생존과 번화(繁華)라고 하는 너무나 근시안적인 안목을 가질 수밖에 없었고 민족의 장래라는 개념은 물론이고 조선의 장래라는 개념조차도 갖고 있지를 못했다"고 주장했다.[13]

이어 이정식은 "우리가 민씨 댁의 가난했던 과거를 논하지 않을 수 없는 이유는 그들의 경제 사정이 자제들의 교육과 인격 형성에 직결

한자리에 모인 개화파와 수구파. 1883년 미국에 파견된 보빙사 일행이 출발 전 일본에서 찍은 사진. 앞줄 가운데가 민영익, 그 옆에 앨범을 들고 있는 이가 서광범, 왼쪽 맨끝이 홍영식, 뒷줄 왼쪽에서 네 번째가 유길준이다.

되었기 때문이다. 100여 년이 지난 지금의 상황도 대동소이(大同小異)하다고 할 수 있을지 모르지만 1860년대 내지는 1870년대에 있어서 비참할 정도로 가난했던 가정의 자제들이 권세 있고 부유한 가정의 자제들과 대등한 교육을 받았을 리가 없다"며 다음과 같이 말했다.

"이러한 환경이 청소년에게 주는 영향은 개개인에 따라서 다를 것이었지만 민영익의 경우는 결단력이 약하고 우유부단하고 상황에 따라서 급변하는 유동적 성격을 만들어낸 것으로 보인다. 그럴 뿐 아니라 그는 자기의 환경을 초월해서 민족의 앞날을 내다볼 수 있는 통찰력은 물론이고 그러한 생각을 할 수 있는 능력조차 가지지 못했던 것으로 보인다. 그러기에는 그가 너무나 젊었는지도 모른다. 갑신정변이 일어난 1884년에 그의 나이는 만 스물네 살에 지나지 않았다."[14]

미국의 조선 박대

보빙사를 보낸 보람도 없이 미국은 조선을 박대했다.

고종은 1883년 10월 푸트를 불러 조선의 미숙한 외교문제를 다루고 신식군대를 교육할 수 있는 외교고문과 군사훈련교관을 파견해주면 2품의 벼슬을 주겠노라고 했다. 그러나 이는 이행되지 않다가 수년이 지난 1888년 4월에서야 다이(William Dye)를 비롯한 네 명의 교관이 조선에 파견되었다.[15]

1884년 7월 7일부터 한국에 있는 전권공사의 자리는 변리공사 겸 총영사로 격하되었다. 이 때문에 푸트는 사임하고 귀국했다.[16] 1886년 6월 9일 파커(W. H. Parker)가 내한할 때까지 해군무관 포크가 임시 대리공사로 일했지만 포크는 박봉에 시달려 업무 수행을 제대로 하기 어려웠다.[17]

류대영은 "일본은 거의 모든 개항지에 영사관을 설치하고 있었으며 중국·러시아·영국 등도 최소한 두 개의 영사관을 가지고 있었다"며 "조선에 대한 미국의 무관심은 미국이 조선에 진출한 주요 국가 가운데 서울 이외의 지역에 영사관을 설치하지 않은 유일한 국가였다는 사실을 통해서도 짐작할 수 있다"고 했다.[18]

역설이지만 미국이 조선에 별 가치를 느끼지 못했다는 게 오히려 훗날 조선의 국가적 운명에 비극적인 결과를 초래하게 된다.

03

의료선교사 앨런의 입국

미국의 무디 부흥

1872년 미국의 유명한 부흥사인 무디(Dwight L. Moody, 1837~1899) 목사가 미국의 조그만 교회에서 부흥회를 열었는데 열흘 동안 400명이 구원받는 놀라운 역사가 일어났다고 한다. 박용규는 '무디 부흥'을 비롯하여 미국 · 캐나다 · 영국 전역을 휩쓴 놀라운 부흥을 경험한 젊은이들이 뜨거운 심장을 가지고 세계 오대양육대주로 흩어졌다며 다음과 같이 말했다.

"그중에 아시아는 최대의 선교 대상지였고 그 가운데서도 조선은 이들이 가장 선호하는 선교지였다. 한국 선교의 개척자 가운데 한 사람이었던 찰스 A. 클락은 놀라운 사실을 전해준다. 그가 맥코믹 신학교 재학시절 마흔네 명의 졸업반 학생 중 열여덟 명이 해외 선교를 지망했고 그들 모두가 조선을 지망했다는 것이다. 그러나 그와 컨스 두 사람만이 조선에 선교사로 입국할 수 있었다. 이처럼 당시 조선에 선교사로 입국하려면 엄청난 경쟁을 뚫어야 했다. 선교에 대한 열정만 가지고서는 조선 땅에 발을 디딜 수 없었다."[19]

소래는 한국 개신교의 요람

이와는 별도로 1873년 조선 선교에 뜻을 둔 스코틀랜드 연합장로교회 소속의 로스(J. Ross)와 그의 매제인 매킨타이어(J. McIntyre)는 청국과 조선 간의 국경이자 합법적인 교역관문인 만주 통화현 고려문에서 조선 상인들을 만나 한문 성경을 팔며 전도에 나섰다. 조선 상인들은 성경엔 관심이 없고 이들이 입은 영국산 면제품인 '양복'에만 관심을 보여 이들을 실망시켰지만 나중에 여관에 있는 로스에게 50대의 남자 상인 한 명이 찾아와 신약성경을 받아갔다. 이 상인은 최초의 개신교 순교자가 된 백홍준 장로의 아버지였다.[20]

 1876년 강화도조약으로 조선의 문호가 개방되자 로스는 다시 만주를 방문하여 의주 상인 이응찬·이성하·김진기·서상륜 등을 만나 이들에게 성경을 가르치면서 함께 성서 번역에 손을 댔다. 이 네 명은 1879년 매킨타이어로부터 세례를 받고 신앙공동체를 형성해 최초의 한국 개신교회를 출발시켰으며 1881년엔 최초의 한글 성경 『예수성교누가복음젼셔』를 간행했다. 이들은 한글로 번역한 『누가복음』과 『요한복음』을 들고 1884년 고향인 황해도 장연 소래(松川, 솔내)에 교회를 세우고 선교에 나섰다. 훗날 백낙준은 소래를 '한국 개신교의 요람'이라 불렀다.[21]

앨런의 입국

한편 무디가 촉발시킨 선교 붐을 타고 일본에서 활동하던 미국 감리교 선교사 맥클레이(Rober S. MacLay)는 주일미국공사 빙햄(John A. Bingham)과 주조선미국공사 푸트(Lucius H. Foote)의 적극적인 후원을 받아 1884년 6월 24일부터 7월 8일까지 조선을 방문했다. 그는 이때 김옥균을 통해 한국에서 학교와 병원 사업을 할 수 있도록 고종황제에게 허락받아줄 것을 요청했다. 고종의 허락이 떨어지자 미국 북장로교 선교사로 중국 상하이에서 활동하던 의료선교사 앨런(H. N. Allen · 安連, 1858~1932)이 1884년 9월 20일 인천 제물포에 도착, 22일 서울에 들어섰다.[22]

이미 조선의 천주교 박해는 널리 알려진 사실이었기에 앨런은 한국 선교사로 파송될 때 주조선미국공사관 공의(公醫) 자격으로 입국했다. 앨런은 천주교가 조선 사회와 심각한 갈등을 겪었던 걸 반면교사로 삼아 포교에 신중을 기했다. 장석만은 개신교가 천주교와 구별되는 포교전략으로 사용한 방법은 다음 세 가지라고 했다.

"첫째 천주교가 정치에 관여하는 데 비해 개신교는 절대 정치에 간섭하지 않는다는 것, 둘째 천주교가 마리아숭배 등 우상숭배를 하는 데 비해 개신교는 오직 유일신만을 믿는다는 것, 셋째 천주교가 프랑스의 종교인 데 비해 개신교는 미국의 종교라는 것이다. 첫째와 셋째 방식은 서로 연관되어 미국의 개신교 선교사가 조선에서 호의적으로 수용되는 데 크게 기여했으며 개인의 종교 신앙의 자유와 정교분리가 '우리의 당연함'으로 자리잡는 데 기반이 되었다."[23]

앨런 이후 들어오는 선교사들도 무디의 영향을 강하게 받았는데 이들은 타교파에 대해서는 관대했으나 신학적 자유주의나 성경 비판은 단호히 배격했다. 미국 북장로교 선교부의 총무였던 브라운(A. J. Brown)은 한국에 온 선교사들을 이렇게 평했다.

"그들은 성경 비판이나 자유주의는 위험한 이단으로 간주한다. 미국이나 영국의 복음주의 교회는 대부분 보수파든 자유파든 평화롭게 공존하며 공동으로 일을 하기도 하는데 한국에서는 자유주의 신학사상을 가진 사람은 어려운 길을 가야 한다. 그런데 이러한 경향은 장로교회에 더욱 짙음을 본다."[24]

입국 이후 앨런은 조선 조정이 미국으로 기울게끔 하는 데에 큰 기여를 하게 되지만 미국은 결코 믿을 수 있는 나라가 아니었다. 아니 냉혹한 국제관계에서 어느 나라는 믿을 수 있었겠는가.

04

3일 천하로 끝난 갑신정변

고종의 소극적 동의

1884년 안남(베트남) 문제를 둘러싸고 청과 프랑스가 대립하여 청이 서울주둔 청군 3000명 중 1500명을 안남전선으로 이동시킨 데 이어 6월에는 안남에서 청불전쟁이 일어났고 8월에는 프랑스 함대가 청국 복건함대를 격파했다. 김옥균을 비롯한 개화당은 이 절호의 기회를 놓칠세라 1884년 9월 정변을 일으키기로 결정했다.[25]

내부사정도 정변을 재촉했다. 1881년부터 불거진 개화파와 수구파의 불신과 대립은 1884년에 이르러 극에 다다랐다. 특히 개화파의 중심인물이었던 민영익이 보빙사의 정사로 미국과 유럽을 다녀온 뒤 (1884년 5월 31일) 수구파로 전향하면서 개화파의 위기의식은 고조됐다. 여기에 개화당의 박영효는 한성판윤에서 광주유수로 좌천됐다가 다시 6개월 뒤 광주유수에서도 물러나야 했던 반면, 민영익은 10월 외아문협판을 사임하고 한규직·이조연·윤태준과 함께 군대통솔권을 장악하고 서울주둔 청군과의 유대를 강화시켜나가고 있었다.[26] 민영익은 일본식 교육을 받은 사람들을 군에서 축출하는 등 개화파 활동을 제약함으로써 김옥균 등과 민영익은 '함께 국사(國事)를 논의할 수 없는 사이'(미국공사관 포크 무관의 보고)가 되고 말았다.[27]

1884년 10월 30일, 1년 전 휴가차 본국으로 돌아간 일본공사 다케조에 신이치로가 서울로 귀임했다. 개화당에 대해 적대적이었던 예전의 다케조에가 아니었다. 일본의 조선정책이 달라졌기 때문이었다. 일본은 청불전쟁을 조선에 대해 영향력을 강화할 기회로 삼아 일단 개화파를 '침략의 통로'로 이용하기로 정책을 바꾸었다. 이런 변화는 다케조에가 개화파를 대하는 태도에 그대로 반영되었으며 정변을 꿈꾸던 개화당은 이에 크게 고무되었다.[28]

개화당은 충의계 계원 약 40여 명, 사관생도 13명, 조선군 친군영 전·후영군 약 1000명 등 총 1050명가량의 무력을 준비하여 1500명의 청군에 대항코자 했는데 다케조에는 개화당에게 일본공사관 호위 무력 150명을 빌려주겠다고 먼저 제의해왔다. 그래서 동원 가능한 정변 무력은 약 1200명이 되었다.[29] 게다가 다케조에는 다음과 같은 장담으로 김옥균의 낙관론을 부추겼다.

"중국의 군사가 1000명이 된다 하더라도 우리(일본) 일개 중대의 군사가 먼저 북악을 점거하면 2주 동안은 지탱할 수 있으며 남산을 점거하면 2개월 동안 수비할 수 있으니 결코 걱정할 것이 없다."[30]

김옥균은 거사 5일 전 대궐로 들어가 고종과 독대하고 갑신정변의 계획을 밝혔다. 이에 고종은 "국가의 명운이 위급할 때 모든 조처를 경의 지모에 맡기겠소"라고 화답했다.[31] 고종의 이런 태도와 관련 김인숙은 "무능한 군주라는 오명에도 불구하고 그는 조선의 강력한 자주를 꿈꾸었고 조선의 힘을 위해 개화된 문명을 열망했으며 청의 압력으로부터 나라를 방어하기 위해 개화파에 힘을 실어주었다"고 평가했다.[32]

개화파의 잔혹함에 대한 고종의 분노

1884년 12월 4일(음력 10월 17일)은 우정총국(郵征總局) 건물이 완공돼 축하연회가 열리는 날이었다. 우정총국은 해외를 시찰하고 돌아온 홍영식의 건의로 근대식 우편사무를 취급하기 위해 1884년에 설치한 관청이었다. 개화당은 그날 밤 떠들썩한 분위기를 이용해 부근 민가에 불을 지르고 왕궁 안팎에 폭약을 터뜨리며 공포분위기를 조성한 뒤 정변을 일으키기로 계획했다.

12월 4일 저녁 6시 우정국 만찬장에는 열여덟 명의 국내외 요인들이 둘러앉았다. 최초의 계획이었던 안동 별궁 방화가 실패로 돌아갔다는 기별에 정변 주동자인 김옥균·박영효·홍영식 등은 좌불안석(坐不安席)이었다. 김옥균은 실패로 돌아간 별궁 방화 대신 민가에 불을 지르라고 지시했고 행동대원 유혁로는 죽여야 할 사람들은 그냥 이 파티 자리에서 죽여버리자고 주장했다. 얼마 후 창밖으로 불길이 치솟고 포성이 뒤따르자 연회장은 순식간에 아수라장이 되었다. 가장 먼저 불길을 향해 달려 나갔던 민영익은 칼에 찔린 채 피투성이가 되어 쓰러졌다.[33]

김옥균은 민영익의 사망 여부를 확인할 겨를도 없이 고종이 있는 창덕궁으로 내달렸다. 청군의 반격에 대응하기 쉬운 경우궁으로 임금을 모시기 위해서였다. 김옥균은 박영효·서광범과 함께 고종의 침실로 들어가 우정국 사건을 간략히 전하고 경우궁으로 옮길 것을 건의했다. 고종은 김옥균이 권하는 대로 일본공사에게 "일본공사래호짐(日本公使來護朕, 일본 공사는 와서 짐을 지키라)"는 친서를 내리고 경우궁으로 거처를 옮겼다.[34]

다케조에가 이끄는 일군이 경우궁의 안팎에 포진한 가운데 임금을 만나기 위해 달려온 윤태준·이조연·한규직·조영하·민영목·민태호 등 대신들이 칼을 맞고 쓰러졌다. 아무도 죽이지 말라는 고종의 외침에도 불구하고 내시감 유재현은 고종의 눈앞에서 목숨을 잃었다. 이날 개화당의 칼에 사라진 대신의 목숨은 열한 명에 이르렀다.[35]

김인숙은 "이 무자비한 칼바람 앞에서 고종은 참혹하게 질려버린다. 개화파의 잔혹함에 대한 분노로 말미암아 진보와 개혁에 대한 믿음마저 사라져버린다. 그러나 그런 군주의 마음을 읽을 여유가 개화당에는 없었다"며 다음과 같이 말했다.

"이번이 아니면 안 된다. 수구의 목을 단번에 날려버려야 한다. 그 잔인한 새벽 개혁정권의 각료 명단이 발표된다. 우의정 홍영식, 전후영사 좌포장 박영효, 좌우영사 겸 대리 외무독판 겸 우포장 서광범, 호조참판 김옥균, 병조참판 겸 정령관 서재필, 도승지 박영교. 대원군 쪽 인물들도 보인다. 대원군의 조카인 이재원은 좌의정을 맡았고 이재원의 형 이재완은 병조판서를 맡았다. 대왕대비 조씨의 측근과 온건개화파들도 각료 명단에 포함된다. 말하자면 거국내각. 그러나 벼락 치듯 이뤄낸 정변의 둘째 날 밝은 아침에 세상에 드러난 그 '혼합형' 명단은 개화당이 그 정도도 자기들 세력만으로는 채울 능력이 없다는 것을 보여주는 것이기도 했다. 젊었던 만큼 무모하기 이를 데 없던 조선의 개화당. 그들은 붓 자국이 마르기도 전에 곧 스러져갈 혁명의 정강들을 힘 있게 써내려가고 있었다."36)

혈기가 지혜를 앞선 청춘정권

김옥균이 호조참판을 맡은 것에 대해 훗날 서재필은 자서전에서 "총리격인 김옥균을 호조참판에 임명한 것은 좀 이상하나 이는 실권을 장악하기 위한 것이었다. 아무리 새 정령을 발표할지라도 정무의 실현은 곧 재정의 조달에 있으므로 김옥균에게 그 책임을 맡긴 것이다"라고 설명했다.37)

갑신정변 내각은 '청춘정권' 이었다. 내각 서른두 명의 연령을 보면 20대와 30대가 3분의 2 이상을 차지했다.38) 김옥균 서른세 살, 홍영식 스물아홉 살, 서광범 스물다섯 살, 박영효 스물세 살, 서재필 스무 살 등 주동자들은 더 젊었다. 혈기가 지혜를 앞섰음을 시사해주는 대목이다.

개화당의 신정부는 12월 6일 아침 국왕의 재가를 얻어 열네 개의 혁신정강을 공포했다. 그 내용은 청국에의 조공폐지와 독립강화, 양반신분제도 폐지와 국민평등 실현, 문벌제도 폐지, 재정과 경제개혁, 정부기구의 개혁과 내각제도의 실시, 환곡제도의 영구폐지, 교육제도의 개혁, 상업제도의 개혁, 경찰제도의 개혁, 군사제도의 개혁 등이었다. 고종은 신정부의 요청에 따라 그날 하오 3시에 혁신정치를 천명하는 대정유신조서(大政維新詔書)를 공포했다.39)

그러나 이 모든 게 문자 그대로 일장춘몽(一場春夢)이었다. 정변세력은 이미 12월 5일 고종의 환궁 요구를 허용함으로써 그들의 능력으로는 도저히 지킬 수 없는 창덕궁을 무대로 1500명의 청군을 상대해야 했다. 고종의 환궁은 다케조에가 일방적으로 결정해버렸는데 이에 대해 박은숙은 "이는 정변 주도층의 바람과 같이 일본공사가 단순히 무력만 지원하는 협력자로서의 존재가 아니라 결국은 재정까지 간섭할 수 있는 제국주의자로서의 실제를 적나라하게 보여준 것이었다"고 했다.[40]

훗날(1935) 박영효의 주장에 따르면 고종의 창덕궁 환궁엔 서재필과 김옥균의 책임도 컸다. 고종은 식기 밑에 숨겨져 들어온 밀서를 보고 창덕궁 환궁을 요구했는데 당시 모든 감시 책임은 서재필이 맡고 있었으므로 이는 서재필의 결정적인 실수였다는 것이다. 또 김옥균의 『갑신일록』 기록과는 달리 김옥균도 다케조에와 같이 고종의 창덕궁 환궁에 찬성했다는 게 박영효의 주장이다. 박영효는 "김옥균이 어름어름하다 상감을 놓쳐버렸죠"라고 김옥균을 원망했다.

박영효는 자신의 실수도 인정했다. 12월 6일 총기검사를 하고 보니 모든 총들이 녹슬어 있어 모두 해체하여 소제(掃除)케 했는데 오후에 청군의 공격이 시작돼 큰 낭패를 보았다는 것이다. 쿠데타 치곤 엉터리 쿠데타였다는 걸 말해주는 또 하나의 사례는 쿠데타 자금조차 마련하지 않은 채 벌인 일이라 쿠데타 와중에 병사들이 밀린 급료의 지불을 요구하자 김옥균이 돈을 구하느라 허둥대기도 했다는 사실이다.[41]

청국의 개입, 일본의 변심

청군의 원세개는 12월 6일 아침 창덕궁으로 환궁해 있던 고종과 다케조에에게 군사작전이 멀지 않았음을 알리는 서신을 보냈다. 이때에 일본의 외무대신은 다케조에게 황급히 훈령을 하달했는데 그건 일본군을 개화당의 정변에 절대로 가담시키지 말라는 내용이었다. 일본 정부는 청불전쟁이 소강상태에 들어가는 것을 보고 청국과의 관계가 악화될 것을 우려하여 정책을 급선회했던 것이다.[42]

김인숙은 "개화파에 남은 것은 이제 군주뿐이었다. 김옥균은 군주에게 함께 인천으로 가자고 요구한다. 군주를 인천으로 옮겨가기만 한다면 일본의 지원을 다시 얻을 수 있을지 모르고 잘하면 일본까지 데려가 망명정부를 꾸릴 수 있을지도 모른다. 이 어마어마한, 정변의 마지막 순간 거의 도착에 빠져버린 듯한 김옥균의 요구는 군주에게는 돌이킬 수 없는 분노로 남는다. 난세의 군주였지만 적어도 군주가 지켜야 하는 것이 무엇인지를 알았다"며 다음과 같이 말했다.

"'너희들을 따르지 않을 것이다!' 군주는 그렇게 개화파를 버렸다. 김옥균은 군주 앞에 무릎을 꿇고 눈물을 쏟는다. 이제 곧 천하대역죄인이 될, 그의 부모와 아내와 아이들은 몰살을 당하게 될, 그리고 자신은 10여 년의 망명객이 될 것이며 망명지 일본에서도 버림받은 후 결국 중국 상하이에서 조선 정부가 보낸 암살자에게 목숨을 잃을, 그러나 군주를 사랑하였고 조선의 강대한 힘을 꿈꾸었던 김옥균은 이렇게 군주와 마지막 작별을 했다. 박영효·서재필·서광범 등이 김옥균과 함께 후퇴하는 일본군을 쫓아갔다. 군주의 곁에는 이제, 청군과 군중들에 의해 목숨을 잃게 될 홍영식·박영교만 남았다. 실패한 혁명 뒤에 남은 것은 군중의 분노뿐이다. 거리는 살육으로 뒤덮인다. 일본인과 개화파들, 그들의 가족은 보이는 대로 습격을 당한다. 김옥균의 집과 일본공사관은 성난 군중의 손으로 불타올랐다."[43]

12월 6일 오후 3시경 청군의 공격이 시작되자 곧 다케조에는 후퇴를 결정했다. 일본 측은 군인 네 명 등 마흔 명의 사망자를 냈고 일부 일본 부녀자들은 청국 병영에서 능욕을 당하기도 했다. 다케조에 일행은 12월 7일 오후 공사관을 탈출, 12월 8일 인천에 도착해 12월 11일 일본 우편선 치도세마루(천세환)호를 타고 나가사키로 떠났다.[44] 조선 민중의 피해도 컸다. 일본군은 도망가면서 길가의 조선인에게 총을 쏘았는데 사망한 백성만 95명에 달했다.[45]

결국 갑신정변은 약 200명의 사망자를 낸 가운데 이른바 '3일 천하'로 끝나고 말았다. 조선인 149명, 일본인 38명, 중국인 10명가량이 사양했지만 갑신정변 참여층과 그 가족들의 피해를 합하면 사망자 수는 250여 명에 이를 것으로 추정된다.[46]

급진개화파의 전멸

혁명이 실패하자 동지들과 함께 거취를 의논하던 자리에서 홍영식은 "왕의 위태로움을 두고 떠날 수 없다"고 말했고 김옥균은 "죽는 것은 어리석다"고 말했다.[47] 최후까지 국왕을 수행했던 홍영식·박영교 등 일곱 명은 청병에게 참살당했고 김옥균·박영효·서광범·서재필·유혁로·변수·이규완·장난교·신응희 등 아홉 명은 일본으로 망명했다. 김옥균·서재필·홍영식·서광범·박영효 등은 이른바 갑신5역(甲申五逆)이 되었다.

당시 묄렌도르프의 참모로 인천해관에 근무했던 독일인 F. H. 뫼르셀은 『코리언 리포지터리』(1897년 간행)에 연재한 「갑신정변 견문기」에서 김옥균 일행의 초라한 퇴각을 다음과 같이 묘사했다.

"우리는 지붕에 올라가 퇴각하는 일본인들의 행진을 눈여겨보았

갑신정변의 주역들. 왼쪽부터 박영효·서광범·서재필·김옥균이다.

다. 이열종대로 늘어선 행렬의 앞줄은 병사들이, 후미는 무장을 한 민간인들이 호위하고 있었다. 그 행렬 가운데 세 대의 가마가 줄지어가고 있었다. 바로 그 가마에는 공사관에 피신했던 김옥균·박영효·서광범이 타고 있었다 한다. 이들의 퇴각은 전혀 방해를 받지 않고 진행됐다. 이 행렬이 서대문에 이르렀을 때 문은 굳게 닫혀 있었다. 문을 지키고 있던 세 명의 병사 중 둘은 도망쳤고 한 명은 끝내 버티다 일본 병사의 칼에 쓰러졌다. 서대문은 폭력에 의해 열렸고 이 퇴각대열은 장안을 빠져나가 한국인 동지들을 데리고 제물포로 빠져나갔다."[48]

급진개화파의 전멸이었다. 유홍기는 이 소식을 듣고 산으로 들어가 생사불명이 되었고 그의 부인은 옥사했다. 가장 큰 재앙은 갑신정변 주동자들의 가족들에게 떨어졌다. 사형·자살·아사(餓死)·구금 등 처참하고 참혹했다. 원래 죄를 범한 죄인이 체포되지 않았을 때는 그 가족들에게 연좌의 죄를 적용할 수 없도록 규정되어 있었기 때문에 일본 망명파의 가족은 직접적으로 법 적용을 받지는 않았다. 그러나 그들의 가족은 사회적 지탄과 압력을 받고 스스로 자살을 택하거나 도피했다.[49]

이들 중 가장 비극적인 인물은 홍영식의 아버지 홍순목이었다. 그는 위정척사파의 영수로 대원군의 강력한 쇄국양이정책의 수문장 역할을 충실히 수행했건만 아들 하나 잘못된 죄로 가문이 풍비박산 나는 참화를 겪어야 했다. 그는 12월 15일(음력 10월 28일) "노신이 역적의 아들을 길렀으니 천지의 죄를 얻었도다. 만 번 죽어도 속죄하랴"라고 외치면서 아직 열 살도 안 된 손자(홍영식의 아들)를 독살한 후 음독 자결했다. 홍영식의 처 한씨도 자결했으며 홍영식의 형 홍만식은 삭탈관직을 당했다가 1894년 갑오개혁 때 신원복관(伸寃復官)되었으나 을사늑약 때 통분해 자결했다.[50]

『갑신일록』 위작설 논쟁

1997년 서울대 교수 이태진은 고종이 일본공사에게 보호를 요청한 친서는 일본이 조작한 가짜라고 주장했다. 고종이 친서를 거부하자 김옥균은 다케조에에게 어새가 찍힌 백지를 내주어 친서를 위조하게 했다는 것이다. 이태진은 친서의 '일사래위(日使來衛), 조선국 대군주

이희(일본공사는 궁궐로 들어와 호위하라. 조선국 대군주 이희)'라는 대목이 위조사실을 뒷받침하고 있다고 지적했다. 당시 조선 국왕의 친서에는 어새 위에 '대군주' 또는 '대조선국 대왕'이라고 적었을 뿐 국왕의 이름을 쓰지 않았다는 것이다. 국왕의 이름을 기재하는 것은 일본에서 군주가 공사에게 칙서를 보낼 때 쓰는 서식이며 조선왕실에는 1907년 정미조약 이후에 도입됐다. 따라서 1884년 작성된 어서에 조선 국왕의 이름이 적혀 있는 것은 일본공사의 실수라는 것이다.

이태진은 또 김옥균의 『갑신일록』에 "임금이 경우궁으로 이동하던 중 내(김옥균)가 준 연필과 박영효가 드린 백지에 '일본공사래호짐(日本公使來護朕, 일본공사는 와서 짐을 지켜라)'이라고 썼다"는 부분도 거짓이라고 주장했다. 실제 친서에는 '일사래위' 네 글자만 쓰여 있다는 것이다. 이태진은 "아무리 근대적인 정치를 지향하는 정변이라도 병력동원이 법적 근거를 지니지 못하고 어서를 위조하는 범죄를 저질렀다면 긍정적인 평가를 내릴 수 없다"며 "갑신정변을 근대화의 시발점으로 평가하는 시각은 재고돼야 한다"고 주장했다.[51]

이태진은 한걸음 더 나아가 갑신정변의 과정 자체가 이미 반개혁적이었다고 강조하면서 김옥균 등 갑신정변의 주인공들은 개화의 선각자일지 모르나 정변 자체는 무모하게 추진돼 결과적으로 국가에 큰 짐을 지운 해프닝이라고 '격하'했다.[52]

그간 『갑신일록』은 갑신정변 연구에 중요한 역할을 해왔는데 일부 일본인 학자들은 1960년대 이래로 『갑신일록』의 신빙성에 의문을 제기해왔다. 야마베 겐타로는 1960년 "개혁강령 자체가 다분히 꾸며낸 이야기"인 것 같고 "김옥균이 『갑신일록』에서 열거한 강령은 매우 의심스럽다. 따라서 이 강령으로는 갑신정변의 성격은 판단할 수 없다"

고 주장했다. 이에 대해 1964년 북한 학계는 야마베의 견해는 '황당무계한 기도'요 '분반(噴飯)을 금치 못할 망발'이라고 강하게 반박했다. 1972년 이광린은 『갑신일록』이 매우 정확한 기록이라는 사실을 증명해 일본 학자들의 주장을 반박했다.[53)]

1997년 이태진의 주장이 나왔고 2006년 11월 『갑신일록』이 일본인의 위작(僞作)이라는 주장이 다시 제기되었다. 한일 근대사 연구가인 강범석 일본 히로시마시립대 명예교수는 "당시 관련 문서들을 비교 분석한 결과 '갑신일록'은 일본인이 갑신정변 다음 해인 1885년 말 김옥균이 쓴 것처럼 조작한 것이 분명하다"고 밝혔다. 그는 『갑신일록』이 조작됐다는 결정적 단서로 고종이 '일사래위(日使來衛, 일본공사는 와서 지켜라)'라고 한 말이 중간단계 문서의 일역(日譯)을 거쳐 '일본공사래호짐(日本公使來護朕, 일본공사는 와서 짐을 지켜라)'이라는 말로 바뀐 점을 들었다.

이 밖에도 김옥균이 썼을 리가 없는 일본식 한문 표현들이 나오는 점, 일본공사가 서울에 부임하기 이전의 기록이 너무나 간략하다는 점, 우정총국 축하연 좌석도에 있어야 할 서광범이 빠져 있다는 점, 김옥균 자신이 '갑신일록'에 대해 전혀 언급하지 않았다는 점 등을 조작의 증거로 제시했다. 강범석은 『갑신일록』을 조작한 주체에 대해 "언론인 이노우에 가쿠고로와 후쿠자와 유키치 등이 밀접하게 관련돼 있는 것으로 보인다"며 갑신정변의 배후 인물로 지목되던 이토 히로부미(伊藤博文)와 이노우에 가오루(井上馨)의 역할을 은폐하기 위해 『갑신일록』에선 주(駐)조선공사 다케조에 신이치로에게 모든 책임을 씌웠다고 추정했다.[54)]

이에 대해 단국대 명예교수 김원모는 "매우 치밀한 연구로 사실로 받아들여야 한다"고 했고 서울대 국사학과 교수 이태진은 "그동안 갑신정변의 1급 자료였던 '갑신일록'의 조작을 밝힘으로써 갑신정변 자체를 재해석할 수 있는 길이 열린 것"이라고 말했다.[55] 그러나 위작설은 설득력이 약하다는 주장도 만만치 않다.[56]

05

갑신정변 평가 논쟁

갑신정변 실패의 원인

갑신정변 실패의 결정적 원인을 제공했던 일본공사 다케조에는 귀국하여 도쿄제국대학의 교수로 임명되기까지 무임소 공사의 한직에서 무료한 시간을 보내고 있을 때 갑신정변의 실패 원인에 대해 자신의 제자에게 딱 한마디를 남겼다고 한다.

"내가 어리석어 원세개에 당하고 말았다."

청군은 동원되더라도 그들의 평소 만만디 기질로 보아 시간이 오래 걸릴 것이라고 판단했는데 그런 예상을 뒤엎고 신속하게 움직인 원세개의 존재를 인식하지 못했다는 뜻이었다.[57]

그러나 이태진은 "당시 서울 일원에는 4000명의 청군이 주둔하고 있었다. 평소 상황을 주도면밀하게 분석하는 일본 수뇌부가 이를 잘 알고 있으면서도 일본군이 1개 중대병력밖에 되지 않는데도 정변을 일으키게 했을까"라는 의문을 제기하면서 다음과 같이 주장했다.

"실제 벌어진 상황을 보아도 일본 측은 처음부터 정변의 성공을 기대하지 않았던 것이라 해도 과언이 아니다. 그들은 이 정변에서 일본을 피해국으로 만들고 그 피해를 근거로 한반도에서 청국과 대등한 권한을 확보하려는 것이 목적이었다. 이러한 관점에서 볼 때 일본공사관 직원들이 정변 실패로 퇴각하면서 공사관 건물을 스스로 방화했다는 조선 정부의 항의는 사실일 가능성이 높다. 그것은 목적대로 일본을 정변의 피해국으로 만들기 위한 의도적인 행위였던 것이다."[58]

훗날 을사늑약 시 「시일야방성대곡」을 쓴 장지연은 갑신정변에 대해 "갑신년 겨울에 이르러 개혁파는 급격한 유신을 일으켜 마침내 일대 결렬을 낳고 청일 양국의 갈등만 낳게 해서 사태는 더욱 긴장되었다. …… 이제까지 일으켜놓은 약간의 사업(개화시설)마저 수포로 돌아가버렸다. …… 조급한 진보와 가벼운 운동으로 급격한 행동이 지나쳐서 오늘날의 슬픈 지경에 이르렀다"고 평가했다.[59]

신용하는 갑신정변 실패의 원인으로 다음 다섯 가지를 지적했다.

첫째, 청군의 불법 궁궐침범과 군사적 공격이다. 청군은 조선 국왕의 요청이 없었음에도 불구하고 조선의 주권을 완전히 무시한 채 궁궐 안으로 군사적 공격을 자행하여 정변을 무력으로 붕괴시켰다. 이것은 전적으로 불법범궐이었으며 군사적 만행이었다.

둘째, 개화당의 일본군 차병과 일본군의 철병이다. 개화당은 부족한 무력을 보충하고 청군에 대한 견제력으로 사용하려고 '일병은 와서 짐을 호위하라'는 고종의 친필명령서까지 얻어다가 일본군을 합법적으로 차병했으나 일본군은 결정적인 순간에 끝까지 싸우지 않고 철병해버림으로써 갑신정변을 붕괴시키는 데 크게 작용했다.

셋째, 민중의 지지 결여이다. 민중은 왜 정변까지 일으키며 시급히 개화를 해야 하는지 아직 잘 알지 못했으므로 개화당의 정변에 냉담했다. 만일 민중의 지지만 있었다면 서울시내의 청장년들만 봉기해도 청군의 군사 개입은 저지될 수 있는 것이었으나 민중은 시종일관 정변에 냉담했다.

넷째, 시민층의 사회적·정치적 미성숙이다. 개화당의 혁신정강과 개화정책은 근대 시민적인 것이어서 시민층만 성장해 있었으면 확고한 지지층을 확보할 수 있는 것이었다. 그러나 당시의 한국 사회는 시민층이 미성숙하여 신정부는 확고한 지지층을 갖지 못했다.

다섯째, 개화당은 정변 과정에서 민비를 더욱 철저하게 감시하지 못하고 민비와 청군이 경기관찰사 심상훈을 통하여 비밀리에 연락하는 것을 색출하지 못한 몇 가지 기술적 실수를 저질렀다.

이어 신용하는 "그러나 무엇보다도 주목해야 할 실패 요인은 일본군 무력을 차용한 요인"이라며 "갑신정변은 아무리 필요하고 애국적인 목적을 갖고 있어도 그 수단에 있어서 침략의도를 가진 일본의 힘을 일부 빌려서 수행하려 해서는 실패하고 만다는 뼈아픈 역사의 교훈을 우리들에게 남겨주었다"고 평가했다.[60]

책임윤리의 문제

완전자주독립국가를 세우겠다는 목표를 내걸었던 급진개화파가 일본을 등에 업고 정변을 일으켰다는 건 어떻게 보아야 할까? 이와 관련 이완재는 "갑신정변은 이를 주도한 김옥균 등과 일본과의 관련 때문에, 그리고 더욱이 일본이 후일 조선을 식민지화한 나라이고 보니 그 일본에 접근하고 그 힘을 빌리려고 했다는 점 때문에, 근대화운동의 기수로서 긍정적인 평가를 받으면서도 간혹 민족주의운동으로서는 자기 위치를 확보하고 있지 못하는 느낌도 없지 않다"며 "그러나 이는 김옥균 등이 자주독립을 주장하면서 외세를 이용하려고 했던 모순이자 전술적 과오로써 갑신정변의 결정적 패인(敗因)은 될지언정 결코 자주독립 의식이 결여된 것이라고 할 수는 없는 것이다"고 했다.

"한편 개화기 한국의 자주독립국으로서의 사상(史像)이 주로 중국과의 대립의식에서 제기되고 있는 반면, 상대적으로 일본과의 대립의식이 희박하게 나타난 것 또한 사실이다. 그러나 그렇다고 김옥균 등의 개화독립사상이 중국에 대해서만 자주독립을 뜻하는 것은 아니었다. 일본에 대한 대항감 결여는 개화독립사상의 근대주의 역사의식 때문이었다고 이해해야 할 것이다. 즉 그 의식에서는 일본은 서양과 마찬가지로 근대문명의 실현체(實現體)로서 선망의 표적이었고 반면 청국은 비문명·비서양으로서 오히려 경멸의 대상이었기 때문이다."[61]

또 이완재는 급진개화파의 강렬한 자주독립 의지가 갑신정변의 가장 큰 동력이었다며 "임오군란 때 청국이 군란의 진압을 위해 파병해오고 대원군을 강제 납거(拉去)해간 데 대해 김옥균은 이제까지 대원군과 정치적 입장을 달리해왔음에도 불구하고 '국부(國父)를 납치함은 국토를 유린하는 것'이라고 청국을 맹렬히 비난하였는데 여기서 그의 강렬한 자주의식을 엿볼 수가 있고 아울러 김옥균의 개화사상의 핵심이 민족의 완전자주독립임을 알 수가 있다"고 주장했다.

"그리고 갑신정변 실패 후 김옥균이 망명한 일본에서 자기의 정적(政敵)인 대원군을 새로운 집권자로서 천거했다고 하는 사실은, 대원군이 비록 수구적 인물이긴 하나 자주독립의 의지가 강한 인물이었기 때문에 천거했다고 하는 데에서도 그가 완전자주독립을 얼마나 강하게 추구했는지 알 수가 있다."[62]

급진개화파들이 품은 뜻은 나름대로의 확고한 명분에 근거했던 것일망정 쿠데타의 방법은 너무도 어수룩해 그들의 '책임윤리'를 의심케 할 만한 것이었다. 젊은이들이라 혈기가 앞섰기 때문이었을까?

최영은 "김옥균 일행은 150명의 일본군을 믿고 너무 서두른 감이 있다. 1300명의 청군을 (일본공사) 다케조에가 지나치게 무시했다는 데에 3일 천하의 비극이 있는 것이다. 또한 일본군을 이용한다는 김옥균의 생각 밑바닥에는 메이지유신에 대한 심취와 일본인 친구들의 개인적 환대와 환상적 '원조'의 약속에 대한 과신이 깔려 있었던 것이 아닐까. 갑신정변 당시 개화파 지도자들의 나이가 너무 젊었기 때문에 메이지유신에 대해 상당히 '낭만적인 부러움'을 갖고 있었을 것이다. 김옥균의 나이가 서른넷, 홍영식은 서른, 그 밖은 모두 20대의 청년들이었다"며 "도대체 수십 명의 결사대로 막강한 청군이 둥지를 틀고 있는 서울 장안에서 쿠데타를 일으키다니 '사랑방 논객'의 범주를 벗어날 수 없다고 보는 것이 냉철한 관찰일 것이다"라고 평가했다.[63]

급진개화파의 민심 오판

급진개화파는 민심(民心)에 대해서도 큰 오판을 했다. 그들은 "국왕의 명의로 내정개혁안을 발표하기만 하면 즉시 민중적 지지를 얻게 되리라고 기대했"지만 "실상은 그들에 대한 민중적 분노가 가라앉지 않고 그 모든 일이 일본의 식민지 전략의 차원에서 꾸며진 것으로 간주되었"던 것이다.[64]

훗날 서재필은 "김옥균의 지략은 역사적인 것이었소. 박영효와 홍영식과 서광범 또한 그에 뒤지지 않는 재사들이었지요. 그래서 세상 사람들은 그들에다 나까지 넣어 다섯 사람의 기지와 계략을 모으면 세상에 못할 일이 없다고까지 일컬었습니다. 그런데도 그 다섯 사람이 함께 민비 앞에 나가면 으레 민비에게 기선을 잡혀서 머리를 긁적거리며 물러나오기 마련이었지요. 민비는 실로 당할 길 없는 지략과 재략을 지닌 걸물이었소"라고 말했다.[65]

그러나 서재필은 실패의 주인을 민중 탓으로 돌렸다. 그는 "갑신정변이 실패를 한 원인은 일본을 너무 믿은 것 등 여러 가지가 있겠으나 무엇보다도 큰 패인은 그 계획에 까닭도 모르고 반대하는 일반 민중의 무지몰각이었다. 양의 동서를 막론하고 민중의 조직이 없고 잘 훈련된 후원이 없이 다만 몇몇 사람의 선각자만으로 성취된 개혁은 없는 것이다. 그리스도는 한 로마 사람에게 처형되었으나 로마 사람이 그를 미워한 것이 아니고 그를 미워하기는 유대 사람이었다. 즉 그의 동포가 그를 알지 못한 때문이다"고 주장했다.(서재필은 해방 후 조선주둔 미군사령관 하지 중장의 초빙으로 1947년 7월 1일에 방한해 1948년 9월 11일 미국으로 돌아갔는데 이 말은 미국으로 떠나기 수일 전 언론인 김을한에게 한 것이었다)[66]

서재필의 이런 주장과 관련 강만길은 "정변 실패의 가장 큰 원인을 '민중의 무지몰각'으로 돌렸으나 그것은 일반 민중이 정치개혁의 의지가 없었던 탓이었다기보다 개화파의 정변 자체가 민중세계에 뿌리 박지 못한 위로부터의 개혁운동이었기 때문이다. 민중세계는 문호개방 이전부터 민란을 거듭했고 꼭 10년 후에 갑오농민전쟁을 일으킬 만큼 정치개혁 의지가 높아지고 있었다. 갑신정변이 민중세계의 지지를 받지 못했던 또 하나의 중요한 원인은 외세, 특히 일본의 원조를 받고 있었다는 점에 있다"고 했다.[67]

주진오는 「1884년 갑신정변의 사상적 배경」이란 논문을 통해 "갑신정변은 문호개방 이후 지배층 안에서 동도서기론이 체계를 갖추어가는 과정에 일본 등지에서 문명개화론을 접한 일부 세력(친일 개화파)이 급속하게 동도서기론과 대립하면서 일어난 사건이다. 동도서기론과 문명개화론은 청에 대한 대처방안 등을 둘러싸고 대립하면서 끝내 피를 부른 사건으로 끝나고 말았다. 갑신정변은 결국 권력 내부의 갈등이 표출돼 근대화 역량에 치명적 손실을 가져온 사건이다"고 주장했다. 주진오는 근대 민족국가 수립에 이정표가 된 운동이라는 갑신정변에 대한 기존의 긍정적인 평가를 배제하고 이를 권력 내부의 갈등이 표출돼 근대화 역량에 치명적 손실을 가져온 사건이라고 부정적으로 평가했다.[68]

민중계층의 적극적 참여?

박은숙은 갑신정변을 다룬 박사학위논문(2003년 고려대)과 이를 발전시킨 『갑신정변 연구』(2005)라는 책을 통해 갑신정변을 김옥균 등을 지도한 오경석과 유대치 등 중인계급의 적극적 참여로 이뤄진 '부르주아혁명'으로 바라보는 것은 서구이론을 적용하기 위해 현실을 오도한 것이라고 비판하면서 갑신정변엔 '아래로부터의 이익'을 관철하려 했던 민중계층의 적극적 참여가 있었다고 주장했다.

박은숙은 김옥균·박영효·홍영식·서광범·서재필 등 개화당 핵심 인사를 제외한 갑신정변 적극 참여자 77명을 추적했다. 이들 77명의 신분을 추적한 결과 양반 열 명(13퍼센트), 중인 다섯 명(6퍼센트), 상한 서른아홉 명(51퍼센트), 미확인 스물세 명(30퍼센트)으로 조사됐다. 미확인 인사들도 특정 신분을 내세우기 어려운 계층이므로 상한일 가능성이 높다며 상한의 비중이 3분의 2 이상을 차지했을 것으로 추정했다.[69]

상한은 주로 군인·겸종(양반집에서 심부름하던 평민)·상인·내시·궁녀 등의 직업을 지녔으며 정변 당시 중간지휘자·정보원·행동대원·심부름꾼들의 역할을 했다. 박은숙은 갑신정변의 14개조 정령(政令)에는 이들 상한의 요구가 반영돼 있다고 분석했다. 내시 가운데 재능 있는 자를 등용한다는 정령 4조, 전후좌우 네 개 영으로 운영되던 친군(親軍, 왕실친위군)을 정변 참여자가 가장 많았던 전영 중심으로 일원화한다는 정령 11조 등이 대표적이다. 또 이들 참여자 가운데는 상한의 신분에도 불구하고 정변 직후 정3품의 고위직에 제수된 인사가 상당수였다. 또 박은숙은 개화당이 거사 직후 전후좌우영의 병사 2000여 명에 대한 지휘권을 장악했지만 청군의 영향하에 있던 좌우영의 지휘자를 교체하지 않아 결국 청군 1500여 명의 공격에 무너졌다는 점을 새로 밝혔다.[70]

박은숙은 "갑신정변은 실패했으며 그로 인한 반동과 역효과는 컸다. 단기적으로는 수구세력의 반동을 불러와 개화정책 지연을 초래했고 개화에 대한 부정적인 인식을 심화시켰다"면서도 다음과 같은 결론을 내렸다.

"그러나 한편으로는 정변의 지향과 목적, 민주제도와 인민평등의 가치가 일반에게 알려지는 계기가 되었으며 그것은 타고난 신분이 아닌 재능에 의해 출세와 사회적 지위 획득이 가능한 근대적 가치의 전파라는 점에서 중요한 의미를 지닌다. 비록 정변은 실패했지만 갑신정변이 추구했던 개혁의 내용과 지향성은 가깝게는 갑오개혁에 반영되어 나타났고 이후 각종 개혁운동에 영향을 미쳤다. 그런 점에서 갑신정변은 우리나라 근대 변혁운동의 초석이 되었다."[71]

갑신정변엔 '아래로부터의 이익'을 관철하려 했던 민중계층의 적극적 참여가 있었다는 박은숙의 발견과 주장은 높이 평가할 만하다. 다만 아직 신분제가 강하게 살아 있던 그 시절의 참여를 오늘날의 기준으로 평가해도 괜찮은가 하는 의문은 제기할 수 있겠다. 즉, 상한의 비중이 3분의 2 이상을 차지했다 하더라도 당시엔 양반이 참여하면 그 양반을 따르던 상한의 참여는 당연한 게 아닌가 하는 점에서 참여 인원수의 비율만으론 파악할 수 없는 특수성이 있지 않겠느냐는 것이다.

평가의 기준이 문제다

갑신정변에 대한 평가는 '동기'와 '결과' 중 어느 쪽에 무게를 두느냐에 따라 크게 달라진다.

조소앙은 1930년 한국독립당을 창당한 직후 당의 기원을 '갑신혁명'으로 설정하고 귀족분자 선각자인 김옥균 등 소장 벌열파(閥閱派, 성공한 문벌)가 '연일반청(聯日反淸)'을 기치로 내세운 궁극적인 목적은 해방을 자구하고 국가독립의 보전을 도모하려는 데 있었다고 긍정 평가했다.[72] 이 동기 중심의 평가는 갑신정변의 실패를 '우리나라의 자주적인 근대화의 실패', 갑신정변 주역들을 '한국 민주주의와 민족주의의 창시자', 김옥균을 '우리나라 근대화운동의 용감한 선구자'로 보는 시각을 낳게 했다. 박정희와 김일성 모두 갑신정변과 그 주역들을 매우 높게 평가했다. 이런 시각에 대해 박노자는 다음과 같이 주장했다.

"정변 주모자들이 저지른 민가(民家) 방화와, 그 사건으로 인해 청일 양국 군대가 충돌하여 무고한 백성 100여 명이 희생된 일은 잔혹 행위로밖에 볼 수 없을 것입니다. 정변의 행동대원으로서, 민씨파 대신들의 피를 손에 직접 묻힌 서재필 같은 인물이 평생 자신들의 혁명 참여를 자랑할 뿐 자기 손에 죽임을 당한 사람들에 대한 애도와 참회의 뜻을 한 번도 피력한 적이 없는 것은 근대화 지상주의자들이 사람 목숨을 얼마나 가볍게 여겼는지를 여실히 보여줍니다."[73]

반면 한철호는 "갑신정변은 내부의 반발과 청국의 무력진압으로 실패로 돌아갔지만 전근대에서 근대로 넘어가는 역사적 단계에 부응해서 국민국가의 건설을 추구하였다는 점에서 한국근대변혁운동사상에 커다란 의미가 있다고 평가할 수 있다"며 다음과 같이 주장했다.

"실제로 외압이 가중되는 조건 속에서 위로부터의 변혁의 가능성은 시간이 흐를수록 희박해져 갔기 때문이다. …… 근대적 자주독립국가를 수립하려던 다양한 시도는 향후 국권을 회복하고 민주국가를 형성하는 귀중한 밑거름이 되었다. 이처럼 소중한 경험을 헛되지 않게 하기 위해서라도 복잡다단하고 역동적 중층적으로 전개된 근대의 역사를 균형 잡힌 객관적인 시각에서 올곧게 규명해내야 한다. 그 기준은 열강의 침략 아래 근대적 사회변혁이 요구되는 역사적 조건 속에서 어떠한 세력이 시대적 당면과제를 해결하기 위해 진정으로 고민하고 노력했는가로 삼아야 할 것이다."[74]

지금까지 소개한 갑신정변에 대한 다양한 평가는 결국 평가자가 소중하게 여기는 기준에 따라 달라질 수밖에 없음을 잘 보여주고 있다. 나의 평가 기준은 무엇인지, 평가에 앞서 각자 자신의 기준에 대한 검증을 스스로 시도해보는 게 어떨까?

06

갑신정변 주역들의
일본 망명생활

김옥균 이용가치의 소멸

1884년 12월 9일 새벽 제물포항. 심순택을 영의정으로 하는 새 내각의 명을 받은 군사가 제물포항까지 쫓아와 신병인도를 강력히 요구하자 다케조에는 개화파 요인 열한 명이 숨어 있던 일본 우편선 치도세마루(천세환)호로 돌아와 난처한 얼굴로 "여러분! 대단히 미안하지만 이 배에서 내려야겠소. 귀국 국왕의 칙명이고 여러분의 일본 망명이 외교문제로 비화되면 제 입장이 곤란합니다"라고 말했다. 이에 김옥균 등은 "공사! 그런 말이 어디 있소. 지금 여기서 육지로 내려가라는 말은 죽으란 소리 아니요"라고 항변했지만 다케조에의 태도는 완강했다.

김옥균은 마지막이라는 생각으로 치도세마루호 선장 쓰지를 찾아갔다. 개화파 지사들을 동정한 쓰지는 "내가 조선 개화당 인사들을 승

일본 망명 당시의 김옥균(왼쪽). 　　　망명 전의 박영효.

선시킨 것은 공사의 체면을 존중했기 때문이다. 이들이 죽을 줄 뻔히 알면서도 하선을 요구하는 것은 도대체 무슨 도리인가. 이 배에 탄 이상 모든 것은 선장인 내 책임이다"라고 다케조에를 힐난했다. 쓰지 덕분에 개화파 요인들은 이틀 뒤 현해탄을 건넜다.[75]

　김옥균 일행을 잡으려 했던 심순택의 별명이 '올가미 대신'이었다는 게 흥미롭다. 황현의 『오하기문』에 나오는 이야기다. 그 내용인즉슨 "갑신년에 여섯 명의 역적이 변고를 일으켰을 때 원세개가 날마다 사람을 보내어 정부를 힐책하였다. 심순택은 이에 대응을 할 수 없자 올가미를 가지고 침실에 들어가 목을 매었는데 그의 동생 이택이 구해서 살아났다. 이런 까닭으로 세상에서는 순택을 '올가미 대신'이라고 하였다."[76]

슬픈 이야기다. 슬픈 이야기는 현해탄 건너에까지 이어진다. 쓰지의 보호로 식당 마루 밑에 숨은 김옥균과 개화파 요인들은 1884년 12월 11일 제물포항을 떠나 이틀 만에 일본 나가사키항에 도착했다. 김옥균의 이름은 이와다 슈사쿠로 바뀌었다. 쓰지가 그의 개혁 과업이 거친 돌밭을 일구는 것과 같다는 의미로 지어준 일본 이름이었다.[77]

12월 하순 김옥균은 도쿄 미나토구 미타에 있던 후쿠자와의 집에 도착했다.

김옥균은 한 달가량 후쿠자와와 일본 거물 정치인들의 환대를 받았지만 곧 이들의 냉대를 받게 되었다. 이와 관련 금병동(일본 조선대 강사)은 "당시 후쿠자와를 비롯한 일본의 진보적인 정치인들(자유민권파)은 당초부터 한국에 대한 무력침략을 획책하던 일본 정부에 반발해왔습니다. 그들은 김옥균 같은 개화파를 통해 한국을 개방시켜 평화적이고 문화적인 방법으로 한국을 지배하는 정책을 추구했지요. 따라서 그들의 전략에 '파산선고'를 내린 갑신정변의 실패는 자신들에게 커다란 충격이 아닐 수 없었고 김옥균은 애석하게도 더 이상 이용가치가 없는 인물이었습니다"라고 설명했다.[78]

후쿠자와의 탈아론

나중에 밝혀진 사실이지만 사실 후쿠자와는 갑신정변에 적극 개입했었다.[79] 그의 제자 이노우에는 후일 "김옥균과 박영효의 이번 거사에 관해서는 선생(후쿠자와)이 그 줄거리를 썼을 뿐 아니라 스스로 주연자

를 뽑고 그 주연자를 가르치고 그 도구 등 모든 것을 지휘한 것이 사실이다"라고 했다.[80]

정일성은 "그는 갑신정변을 기획하고 연출한 주도자임에 틀림없다"며 "갑신정변의 실패는 후쿠자와에게는 실로 하늘이 무너지는 충격이었다. 3년 남짓 동안 물심양면으로 지원한 조선의 문명개화운동이 한낱 물거품으로 끝나버렸기 때문이다"라고 했다.[81]

후쿠자와의 개입이 어느 정도였건 조선 정부가 1885년 1월 말부터 2월 초에 걸쳐 갑신정변 주모자들의 연고자에 대한 처형을 단행할 때에 그의 마음이 편했을 리는 만무했다. 후쿠자와는 『시사신보』 1885년 2월 3일자에 쓴 「조선독립당의 처형」이라는 제목의 사설에서 다음과 같이 주장했다.

"김옥균·서재필·서광범의 부모처자는 교수형에 처해지고 홍영식의 시체에는 치욕이 가해졌으며 정변에 가담한 독립당원을 따르던 자와 어린이를 포함한 가족들마저도 처형되었다. 지금의 사대당 정부 당국자가 능력 있는 사람을 죽이는 잔인 무정함에 놀라움을 금할 수 없다. 야만이라고 평하기보다는 요마악귀(妖魔惡鬼)의 지옥국이다."[82]

후쿠자와는 갑신정변이 실패로 끝난 지 100일 만인 1885년 3월 16일 『시사신보』 사설을 통해 '탈아론(脫亞論)'을 발표했다. 탈아입구(脫亞入歐)를 부르짖는 탈아론은 "동양의 후진국과 교제하지 말고 그들을 유럽인들이 대하듯이 대하라"는 주문이었다.[83]

탈아론은 흥아론(興亞論)과 연결된다. 탈아론은 "값싼 인종주의나 동정주의에 연연하지 말고 서구 열강의 문명 제국과 벗하여 일본을 문명화하고 서구 열강의 방식에 따라 아시아를 침략하자"는 것인 반면, 흥아론(興亞論)은 "같은 문자를 쓰고 인종이 같은 아시아 민족이 일본을 맹주로 대동단결하여 서구 열강을 아시아에서 물리쳐 부흥시키자"는 주장이다. 강창일은 "탈아론은 곧 제국주의적 식민주의와 연결되고 흥아론은 아시아주의적 대륙침략론으로 발전한다"고 평가했다.[84] 탈아론이 일본 내부용이라면, 흥아론은 아시아를 대상으로 한 일본 외부용인 셈이다.

급진개화파 암살 시도

한편 민씨 일가는 정변 주모자들에 대해 복수의 칼을 갈고 있었다. 세자빈의 아버지이자 수구파의 거두인 민태호는 물론 민영목·조영하·윤태준·이조연·한규직 등 여섯 명의 수구파 요인이 살해당했고 민비의 친정조카 민영익은 중상을 입었으니 그럴 만도 했다.[85]

김옥균의 망명 초기부터 그의 인도를 요구하던 조선 정부는 1885년 2월 19일 대사 서상우와 부사 묄렌도르프를 일본에 파견했다. 이들은 외무차관 요시다를 수차례 만나 김옥균과 박영효의 인도를 강력히 요구했고 3월 19일에는 외무대신 이노우에에게 인도 요구서를 공식적으로 제출했다. 일본 정부는 조일 간에 범죄인인도조약이 체결돼 있지 않다는 이유로 이를 거절했지만 공식적인 소환 요구 이후 김옥균은 한곳에 거처를 정하지 못하고 요코하마와 고베·교토·오사카 등을 떠도는 생활을 해야 했으며 동지들도 흩어졌다.[86]

1885년 4월 26일 박영효·서광범·서재필은 미국으로 떠났다. 이들은 6월 11일 샌프란시스코에 도착했는데 이것이 공식적으로는 조선인이 민간인 신분으로 미국에 발을 디딘 최초의 기록이다. 박영효는 1886년 5월 다시 일본으로 돌아갔지만 서재필·서광범은 계속 미국에 머무르면서 각각 1890년 6월 19일, 1892년 11월 18일에 미국 시민권을 받게 된다. 서재필의 미국 시민권 획득 역시 공식적으론 최초다.[87]

일본의 냉대에 분노한 김옥균은 갑신정변의 경위와 일본 측의 관여를 만천하에 알리겠다고 나섰지만 그건 결코 쉬운 일이 아니었다. 김옥균은 결국 셋집에 틀어박혀 지내면서 울분을 삭여야 했다.[88]

민씨 일파는 일본 정부가 인도 요구를 거절하자 암살계획을 세웠다. 1885년 5월 첫 번째 자객 장은규가 파견되었지만 실패로 돌아갔다. 두 번째 자객은 한국 최초의 종두법 시행자인 지석영의 형인 지운영이었다. 1886년 2월 23일 제물포항을 떠난 미노마루(미농환)호에는 한국 정부로부터 김옥균 암살지령을 받은 통리군국사무아문 주사 지운영이 타고 있었다.

이 암살계획은 사전에 발각되어 지운영은 6월 23일 일본에서 추방되었지만 김옥균도 "국사범 김옥균의 일본 체류는 일본 정부와 조선 정부의 불화를 조성할 뿐 아니라 일본의 치안을 방해하고 외교상의 평화를 방해한다"는 이유로 추방명령서를 받았다. 김옥균은 이에 맞서 일본 언론에 이노우에를 상대한 문서와 고종에게 쓴 장문의 상소문을 공개하는 등 저항했지만 결국 8월 9일 도쿄 시나가와 항구에서 절해고도 오가사와라섬으로 떠나는 히데사토마루호에 강제로 태워졌다.[89]

1886년 김옥균의 상소

김옥균은 상소문을 고종에게 직접 보내지는 않고 『도쿄매일신문』 1886년 7월 9일자에 발표했다. 그는 이 상소문에서 "우리나라 중고

(中古) 이전 국운이 융성할 때에는 일체의 기계(器械)·물산(物産)이 동양 두 나라보다 나았는데 지금 모두 폐절되어 다시 그 흔적도 없음은 다른 연유가 아니옵고 양반의 발호와 전횡으로 인하여 그렇게 되었나이다"라면서 다음과 같이 말했다.

"인민이 하나의 물건을 만들면 양반 관리들이 이를 빼앗고 백성이 고생 고생하여 조금씩 저축하면 양반 관리 등이 와서 이를 약탈하는 고로 인민이 말하되 자력으로 만들어서 먹고 입고자 하는 때는 양반 관리가 그 이익을 흡수할 뿐만 아니라 심할 때는 귀중한 생명을 잃을 우려가 있으니 차라리 농상공의 직업을 버려서 액을 면함만 같지 못하다 하여 이에 놀고먹는 민이 전국에 가득하여 국력이 날로 소모됨에 이르렀나이다."

이어 김옥균은 "박영효·서광범·서재필 세 명은 나이 젊고 패기 있으며 또 충성스럽고 곤란을 겪어 능히 외국의 사정을 관찰한 자이오니 폐하가 속히 이를 소환하사 이를 신임하시면 곧 국가의 동량(棟梁)이 되리니 천하 각국의 누가 폐하의 성덕을 찬양치 아니하리이까"라면서 다음과 같이 끝을 맺었다.

"신을 처리함에 이르러는 오직 무고한 죄명을 삭제하면 곧 천하의 공론에 따른 것이라고 하겠나이다. 신은 천하에 맹세하여 다시 폐하의 총애를 그리는 생각이 없사오니 폐하가 진실로 이를 알아주시고 또 장갑복(장은규)·지운영 등과 같은 자는 사형에 처할 필요가 없나이다. 그들이 비록 큰 죄가 없는 것은 아니오나 당초부터 빈틈을 엿보지 못하게 하였으면 어찌 능히 성총(聖聰)을 미혹하고 성덕(聖德)을 더럽힘에 이르렀겠나이까. 원컨대 폐하는 천부(天父)의 인자함으로 신의 우매한 직언을 용납하여주심을 간절히 기원하옵나이다."[90]

김옥균은 1886년 8월 30일 오가사와라의 제일 큰 섬인 치치시마에 유배의 첫발을 디뎠다. 집 주변에는 그를 감시하는 비밀경찰의 초소가 있었고 도쿄와 오가사와라 사이에는 3개월에 한 번 정기선이 오갈 뿐이었다.[91]

이 섬에서 2년 가까운 세월을 보낸 김옥균은 일본 내무대신에게 "열대성 기후가 맞지 않아 몸이 견딜 수 없을 정도로 불편하다"고 적은 편지를 보냈는데 돌아온 건 이제 막 개발이 시작된 '동토(凍土)'인 홋카이도 유배였다. 김옥균은 1888년 8월 1일 하코다테에 도착해 홋카이도에 첫발을 디뎠고 3일 뒤 홋카이도의 제일 큰 도시 삿포로에 도착했다.

김옥균은 홋카이도에서 유배생활을 하는 동안 두 차례 도쿄를 방문했다. 1889년 9월 1일 삿포로를 떠나 도쿄에서 두 달간 체류했고 다시 1890년 4월 도쿄를 방문했다. 두 번째 도쿄 방문 중 김옥균에게 예상치 못했던 해방이 찾아왔다. 1890년 11월이었다. 당시는 일본에서 최초로 헌법이 제정되고 국회가 개원되면서 정치범에 대한 대대적인 석방이 이루어진 시기였다. 이런 정치적 분위기가 김옥균의 해방을 이루어냈던 것이다. 김옥균은 오사카·고베·나고야 등 일본의 대도시를 여행하며 일본의 정치인들을 만나 조선 혁명에 대한 지지와 자금 지원을 호소했지만 아무런 성과도 얻을 수 없었다.[92]

김옥균의 이용가치가 소멸된 탓이었다. 그는 4년 후 결국 암살당하지만 김옥균과 갑신정변에 대한 평가는 오늘날까지도 끝나지 않은 현재진행형 사건이다. 역사에서의 '기회비용'과 '책임윤리'를 어떻게 볼 것인가 하는 문제는 영원히 풀리지 않을 숙제다. 이는 김옥균 암살 사건을 다루면서 더 생각해보기로 하자.

| 주석 |

머리말
1) 존 나이스비트, 안진환·박슬라 옮김, 『마인드 세트』, 비즈니스북스, 2006, 87, 100쪽.
2) 이용훈, 「서울대 "최근 발견" 국제망신: 20여년전부터 국내보관중인 구한말 문서를…」, 『국민일보』, 2001년 11월 17일, 31면.
3) 하영선, 「한말 외교사의 현대적 교훈」, 『한국사 시민강좌 제36집』, 일조각, 2005, 256~257쪽.
4) 김영민, 「공부론/ (6) 물듦: 나는 다르다는 허영을 버려라」, 『한겨레』, 2007년 7월 28일.
5) 윤선자, 「한국 근·현대사」 교과서의 "3·1운동과 국내 독립운동" 서술과 쟁점」, 역사학회 편, 『한국 근·현대사 교과서의 '독립운동사' 서술과 쟁점』, 경인문화사, 2006, 74~75쪽.
6) 이주영, 「'한국 근·현대사' 교과서의 역사인식: 식민통치와 독립운동의 시대를 중심으로」, 역사학회 편, 『한국 근·현대사 교과서의 '독립운동사' 서술과 쟁점』, 경인문화사, 2006, 18~19쪽.
7) 김민환, 『개화기 민족지의 사회사상』, 나남, 1988, 19쪽.
8) 「구한말의 변혁 세력, 개화파」, 허동현·박노자, 『우리 역사 최전선: 박노자·허동현 교수의 한국 근대 100년 논쟁』, 푸른역사, 2003, 118쪽.
9) 이윤상, 「한말, 개항기, 개화기, 애국계몽기: 역사용어 바로쓰기」, 『역사비평』, 통권74호(2006년 봄), 303쪽.
10) 강상규, 「대원군이 '쇄국론' 펼친 이유는 뭘까」, 『교수신문』, 2007년 4월 30일, 6면.
11) 이태진, 『고종시대의 재조명』, 태학사, 2000, 4~5쪽.
12) 정태헌, 『한국의 식민지적 근대 성찰: 근대주의 비판과 평화공존의 역사학 모색』, 선인, 2007, 223쪽.
13) 이태진, 「양반문화, 왜 매도되었나」, 『한국사 시민강좌 제29집』, 일조각, 2001, 140쪽.
14) 이태진, 「당파성론 비판」, 『한국사 시민강좌』, 제1집, 일조각, 1987, 59쪽.
15) 정두희, 「양반사회의 명과 암」, 『한국사 시민강좌』, 제29집, 일조각, 2001, 111쪽.

제1장

1) 고영진, 「관혼상제, 어떻게 변했나」, 한국역사연구회, 『우리는 지난 100년 동안 어떻게 살았을까 1: 삶과 문화이야기』, 역사비평사, 1998, 271~272쪽.
2) 신복룡, 『이방인이 본 조선 다시읽기』, 풀빛, 2002, 188쪽.
3) 김수진, 「新한국교회사: (6) 한국에 상륙한 천주교」, 『국민일보』, 2001년 3월 3일, 15면.
4) 김수진, 「新한국교회사: (6) 한국에 상륙한 천주교」, 『국민일보』, 2001년 3월 3일, 15면; 강재언, 하우봉 옮김, 『선비의 나라 한국유학 2천년』, 한길사, 2003, 389~390쪽.
5) 조광, 「조선후기 서학의 수용층과 수용논리」, 『역사비평』, 계간25호(1994년 여름), 283쪽.
6) 노대환, 「조선후기 실학자들의 서학서 읽기」, 『한국사 시민강좌』, 제37집, 일조각, 2005, 128~129쪽.
7) 신정일, 『한국사, 그 변혁을 꿈꾼 사람들』, 이학사, 2002, 267쪽; 김영재, 『한국교회사』, 개혁주의신행협회, 1992, 49~50쪽.
8) 신정일, 『한국사, 그 변혁을 꿈꾼 사람들』, 이학사, 2002, 267쪽.
9) 강재언, 이규수 옮김, 『서양과 조선: 그 이문화 격투의 역사』, 학고재, 1998, 176~177쪽.
10) 조광, 「조선후기 서학의 수용층과 수용논리」, 『역사비평』, 계간25호(1994년 여름), 287~288쪽.
11) 신복룡, 「당쟁과 정당정치」, 『전통과 현대』, 1997년 가을, 84쪽.
12) 신복룡, 『한국정치사』, 박영사, 1991, 127쪽.
13) 유영익, 『동학농민봉기와 갑오경장』, 일조각, 1998, 151쪽.
14) 박노자, 『나를 배반한 역사』, 인물과사상사, 2003, 37~38쪽.
15) 박주원, 「『독립신문』과 근대적 '개인', '사회' 개념의 탄생」, 이화여대 한국문화연구원, 『근대계몽기 지식 개념의 수용과 그 변용』, 소명출판, 2004, 149쪽.
16) 강만길, 『분단시대의 역사인식: 강만길 사론집』, 창작과비평사, 1978, 135쪽.
17) 신복룡, 『전봉준 평전』, 지식산업사, 1996, 27쪽; 한국기독교역사연구소, 『한국 기독교의 역사 I』, 기독교문사, 1989, 79쪽.
18) 한국기독교역사연구소, 『한국 기독교의 역사 I』, 기독교문사, 1989, 79~80쪽.
19) 이규태, 『한국인의 주거문화 1: 우리 땅 우리 건축의 수수께끼』, 신원문화사, 2000, 191~192쪽.
20) 고영진, 「관혼상제, 어떻게 변했나」, 한국역사연구회, 『우리는 지난 100년 동안 어떻게 살았을까 1: 삶과 문화이야기』, 역사비평사, 1998, 273쪽; 변태섭, 『한국사통론』, 삼영사, 1998, 353~354쪽; 한국기독교역사연구소, 『한국 기독교의 역사 I』, 기독교문사, 1989, 80쪽.
21) 강재언, 이규수 옮김, 『서양과 조선: 그 이문화 격투의 역사』, 학고재, 1998, 185쪽.
22) 한국기독교역사연구소, 『한국 기독교의 역사 I』, 기독교문사, 1989, 81~82쪽.
23) 정옥자, 『역사에서 희망읽기』, 문이당, 1998, 51쪽; 유봉학, 『정조대왕의 꿈: 개혁과 갈등의 시대』, 신구문화사, 2001, 137~138쪽.
24) 고미숙, 『열하일기, 웃음과 역설의 유쾌한 시공간』, 그린비, 2003, 102쪽.

25) 정옥자, 『우리가 정말 알아야 할 우리 선비』, 현암사, 2002, 289쪽.
26) 윤사순, 「양반의 정신세계」, 『한국사시민강좌 제29집』, 일조각, 2001, 58~59쪽.
27) 고미숙, 『열하일기, 웃음과 역설의 유쾌한 시공간』, 그린비, 2003, 108~109쪽.
28) 정영희, 『개화기 종교계의 교육운동 연구』, 혜안, 1999, 145쪽; 이덕일, 「천주교로 새 세상 열려한 '난세의 혁명가' : 조선 가톨릭 선교의 개척자 강완숙」, 『조선일보』, 2002년 8월 14일, 38면.
29) 이덕일, 「천주교로 새 세상 열려한 '난세의 혁명가' : 조선 가톨릭 선교의 개척자 강완숙」, 『조선일보』, 2002년 8월 14일, 38면.
30) 이덕일, 「천주교로 새 세상 열려한 '난세의 혁명가' : 조선 가톨릭 선교의 개척자 강완숙」, 『조선일보』, 2002년 8월 14일, 38면.
31) 이덕일, 「천주교로 새 세상 열려한 '난세의 혁명가' : 조선 가톨릭 선교의 개척자 강완숙」, 『조선일보』, 2002년 8월 14일, 38면.
32) 변태섭, 『한국사통론』, 삼영사, 1998, 353~354쪽; 이이화, 『한국사 이야기 16: 문벌정치가 나라를 흔들다』, 한길사, 2003, 200~204쪽; 강재언, 이규수 옮김, 『서양과 조선: 그 이문화 격투의 역사』, 학고재, 1998, 198쪽.
33) 김영재, 『한국교회사』, 개혁주의신행협회, 1992, 53~54쪽; 박영규, 『한권으로 읽는 조선왕조실록』, 들녘, 1996, 382~383쪽.
34) 강재언, 이규수 옮김, 『서양과 조선: 그 이문화 격투의 역사』, 학고재, 1998, 187~188쪽.
35) 한국기독교역사연구소, 『한국 기독교의 역사 I』, 기독교문사, 1989, 89쪽.
36) 이규태, 『호판댁 나귀는 약과도 싫다하네: 이규태의 개화백경 2』, 조선일보사, 2000, 130쪽.
37) 정해은, 「봉건체제의 동요와 여성의 성장」, 한국여성연구소 여성사연구실, 『우리 여성의 역사』, 청년사, 1999, 248~249쪽.
38) 이규태, 『한국학 에세이 2: 한국의 재발견』, 신원문화사, 1995, 245~247쪽.
39) 이규태, 『한국인의 의식구조 3: 이 땅의 토박이』, 신원문화사, 1983, 406쪽.
40) 강광식, 『신유학사상과 조선조 유교정치문화』, 집문당, 2000, 259쪽.
41) 변태섭, 『한국사통론』, 삼영사, 1998, 353~354쪽; 이이화, 『한국사 이야기 16: 문벌정치가 나라를 흔들다』, 한길사, 2003, 200~204쪽; 강재언, 이규수 옮김, 『서양과 조선: 그 이문화 격투의 역사』, 학고재, 1998, 191쪽.
42) 신정일, 『한국사, 그 변혁을 꿈꾼 사람들』, 이학사, 2002, 264쪽.
43) 강재언, 이규수 옮김, 『서양과 조선: 그 이문화 격투의 역사』, 학고재, 1998, 196~197쪽.
44) 정두희, 「천주교 신앙과 유배의 삶, 다산의 형 정약전」, 『역사비평』, 계간11호(1990년 겨울), 302~317쪽; 이태원, 『현산어보를 찾아서: 200년 전의 박물학자 정약전』, 청어람미디어, 2003, 5쪽.
45) 조광, 「조선후기 서학의 수용층과 수용논리」, 『역사비평』, 계간25호(1994년 여름), 288쪽.
46) 한국기독교역사연구소, 『한국 기독교의 역사 I』, 기독교문사, 1989, 93쪽.
47) 강재언, 이규수 옮김, 『서양과 조선: 그 이문화 격투의 역사』, 학고재, 1998, 181쪽.

48) 강재언, 이규수 옮김, 『서양과 조선: 그 이문화 격투의 역사』, 학고재, 1998, 194쪽.
49) 진덕규, 『한국정치의 역사적 기원』, 지식산업사, 2002, 585쪽.
50) 이태진, 「만국이념은 역사의 새로운 동력」, 이태진·김재호 외, 『고종황제 역사청문회』, 푸른역사, 2005, 188~190쪽.
51) 이태진, 『서울대 이태진 교수의 동경대생들에게 들려준 한국사: 메이지 일본의 한국침략사』, 태학사, 2005, 51쪽.
52) 이태진, 「명성황후 세도가가 아니라 애국자였다」, 『주간조선』, 1997년 10월 2일, 99면.
53) 이덕일, 「이덕일 사랑: 위조」, 『조선일보』, 2007년 8월 20일.
54) 이규태, 『호판댁 나귀는 약과도 싫다하네: 이규태의 개화백경 2』, 조선일보사, 2000, 37~38쪽.
55) 신복룡, 『전봉준 평전』, 지식산업사, 1996, 91쪽.
56) 강만길, 『고쳐쓴 한국근대사』, 창작과비평사, 1994, 49쪽.
57) 강만길, 『고쳐쓴 한국근대사』, 창작과비평사, 1994, 47쪽.
58) 손제민, 「외신기자 눈에 비친 근현대사: 60여명 취재기 '한국의 목격자들' 출간」, 『경향신문』, 2006년 6월 5일, 21면.
59) 김수진, 「新한국교회사: (7) 한국기독교의 첫 전래」, 『국민일보』, 2001년 3월 7일, 18면; 김수진, 「新한국교회사: (8) 한국기독교의 첫 순교자 토머스」, 『국민일보』, 2001년 3월 14일, 18면; 이덕주, 『한국교회 처음 이야기』, 홍성사, 2006, 22쪽; 김영재, 『한국교회사』, 개혁주의신행협회, 1992, 60~61쪽.
60) 송병기, 「한국, 미국과의 첫만남: 대미개국사론」, 고즈윈, 2005, 39~40쪽; 김수진, 「新한국교회사: (7) 한국기독교의 첫 전래」, 『국민일보』, 2001년 3월 7일, 18면; 김수진, 「新한국교회사: (8) 한국기독교의 첫 순교자 토머스」, 『국민일보』, 2001년 3월 14일, 18면; 이덕주, 『한국교회 처음 이야기』, 홍성사, 2006, 22쪽; 한국기독교역사연구소, 『한국 기독교의 역사 I』, 기독교문사, 1989, 130~131쪽.
61) 강재언, 이규수 옮김, 『서양과 조선: 그 이문화 격투의 역사』, 학고재, 1998, 199쪽; 신복룡, 『한국사 새로 보기: 아무도 의심하지 않았던 역사의 진실』, 풀빛, 2001, 264쪽.
62) 강재언, 이규수 옮김, 『서양과 조선: 그 이문화 격투의 역사』, 학고재, 1998, 199쪽.
63) 강재언, 이규수 옮김, 『서양과 조선: 그 이문화 격투의 역사』, 학고재, 1998, 199쪽.
64) 이이화, 『한국사 이야기 16: 문벌정치가 나라를 흔들다』, 한길사, 2003, 213~215쪽.
65) 조현범, 『문명과 야만: 타자의 시선으로 본 19세기 조선』, 책세상, 2002, 55쪽.
66) 이이화, 『한국사 이야기 16: 문벌정치가 나라를 흔들다』, 한길사, 2003, 213~215쪽; 강재언, 하우봉 옮김, 『선비의 나라 한국유학 2천년』, 한길사, 2003, 424~425쪽; 강재언, 이규수 옮김, 『서양과 조선: 그 이문화 격투의 역사』, 학고재, 1998, 200~201쪽; 한국기독교역사연구소, 『한국 기독교의 역사 I』, 기독교문사, 1989, 102쪽.
67) 한국기독교역사연구소, 『한국 기독교의 역사 I』, 기독교문사, 1989, 107쪽.
68) 이덕일, 「천주교로 새 세상 열려한 '난세의 혁명가': 조선 가톨릭 선교의 개척자 강완숙」,

『조선일보』, 2002년 8월 14일, 38면.
69) 한국기독교역사연구소, 『한국 기독교의 역사 I』, 기독교문사, 1989, 107~109쪽.
70) 신복룡, 『이방인이 본 조선 다시읽기』, 풀빛, 2002, 187쪽.
71) 마루야마 마사오·가토 슈이치, 임성모 옮김, 『번역과 일본의 근대』, 이산, 2000, 14~15, 26~27쪽.
72) 허원, 「아편전쟁을 다시 본다」, 『역사비평』, 계간39호(1997년 겨울), 258~261쪽.
73) 송병기, 『한국, 미국과의 첫만남: 대미개국사론』, 고즈윈, 2005, 16~17쪽.
74) 신복룡, 『동학사상과 갑오농민혁명』, 평민사, 1985, 58쪽; 최제우 지음, 김용옥 역주, 『도올 심득 동경대전 1』, 통나무, 2004, 116쪽.
75) 최제우, 김용옥 역주, 『도올심득 동경대전 1』, 통나무, 2004, 198쪽.
76) 김혜승, 『한국 민족주의: 발생양식과 전개과정』, 비봉출판사, 1997, 164쪽.
77) 한상일, 『아시아 연대와 일본제국주의: 대륙낭인과 대륙팽창』, 오름, 2002, 37쪽.
78) 배항섭, 「개항기(1876~1894) 민중들의 일본에 대한 인식과 대응」, 『역사비평』, 계간27호 (1994년 겨울), 220쪽.
79) 송병기, 『한국, 미국과의 첫만남: 대미개국사론』, 고즈윈, 2005, 35쪽.
80) 송준, 「한·영 만남 200주년/그날과 오늘 '닮은꼴' 역사는 반복되는가: 기념행사 계기로 진단한 두 나라의 과거와 현재」, 『시사저널』, 1997년 6월 12일, 98면.
81) 송병기, 『한국, 미국과의 첫만남: 대미개국사론』, 고즈윈, 2005, 28~31쪽.
82) 유석재, 「상투 튼 '잉글리시 티처'를 아십니까?」, 『조선일보』, 2007년 5월 12일, D1면; 김명배, 문은경 엮음, 『개화기의 영어 이야기』, 국제영어대학원대학교 출판부, 2006, 19~20쪽.
83) 한국기독교역사연구소, 『한국 기독교의 역사 I』, 기독교문사, 1989, 113쪽.
84) 백성현·이한우, 『파란 눈에 비친 하얀 조선』, 새날, 1999, 112~116쪽; 이광린, 『한국사강좌 5:근대편』, 일조각, 1997, 7쪽.
85) 한국기독교역사연구소, 『한국 기독교의 역사 I』, 기독교문사, 1989, 113쪽.
86) 송병기, 『한국, 미국과의 첫만남: 대미개국사론』, 고즈윈, 2005, 39쪽.
87) 「시계(설왕설래)」, 『세계일보』, 1992년 12월 8일, 2면.
88) http://cafe.naver.com/wsuri.cafe?iframe_url=/ArticleRead.nhn%3Farticleid=31; 최인진, 『한국사진사 1631~1945』, 눈빛, 1999, 122쪽; 박천홍, 『매혹의 질주, 근대의 횡단: 철도로 돌아본 근대의 풍경』, 산처럼, 2003, 306~307쪽; 문일평, 정해렴 편역, 『호남사론사화선집』, 현대실학사, 1996, 207쪽.
89) 백성현·이한우, 『파란 눈에 비친 하얀 조선』, 새날, 1999, 123쪽.
90) 고동환, 「조선후기 한양의 도시문화」, 국사편찬위원회 편, 『거상, 전국 상권을 장악하다』, 두산동아, 2005, 161~162쪽.
91) 고동환, 「조선후기 한양의 도시문화」, 국사편찬위원회 편, 『거상, 전국 상권을 장악하다』, 두산동아, 2005, 161쪽.
92) 고동환, 「조선후기 한양의 도시문화」, 국사편찬위원회 편, 『거상, 전국 상권을 장악하다』, 두

산동아, 2005, 165쪽.
93) 고동환, 「조선후기 한양의 도시문화」, 국사편찬위원회 편, 『거상, 전국 상권을 장악하다』, 두산동아, 2005, 165쪽.
94) 송병기, 『한국, 미국과의 첫만남: 대미개국사론』, 고즈윈, 2005, 16~17쪽.
95) 권희영, 『한국사의 근대성 연구』, 백산서당, 2001, 93쪽.
96) 박찬승, 「근대적 지식인의 출현과 민족사적 과제」, 『역사비평』, 계간18호(1992년 가을), 250쪽.
97) 박찬승, 「근대적 지식인의 출현과 민족사적 과제」, 『역사비평』, 계간18호(1992년 가을), 250쪽.
98) 장인성, 『장소의 국제정치사상: 동아시아 질서변동기의 요코이 쇼난과 김윤식』, 서울대학교 출판부, 2002, 156쪽.
99) 권희영, 『한국사의 근대성 연구』, 백산서당, 2001, 93쪽.
100) 황선희, 『한국근대사상과 민족운동 I: 동학·천도교편』, 혜안, 1996, 29쪽.

제2장

1) 진덕규, 『한국정치의 역사적 기원』, 지식산업사, 2002, 583~584쪽.
2) 박영규, 『한권으로 읽는 조선왕조실록』, 들녘, 1996, 422쪽.
3) 한홍구, 『대한민국사: 단군에서 김두한까지』, 한겨레신문사, 2003, 295쪽.
4) 안길정, 『관아를 통해서 본 조선시대 생활사 하(下)』, 사계절, 2000, 237~238쪽.
5) 신복룡, 「신복룡교수의 한국사 새로보기: (15)환곡의 폐해」, 『동아일보』, 2001년 7월 14일, 14면; 황선희, 『한국근대사상과 민족운동 I: 동학·천도교편』, 혜안, 1996, 21쪽.
6) 신복룡, 「신복룡교수의 한국사 새로보기: (15)환곡의 폐해」, 『동아일보』, 2001년 7월 14일, 14면; 김윤희·이욱·홍준화, 『조선의 최후』, 다른세상, 2004, 125쪽.
7) 고성훈 외, 『민란의 시대: 조선시대의 민란과 변란들』, 가람기획, 2000, 181쪽.
8) 이영화, 『조선시대 사람들: 신분으로 읽는 조선사람 이야기』, 가람기획, 1998, 263쪽.
9) 신복룡, 「신복룡교수의 한국사 새로보기: (15)환곡의 폐해」, 『동아일보』, 2001년 7월 14일, 14면.
10) 우윤, 『전봉준과 갑오농민전쟁』, 창작과비평사, 1993, 98쪽; 박정규, 「전통언론매체와 사회변화」, 박정규 외, 『한국근대사회의 변화와 언론』, 한국정신문화연구원, 1995, 4쪽; 정성희, 『한권으로 보는 한국사 101장면』, 가람기획, 1997, 224~226쪽.
11) 정진석, 『언론과 한국현대사』, 커뮤니케이션북스, 2001, 246쪽; 연국희, 「소련-중앙아시아 강제이주의 수난사」, 『역사비평』, 계간14호(1991년 가을), 219쪽.
12) 노주석, 「러 외교문서로 밝혀진 구한말 비사 (6) 러와 청, 일 3국 국경분쟁」, 『대한매일』, 2002년 5월 27일, 8면.
13) 노주석, 「러 외교문서로 밝혀진 구한말 비사 (6) 러와 청, 일 3국 국경분쟁」, 『대한매일』, 2002년 5월 27일, 8면.
14) 조용헌, 「[조용헌 살롱] 해삼위(海蔘威)」, 『조선일보』, 2007년 7월 28일자; 김호일, 『다시 쓴 한국 개항 전후사』, 중앙대학교 출판부, 2004, 178쪽.

15) 박은봉, 『개정판 한국사 100장면』, 실천문학사, 1997, 258쪽; 고성훈 외, 『민란의 시대: 조선시대의 민란과 변란들』, 가람기획, 2000, 179~220쪽.
16) 김정기, 「전봉준의 새 정치체제 구상」, 『역사비평』, 통권73호(2005년 겨울), 211쪽.
17) 고은, 『한용운 평전』, 향연, 2004, 43쪽.
18) 연갑수, 「흥선대원군은 왕처럼 행세하였는가」, 한국역사연구회, 『조선시대 사람들은 어떻게 살았을까 2: 정치·문화생활 이야기』, 청년사, 2005, 48~49쪽.
19) 박성수, 「국태공의 보은(비록 남가몽:2)」, 『서울신문』, 1998년 3월 4일, 11면.
20) 박영규, 『한권으로 읽는 조선왕조실록』, 들녘, 1996, 421쪽.
21) 박영규, 『한권으로 읽는 조선왕조실록』, 들녘, 1996, 432~433쪽.
22) 이영화, 『조선시대 사람들: 신분으로 읽는 조선사람 이야기』, 가람기획, 1998, 53~54쪽; 김호일, 『다시 쓴 한국 개항 전후사』, 중앙대학교 출판부, 2004, 12쪽.
23) 장규식, 『서울, 공간으로 본 역사』, 혜안, 2004, 185쪽.
24) 박성수, 「격동의 대한제국 이면사 비록 남가몽 (1): 고종 첫 어명 "계동 군밤장수 처형하라"」, 『서울신문』, 1998년 2월 25일, 11면.
25) 오수창, 「세도정치를 다시 본다」, 『역사비평』, 계간12호(1991년 봄), 143쪽.
26) 박성수, 『조선의 부정부패 그 멸망에 이른 역사』, 규장각, 1999, 15~26쪽.
27) 교수신문 기획·엮음, 이태진·김재호 외 9인, 『고종황제 역사 청문회』, 푸른역사, 2005를 참고할 것.
28) 신명호, 『조선의 왕: 조선시대 왕과 왕실문화』, 가람기획, 1998, 50쪽.
29) 박성수, 『이야기 독립운동사: 121가지 사건으로 보는 한국근대사』, 교문사, 1996, 19~20쪽.
30) 김민호, 「'쇄국'의 흥선대원군은 개혁가였다」, 『국민일보』, 2006년 8월 25일, 20면; 이광린, 『한국사강좌 5:근대편』, 일조각, 1997, 19~20쪽.
31) 김호일, 『다시 쓴 한국 개항 전후사』, 중앙대학교 출판부, 2004, 15쪽.
32) 강재언, 하우봉 옮김, 『선비의 나라 한국유학 2천년』, 한길사, 2003, 426~427쪽.
33) 김혜승, 『한국 민족주의: 발생양식과 전개과정』, 비봉출판사, 1997, 201쪽.
34) 하일식, 『연표와 사진으로 보는 한국사』, 일빛, 1998, 193쪽; 김민호, 「'쇄국'의 흥선대원군은 개혁가였다」, 『국민일보』, 2006년 8월 25일, 20면.
35) 김혜승, 『한국 민족주의: 발생양식과 전개과정』, 비봉출판사, 1997, 202쪽.
36) 이이화, 『한국사 이야기 17: 조선의 문을 두드리는 세계 열강』, 한길사, 2003, 85쪽.
37) 이이화, 『한국사 이야기 17: 조선의 문을 두드리는 세계 열강』, 한길사, 2003, 85쪽.
38) 김호일, 『다시 쓴 한국 개항 전후사』, 중앙대학교 출판부, 2004, 17쪽.
39) 강재언, 하우봉 옮김, 『선비의 나라 한국유학 2천년』, 한길사, 2003, 429쪽; 정성희, 『한권으로 보는 한국사 101장면』, 가람기획, 1997, 236쪽; 김태웅, 『뿌리깊은 한국사 샘이깊은 이야기 6: 근대』, 솔, 2003, 18쪽; 하일식, 『연표와 사진으로 보는 한국사』, 일빛, 1998, 189쪽; 제임스 버나드 팔레, 이훈상 역, 『전통한국의 정치와 정책』, 신원문화사, 1993, 288~292쪽; 이이화, 『한국사 이야기 17: 조선의 문을 두드리는 세계 열강』, 한길사, 2003, 57~68쪽.

40) 이이화, 『한국사 이야기 17: 조선의 문을 두드리는 세계 열강』, 한길사, 2003, 55~57쪽; 한국역사연구회, 『조선시대 사람들은 어떻게 살았을까 1: 사회 · 경제생활 이야기』, 청년사, 1996, 212쪽.
41) 이이화, 『한국사 이야기 17: 조선의 문을 두드리는 세계 열강』, 한길사, 2003, 49쪽.
42) 이이화, 『한국사 이야기 17: 조선의 문을 두드리는 세계 열강』, 한길사, 2003, 49~50쪽.
43) 김호일, 『다시 쓴 한국 개항 전후사』, 중앙대학교 출판부, 2004, 20~21쪽.
44) 제임스 버나드 팔레, 이훈상 역, 『전통한국의 정치와 정책』, 신원문화사, 1993, 152쪽.
45) 황선희, 『한국근대사상과 민족운동 I: 동학 · 천도교편』, 혜안, 1996, 23~24쪽.
46) 최범서, 『야사로 보는 조선의 역사 2』, 가람기획, 2003, 400쪽.
47) 손세일, 「[연재] 손세일의 비교 전기/한국 민족주의의 두 유형: 이승만과 김구」, 『월간조선』, 2001년 10월호.
48) 백승종, 『한국의 예언문화사』, 푸른역사, 2006, 7쪽.
49) 신용하, 『세계체제변동과 현대한국』, 집문당, 1994, 80~82쪽.
50) 최영, 『근대 한국의 지식인과 그 사상』, 문학과지성사, 1997, 29~30쪽.
51) 최범서, 『야사로 보는 조선의 역사 2』, 가람기획, 2003, 401~402쪽; 김은정 · 문경민 · 김원용, 『동학농민혁명 100년: 혁명의 들불, 그 황톳길의 역사찾기』, 나남출판, 1995, 36쪽; 이광린, 『한국사강좌 5:근대편』, 일조각, 1997, 15쪽; 황선희, 『한국근대사상과 민족운동 I: 동학 · 천도교편』, 혜안, 1996, 28쪽.
52) 최제우, 김용옥 역주, 『도올심득 동경대전 1』, 통나무, 2004, 209~210쪽.
53) 최제우, 김용옥 역주, 『도올심득 동경대전 1』, 통나무, 2004, 149쪽.
54) 김은정 · 문경민 · 김원용, 『동학농민혁명 100년: 혁명의 들불, 그 황톳길의 역사찾기』, 나남출판, 1995, 71~72쪽.
55) 황선희, 『한국근대사상과 민족운동 I: 동학 · 천도교편』, 혜안, 1996, 37~38쪽.
56) 표영삼, 『동학 1: 수운의 삶과 생각』, 통나무, 2004, 266~267쪽.
57) 표영삼, 『동학 1: 수운의 삶과 생각』, 통나무, 2004, 276쪽.
58) 신용하, 『동학과 갑오농민전쟁연구』, 일조각, 1993, 23쪽; 손세일, 「[연재] 손세일의 비교 전기/한국 민족주의의 두 유형: 이승만과 김구」, 『월간조선』, 2001년 10월호.
59) 최제우, 김용옥 역주, 『도올심득 동경대전 1』, 통나무, 2004, 160~161쪽.

제3장
1) 한국기독교역사연구소, 『한국 기독교의 역사 I』, 기독교문사, 1989, 114쪽; 정동주, 「아들 왕위 오르자 부친묘 근처에 보덕사 지어: 대원위대감의 생각 하(下)」, 『서울신문』, 2004년 3월 20일, 22면.
2) 권희영, 『한국사의 근대성 연구』, 백산서당, 2001, 95~96쪽.
3) 이이화, 『한국사 이야기 17: 조선의 문을 두드리는 세계 열강』, 한길사, 2003, 120~124쪽.

4) 정동주, 「아들 왕위 오르자 부친묘 근처에 보덕사 지어: 대원위대감의 생각 하(下)」, 『서울신문』, 2004년 3월 20일, 22면.
5) 이이화, 『한국사 이야기 17: 조선의 문을 두드리는 세계 열강』, 한길사, 2003, 125쪽; 정동주, 「아들 왕위 오르자 부친묘 근처에 보덕사 지어: 대원위대감의 생각 하(下)」, 『서울신문』, 2004년 3월 20일, 22면; 김영재, 『한국교회사』, 개혁주의신행협회, 1992, 57~58쪽.
6) 권희영, 『한국사의 근대성 연구』, 백산서당, 2001, 95~96쪽; 정동주, 「아들 왕위 오르자 부친묘 근처에 보덕사 지어: 대원위대감의 생각 하(下)」, 『서울신문』, 2004년 3월 20일, 22면; 전택부, 『양화진 선교사 열전』, 홍성사, 2005, 27쪽.
7) 전택부, 『양화진 선교사 열전』, 홍성사, 2005, 26~27쪽.
8) 정동주, 「아들 왕위 오르자 부친묘 근처에 보덕사 지어: 대원위대감의 생각 하(下)」, 『서울신문』, 2004년 3월 20일, 22면.
9) 연갑수, 「대원군과 서양: 대원군은 쇄국론자였는가」, 『역사비평』, 통권50호(2000년 봄), 128~129쪽.
10) 이규태, 『한국인의 민속문화 2: 우리 민속문화의 뿌리찾기』, 신원문화사, 2000, 295~298쪽.
11) 조현범, 『문명과 야만: 타자의 시선으로 본 19세기 조선』, 책세상, 2002, 52~54쪽.
12) 윤승용, 「한국 근대 종교의 성립과 전개」, 한국사회사학회, 『사회와 역사 52』, 문학과지성사, 1997, 40~41쪽.
13) 조현범, 『문명과 야만: 타자의 시선으로 본 19세기 조선』, 책세상, 2002, 70쪽; 김육훈, 『살아있는 한국 근현대사 교과서』, 휴머니스트, 2007, 24쪽.
14) 정수일, 「'장막 속의 조선' 이해하거나 오해하거나: '서양인이 본 조선'에 대한 기록들」, 『한겨레』, 2005년 4월 26일, 16면.
15) 조현범, 『문명과 야만: 타자의 시선으로 본 19세기 조선』, 책세상, 2002, 84~85쪽.
16) 김정기, 「1882년 조미수호통상조약과 이권침탈」, 『역사비평』, 계간17호(1992년 여름), 20쪽
17) 이기환, 「'병인양요는 佛선교사 처형과 무관'」, 『경향신문』, 2001년 10월 20일, 15면.
18) 강재언, 『신편 한국근대사 연구』, 한울, 1995, 60쪽.
19) 김용구, 『세계관 충돌과 한말 외교사, 1866~1882』, 문학과지성사, 2001, 106쪽.
20) 송병기, 『한국, 미국과의 첫만남: 대미개국사론』, 고즈윈, 2005, 63쪽; 이광린, 『한국사강좌 5:근대편』, 일조각, 1997, 43~45쪽.
21) 김영재, 『한국교회사』, 개혁주의신행협회, 1992, 61쪽.
22) 김수진, 「新한국교회사: (8) 한국기독교의 첫 순교자 토머스」, 『국민일보』, 2001년 3월 14일, 18면.
23) 최영창, 「조선말 '개화론' 어제부터 나왔나: "선구자로 알려진 박규수는 초창기 척사론 입장에 가까워"」, 『문화일보』, 2005년 1월 25일, 27면.
24) 김원모, 『근대 한미관계사: 한미전쟁편』, 철학과현실사, 1992, 183쪽.
25) 안종묵, 「황성신문의 애국계몽운동에 관한 연구」, 한국외국어대학교 박사학위 논문, 1997년 8월, 61~62쪽.

26) 강재언, 『신편 한국근대사 연구』, 한울, 1995, 60쪽.
27) 김원모, 『근대 한미관계사: 한미전쟁편』, 철학과현실사, 1992, 183쪽.
28) 신용하, 『갑오개혁과 독립협회운동의 사회사』, 서울대학교 출판부, 2001, 166~171쪽.
29) 김용구, 『세계관 충돌과 한말 외교사, 1866~1882』, 문학과지성사, 2001, 74~76쪽.
30) 김명호, 『초기 한미관계의 재조명: 셔먼호 사건에서 신미양요까지』, 역사비평사, 2005, 71쪽.
31) 사회과학원 연사연구소, 『근대조선역사: 북한학술서』, 일송정, 1988, 29~30쪽.
32) 김원모, 『근대 한미관계사: 한미전쟁편』, 철학과현실사, 1992, 575~576쪽.
33) 김원모, 『근대 한미관계사: 한미전쟁편』, 철학과현실사, 1992, 233쪽.
34) 최영창, 「조선말 '개화론' 어제부터 나왔나: "선구자로 알려진 박규수는 초창기 척사론 입장에 가까워"」, 『문화일보』, 2005년 1월 25일, 27년.
35) 이한수, 「"미, 신미양요때 평화적 개방 원했다": 김명호 교수 '초기 한미관계 재조명' 출간」, 『조선일보』, 2005년 2월 8일, A9면.
36) 이기환, 「'병인양요는 佛선교사 처형과 무관'」, 『경향신문』, 2001년 10월 20일, 15면.
37) 김원모, 『근대 한미관계사: 한미전쟁편』, 철학과현실사, 1992, 287쪽.
38) 송병기, 『한국, 미국과의 첫만남: 대미개국사론』, 고즈윈, 2005, 53~54쪽; 이광린, 『한국사강좌 5:근대편』, 일조각, 1997, 38쪽.
39) 송병기, 『한국, 미국과의 첫만남: 대미개국사론』, 고즈윈, 2005, 53쪽; 이이화, 『한국사 이야기 17: 조선의 문을 두드리는 세계 열강』, 한길사, 2003, 145쪽; 이광린, 『한국사강좌 5:근대편』, 일조각, 1997, 38쪽.
40) 이이화, 『한국사 이야기 17: 조선의 문을 두드리는 세계 열강』, 한길사, 2003, 140~141쪽; 이광린, 『한국사강좌 5:근대편』, 일조각, 1997, 39쪽; 김원모, 『근대 한미관계사: 한미전쟁편』, 철학과현실사, 1992, 287쪽.
41) 송병기, 『한국, 미국과의 첫만남: 대미개국사론』, 고즈윈, 2005, 55쪽.
42) 손세일, 「연재: 손세일의 비교 전기/ 한국 민족주의의 두 유형: 이승만과 김구」, 『월간조선』, 2001년 12월호.
43) 이이화, 『한국사 이야기 17: 조선의 문을 두드리는 세계 열강』, 한길사, 2003, 145, 164쪽.
44) 송병기, 『한국, 미국과의 첫만남: 대미개국사론』, 고즈윈, 2005, 54~55쪽.
45) 권희영, 『한국사의 근대성 연구』, 백산서당, 2001, 101쪽.
46) 정동주, 「아들 왕위 오르자 부친묘 근처에 보덕사 지어: 대원위대감의 생각 하(下)」, 『서울신문』, 2004년 3월 20일, 22면; 이광린, 『한국사강좌 5:근대편』, 일조각, 1997, 39쪽.
47) 전택부, 『양화진 선교사 열전』, 홍성사, 2005, 23, 34쪽.
48) 이이화, 『한국사 이야기 17: 조선의 문을 두드리는 세계 열강』, 한길사, 2003, 126~127쪽; 박은식, 김도형 역주, 『한국통사』, 계명대학교 출판부, 1997, 42쪽.
49) 이기환, 「'병인양요는 佛선교사 처형과 무관'」, 『경향신문』, 2001년 10월 20일, 15면.
50) 권희영, 『한국사의 근대성 연구』, 백산서당, 2001, 106~107쪽.
51) 강재언, 이규수 옮김, 『서양과 조선: 그 이문화 격투의 역사』, 학고재, 1998, 202~203쪽.

52) 김원모, 『근대 한미관계사: 한미전쟁편』, 철학과현실사, 1992, 318쪽.
53) 백성현·이한우, 『파란 눈에 비친 하얀 조선』, 새날, 1999, 160쪽.
54) 김삼웅, 『왜곡과 진실의 역사』, 동방미디어, 1999, 222쪽.
55) 이상찬, 「파리 소재 외규장각 도서 반환, 무엇이 문제인가」, 『당대비평』, 제13호(2000년 겨울), 440쪽.
56) 문향란, 「"불에 뺏긴 외규장각 도서 시민의 힘으로 되찾을 것": 행정소송 맡은 김중호 변호사」, 『한국일보』, 2007년 2월 7일, 28면.
57) 조재곤, 『한국 근대사회와 보부상』, 혜안, 2001, 69~70쪽.
58) 이욱, 「보부상과 혜상공국·황국협회」, 국사편찬위원회 편, 『거상, 전국 상권을 장악하다』, 두산동아, 2005, 78쪽.
59) 이욱, 「보부상과 혜상공국·황국협회」, 국사편찬위원회 편, 『거상, 전국 상권을 장악하다』, 두산동아, 2005, 76~78쪽.
60) 조재곤, 『한국 근대사회와 보부상』, 혜안, 2001, 73~76쪽.
61) 이한우, 「보부상의 현대적 의미」, 『전통과 현대』, 1997년 겨울, 97~98쪽.
62) 박천홍, 『매혹의 질주, 근대의 횡단: 철도로 돌아본 근대의 풍경』, 산처럼, 2003, 121쪽.
63) 박천홍, 『매혹의 질주, 근대의 횡단: 철도로 돌아본 근대의 풍경』, 산처럼, 2003, 122~123쪽.
64) 정동주, 「아들 왕위 오르자 부친묘 근처에 보덕사 지어: 대원위대감의 생각 하(下)」, 『서울신문』, 2004년 3월 20일, 22면; 송병기, 『한국, 미국과의 첫만남: 대미개국사론』, 고즈원, 2005, 59~60쪽; 김용구, 『세계관 충돌과 한말 외교사, 1866~1882』, 문학과지성사, 2001, 112쪽.
65) 정동주, 「아들 왕위 오르자 부친묘 근처에 보덕사 지어: 대원위대감의 생각 하(下)」, 『서울신문』, 2004년 3월 20일, 22면; 송병기, 『한국, 미국과의 첫만남: 대미개국사론』, 고즈원, 2005, 60쪽; 안천, 『황실은 살아있다(상)』, 인간사랑, 1994, 56~57쪽.
66) 안천, 『황실은 살아있다(상)』, 인간사랑, 1994, 49쪽.
67) 정동주, 「아들 왕위 오르자 부친묘 근처에 보덕사 지어: 대원위대감의 생각 하(下)」, 『서울신문』, 2004년 3월 20일, 22면; 김용구, 『세계관 충돌과 한말 외교사, 1866~1882』, 문학과지성사, 2001, 128쪽; 이광린, 『한국사강좌 5:근대편』, 일조각, 1997, 42쪽.
68) 송병기, 『한국, 미국과의 첫만남: 대미개국사론』, 고즈원, 2005, 60쪽.
69) 김호일, 『다시 쓴 한국 개항 전후사』, 중앙대학교 출판부, 2004, 41쪽.
70) 김용구, 『세계관 충돌과 한말 외교사, 1866~1882』, 문학과지성사, 2001, 125~126쪽.
71) 신복룡, 『이방인이 본 조선 다시읽기』, 풀빛, 2002, 53쪽.
72) 신복룡, 『이방인이 본 조선 다시읽기』, 풀빛, 2002, 55쪽.
73) 안천, 『황실은 살아있다(상)』, 인간사랑, 1994, 68쪽.
74) 김삼웅, 『녹두 전봉준 평전』, 시대의창, 2007, 23~24쪽.
75) 고성훈 외, 『민란의 시대: 조선시대의 민란과 변란들』, 가람기획, 2000, 229쪽.
76) 이이화, 『한국사 이야기 17: 조선의 문을 두드리는 세계 열강』, 한길사, 2003, 180쪽.

77) 신복룡, 『동학사상과 갑오농민혁명』, 평민사, 1985, 80쪽.
78) 송병기, 『한국, 미국과의 첫만남: 대미개국사론』, 고즈윈, 2005, 103~104쪽.
79) 백성현·이한우, 『파란 눈에 비친 하얀 조선』, 새날, 1999, 332쪽.
80) 유병선, 「여적/수 깃발」, 『경향신문』, 2007년 5월 8일, 30면.
81) 유병선, 「여적/수 깃발」, 『경향신문』, 2007년 5월 8일, 30면.
82) 이규태, 『한국인의 의식구조 1: 한국인은 누구인가?』, 신원문화사, 1983, 253~254쪽; 이규태, 『한국인의 의식구조 2: 한국인의 동질성이란?』, 신원문화사, 1983, 329쪽.
83) 김원모, 『근대 한미관계사: 한미전쟁편』, 철학과현실사, 1992, 473~474쪽.
84) 송병기, 『한국, 미국과의 첫만남: 대미개국사론』, 고즈윈, 2005, 64쪽; 신복룡, 『한국정치사』, 박영사, 1991, 295쪽.
85) 송병기, 『한국, 미국과의 첫만남: 대미개국사론』, 고즈윈, 2005, 66쪽.
86) 김원모, 『근대 한미관계사: 한미전쟁편』, 철학과현실사, 1992, 513쪽.
87) 윤재민, 「개화파의 문학사상」, 한국근현대사회연구회, 『한국근대 개화사상과 개화운동』, 신서원, 1998, 262~263쪽; 송병기, 『한국, 미국과의 첫만남: 대미개국사론』, 고즈윈, 2005, 72~73쪽.
88) 송병기, 『한국, 미국과의 첫만남: 대미개국사론』, 고즈윈, 2005, 73쪽.
89) 최영창, 「조선말 '개화론' 어제부터 나왔나: "선구자로 알려진 박규수는 초창기 척사론 입장에 가까워"」, 『문화일보』, 2005년 1월 25일, 27면.
90) 손제민, 「외신기자 눈에 비친 근현대사: 60여명 취재기 '한국의 목격자들' 출간」, 『경향신문』, 2006년 6월 5일, 21면.
91) 최인진, 『한국사진사 1631~1945』, 눈빛, 1999, 431쪽.
92) 신복룡, 『이방인이 본 조선 다시읽기』, 풀빛, 2002, 63~65쪽.
93) 신복룡, 『이방인이 본 조선 다시읽기』, 풀빛, 2002, 65쪽.
94) 김원모, 『근대 한미관계사: 한미전쟁편』, 철학과현실사, 1992, 389쪽.
95) 김원모, 『근대 한미관계사: 한미전쟁편』, 철학과현실사, 1992, 428쪽.
96) 오미환, 「"신미양요때 장수 깃발 돌려달라"」, 『한국일보』, 2007년 5월 7일, 2면.
97) 신형준, 「신미양요때 빼앗긴 '사 깃발' 돌아올까?」, 『조선일보』, 2007년 5월 7일, A3면.

제4장

1) 최문형, 『명성황후 시해의 진실을 밝힌다』, 지식산업사, 2006, 70쪽; 길윤형, 「공화국 시대 황실의 비극」, 『한겨레21』, 2006년 8월 29일, 34~36면.
2) 김태웅, 『뿌리깊은 한국사 샘이깊은 이야기 6: 근대』, 솔, 2003, 22쪽.
3) 이상익, 『서구의 충격과 근대 한국사상』, 한울아카데미, 1997, 136~137쪽.
4) 유초하, 『한국사상사의 인식』, 한길사, 1994, 255쪽.
5) 강재언, 이규수 옮김, 『서양과 조선: 그 이문화 격투의 역사』, 학고재, 1998, 219쪽.

6) 오영섭, 『화서학파의 사상과 민족운동』, 국학자료원, 1999, 13쪽.
7) 박민영, 『대한제국기 의병연구』, 한울아카데미, 1998, 31~32쪽.
8) 정옥자, 「면암 최익현〈1833~1906〉(새로 쓰는 선비론:21)」, 『동아일보』, 1998년 3월 6일, 30면.
9) 이이화, 『한국사 이야기 17: 조선의 문을 두드리는 세계 열강』, 한길사, 2003, 191쪽.
10) 이이화, 『한국사 이야기 17: 조선의 문을 두드리는 세계 열강』, 한길사, 2003, 194~195쪽.
11) 이태진, 「역사 소설 속의 명성황후 이미지: 정비석의 역사소설 『민비』의 경우」, 『한국사 시민강좌』, 제41집, 일조각, 2007, 117~118쪽.
12) 정옥자, 「면암 최익현〈1833~1906〉(새로 쓰는 선비론:21)」, 『동아일보』, 1998년 3월 6일, 30면.
13) 유초하, 『한국사상사의 인식』, 한길사, 1994, 255쪽.
14) 유초하, 『한국사상사의 인식』, 한길사, 1994, 256쪽.
15) 유초하, 『한국사상사의 인식』, 한길사, 1994, 266~272쪽.
16) 한홍구, 『대한민국사: 단군에서 김두한까지』, 한겨레신문사, 2003, 298쪽.
17) 강범석, 「역사비평 기획시리즈: 조선 개화파 논의: #1 임오군란과 갑신정변, 근대화 가능성 보이다」, 『교수신문』, 2007년 5월 14일.
18) 송병기, 『한국, 미국과의 첫만남: 대미개국사론』, 고즈윈, 2005, 142쪽.
19) 이덕주, 『조선은 왜 일본의 식민지가 되었는가』, 에디터, 2004, 90쪽.
20) 송정환, 『러시아의 조선침략사』, 범우사, 1990, 43쪽.
21) 송병기, 『한국, 미국과의 첫만남: 대미개국사론』, 고즈윈, 2005, 142쪽.
22) 연갑수, 「개항기 권력집단의 정세인식과 정책」, 한국역사연구회, 『1894년 농민전쟁연구 3: 농민전쟁의 정치사상적 배경』, 역사비평사, 1991, 97쪽; 제임스 버나드 팔레, 이훈상 역, 『전통한국의 정치와 정책』, 신원문화사, 1993, 304~329쪽.
23) 제임스 버나드 팔레, 이훈상 역, 『전통한국의 정치와 정책』, 신원문화사, 1993, 330쪽.
24) 이광린, 『한국사강좌 5:근대편』, 일조각, 1997, 63~64쪽.
25) 서영희, 「명성황후 연구」, 『역사비평』, 통권57호(2001년 겨울), 113쪽; 연갑수, 「개항기 권력집단의 정세인식과 정책」, 한국역사연구회, 『1894년 농민전쟁연구 3: 농민전쟁의 정치사상적 배경』, 역사비평사, 1991, 98쪽.
26) 한영우, 『명성황후와 대한제국』, 효형출판, 2001, 29쪽; 연갑수, 「개항기 권력집단의 정세인식과 정책」, 한국역사연구회, 『1894년 농민전쟁연구 3: 농민전쟁의 정치사상적 배경』, 역사비평사, 1991, 99쪽; 이광린, 『한국사강좌 5:근대편』, 일조각, 1997, 62쪽.
27) 서영희, 「명성황후 연구」, 『역사비평』, 통권57호(2001년 겨울), 117~118쪽.
28) 강상규, 「고종의 대외인식과 외교정책」, 『한국사 시민강좌』, 제19집, 일조각, 1996, 206~207쪽.
29) 제임스 버나드 팔레, 이훈상 역, 『전통한국의 정치와 정책』, 신원문화사, 1993, 103~104쪽.
30) 이규태, 『한국인의 생활문화 2: 전통 생활문화의 새발견』, 신원문화사, 2000, 146쪽.
31) 표영삼, 『동학 2: 해월의 고난 역정』, 통나무, 2004, 376쪽.
32) 신용하, 「신용하교수가 보는『갑신정변』/ 신용하교수(개혁풍운아김옥균:15 · 끝)」, 『한국일

보』, 1994년 3월 2일, 11면.
33) 김태웅, 『뿌리깊은 한국사 샘이깊은 이야기 6: 근대』, 솔, 2003, 29쪽.
34) 김용구, 『세계관 충돌과 한말 외교사, 1866~1882』, 문학과지성사, 2001, 187쪽; 이광린, 『한국사강좌 5:근대편』, 일조각, 1997, 57쪽; 윤학준, 『양반 동네 소동기』, 효리, 2000, 146쪽.
35) 사카이야 다이치, 김순호 옮김, 『조직의 성쇠: 무엇이 기업의 운명을 결정하는가?』, 위즈덤하우스, 2002, 35~37쪽.
36) 버트란드 러셀, 송은경 옮김, 『게으름에 대한 찬양』, 사회평론, 1997, 155~156쪽.
37) 김태웅, 『뿌리깊은 한국사 샘이깊은 이야기 6: 근대』, 솔, 2003, 34쪽.
38) 이원순·정재정 편저, 『일본 역사교과서, 무엇이 문제인가: 올바른 역사 인식을 위한 비판과 제언』, 동방미디어, 2002, 198쪽.
39) 이태진, 『고종시대의 재조명』, 태학사, 2000, 154~155, 161쪽.
40) G. W. 길모어, 신복룡 역주, 『서울풍물지: 한말 외국인 기록 17』, 집문당, 1999, 18쪽.
41) 김용구, 『세계관 충돌과 한말 외교사, 1866~1882』, 문학과지성사, 2001, 184쪽; 김삼웅, 『일제는 조선을 얼마나 망쳤을까』, 사람과사람, 1998, 15쪽.
42) 변태섭, 『한국사통론』, 삼영사, 1998, 378쪽; 이진희·강재언, 김익한·김동명 옮김, 『한일교류사: 새로운 이웃나라 관계를 구축하기 위하여』, 학고재, 1998, 166쪽.
43) 야마베 겐타로, 안병무 역, 『한일합병사』, 범우사, 1991, 47쪽.
44) 박은봉, 『개정판 한국사 100장면』, 실천문학사, 1997, 268쪽.
45) 김기철, 「1876년 조선 강제개항 빌미됐던 "운양호 사건 일제가 조작했다": 서울대 이태진교수 일(日)함장 최초보고서 발견」, 『조선일보』, 2003년 1월 14일, A21면.
46) 이광린, 『한국사강좌 5:근대편』, 일조각, 1997, 73쪽.
47) 정성희, 『한권으로 보는 한국사 101장면』, 가람기획, 1997, 242쪽; 정운현, 「친일의 군상 (6) '친일파 1호' 김인승」, 『서울신문』, 1998년 9월 14일, 6면.
48) 정운현, 「친일의 군상 (6) '친일파 1호' 김인승」, 『서울신문』, 1998년 9월 14일, 6면.
49) 안영배, 「1899년 대한제국과 1999년 대한민국/ '어설픈 근대화론이 조선 망쳤고, 서툰 세계화가 국난 불렀다'」, 『신동아』, 1999년 3월, 528~545쪽; 박성수, 「무지한 외교가 나라를 망치노니: 임진왜란·강화도조약·을사조약·신을사조약」, 『신동아』, 1997년 8월, 546~547쪽.
50) 이태진, 「한국 근대의 수구·개화 구분과 일본 침략주의」, 『한국사 시민강좌』, 제33집, 일조각, 2003, 73~74쪽.
51) 김호일, 『다시 쓴 한국 개항 전후사』, 중앙대학교 출판부, 2004, 122쪽.
52) 강재언, 이규수 옮김, 『서양과 조선: 그 이문화 격투의 역사』, 학고재, 1998, 250쪽.
53) 안영배, 「1899년 대한제국과 1999년 대한민국/ '어설픈 근대화론이 조선 망쳤고, 서툰 세계화가 국난 불렀다'」, 『신동아』, 1999년 3월, 528~545쪽.
54) 김정기, 「임오년에 다시 보는 120년 전의 '임오군란'」, 『역사비평』, 통권60호(2002년 가을), 325~326쪽.
55) 권오영, 『조선 후기 유림의 사상과 활동』, 돌베개, 2003, 389쪽.

56) 강재언, 『한국근대사』, 한울, 1990, 36~37쪽; 이덕주, 『조선은 왜 일본의 식민지가 되었는가』, 에디터, 2004, 73쪽; 정옥자, 「면암 최익현〈1833~1906〉(새로 쓰는 선비론:21)」, 『동아일보』, 1998년 3월 6일, 30면.
57) 정운현, 「친일의 군상 ⑥ '친일파 1호' 김인승」, 『서울신문』, 1998년 9월 14일, 6면.
58) 정운현, 「친일의 군상 ⑥ '친일파 1호' 김인승」, 『서울신문』, 1998년 9월 14일, 6면.
59) 「우리의 근대는 어제부터인가?」, 허동현·박노자, 『우리 역사 최전선: 박노자·허동현 교수의 한국 근대 100년 논쟁』, 푸른역사, 2003, 10쪽.
60) 김창순 외, 「학술토론/ 한국근현대사 연구의 현황과 방향」, 한국근현대사연구회 편, 『한국근현대사연구』, 제1집, 한울, 1995, 173~174쪽.
61) 김창순 외, 「학술토론/ 한국근현대사 연구의 현황과 방향」, 한국근현대사연구회 편, 『한국근현대사연구』, 제1집, 한울, 1995, 175쪽.
62) 김창순 외, 「학술토론/한국근현대사 연구의 현황과 방향」, 한국근현대사연구회 편, 『한국근현대사연구』, 제1집, 한울, 1995, 177쪽.
63) 김호일, 『다시 쓴 한국 개항 전후사』, 중앙대학교 출판부, 2004, 115~116쪽.
64) 최인진, 『한국사진사 1631~1945』, 눈빛, 1999, 72~73쪽; 진용옥, 『봉화에서 텔레파시통신까지: 정보와 통신의 원형을 찾아서』, 지성사, 1996, 246쪽.
65) 이이화, 『한국사 이야기 17: 조선의 문을 두드리는 세계 열강』, 한길사, 2003, 234쪽.
66) 김용구, 『세계관 충돌과 한말 외교사, 1866~1882』, 문학과지성사, 2001, 216쪽.
67) 김용구, 『세계관 충돌과 한말 외교사, 1866~1882』, 문학과지성사, 2001, 221쪽.
68) 신국주, 「갑오내정개혁에 관한 재평가: 일본이 결정한 내정간섭사건이었다」, 한국정치외교사학회 편, 『한국 근대정치사의 쟁점』, 집문당, 1995, 107쪽.
69) 김삼웅, 『친일정치 100년사』, 동풍, 1995, 36쪽.
70) 안영배, 「1899년 대한제국과 1999년 대한민국/ '어설픈 근대화론이 조선 망쳤고, 서툰 세계화가 국난 불렀다'」, 『신동아』, 1999년 3월, 528~545쪽.
71) 이이화, 「쌀과 제국주의」, 역사문제연구소 엮음, 『사회사로 보는 우리역사의 7가지 풍경』, 역사비평사, 1999, 367쪽; 박은봉, 『개정판 한국사 100장면』, 실천문학사, 1997, 303쪽; 정성희, 『한권으로 보는 한국사 101장면』, 가람기획, 1997, 251쪽.
72) 야마베 겐타로, 안병무 역, 『한일합병사』, 범우사, 1991, 63~64쪽.
73) 김윤희·이욱·홍준화, 『조선의 최후』, 다른세상, 2004, 219~226쪽; 이이화, 『이이화의 역사 풍속 기행』, 역사비평사, 1999, 147쪽; 이이화, 「성냥과 석유를 처음 쓰던 시절」, 역사문제연구소 엮음, 『사회사로 보는 우리 역사의 7가지 풍경』, 역사비평사, 1999, 308쪽.
74) 이이화, 『이이화의 역사 풍속 기행』, 역사비평사, 1999, 148~149쪽.
75) 전완길, 「화장문화」, 전완길 외, 『한국생활문화 100년 1894~1994』, 장원, 1995, 56쪽.
76) 「화장」, 『조선일보』, 1968년 7월 7일, 4면.
77) 한상권, 「조선후기 세도가문의 축재와 농민항쟁」, 『한국사 시민강좌』, 제22집, 일조각, 1998, 87~88쪽.

78) 한상권,「조선후기 세도가문의 축재와 농민항쟁」,『한국사 시민강좌』, 제22집, 일조각, 1998, 98쪽.
79) 황상익,「한말 서양의학의 도입과 민중의 반응」,『역사비평』, 통권44호(1998년 가을), 279쪽.
80) 김명진,「우리나라의 의학 발전과 보건 의료 체계」, 국사편찬위원회 편,『근현대과학기술과 삶의 변화』, 두산동아, 2005, 302쪽.
81) 손세일,「[연재] 손세일의 비교 전기/한국 민족주의의 두 유형: 이승만과 김구」,『월간조선』, 2001년 8월호; 황상익,「한말 서양의학의 도입과 민중의 반응」,『역사비평』, 통권44호(1998년 가을), 275쪽.
82) 민경배,『알렌의 선교와 근대한미외교』, 연세대학교 출판부, 1991, 162쪽.
83) 김명진,「우리나라의 의학 발전과 보건 의료 체계」, 국사편찬위원회 편,『근현대과학기술과 삶의 변화』, 두산동아, 2005, 302쪽; 이광린,『개화기의 인물』, 연세대학교 출판부, 1993, 168쪽.
84) 손세일,「연재: 손세일의 비교 전기/ 한국 민족주의의 두 유형: 이승만과 김구」,『월간조선』, 2001년 8월호; 로버트 올리버, 황정일 옮김,『이승만: 신화에 가린 인물』, 건국대학교 출판부, 2002, 25~28쪽.
85) 김구, 도진순 주해,『백범일지』, 돌베개, 2002, 24쪽.
86) 신동원,「오랑캐, 왜구보다 더 무서웠던 역병」, 한국역사연구회,『조선시대 사람들은 어떻게 살았을까 2: 정치·문화생활 이야기』, 청년사, 2005, 156쪽.
87) 박윤재,「파리를 잡아오세요」, 한국역사연구회,『우리는 지난 100년 동안 어떻게 살았을까 1』, 역사비평사, 1998, 33~34쪽; 이승원,『학교의 탄생: 100년전 학교의 풍경으로 본 근대의 일상』, 휴머니스트, 2005, 136쪽.
88) 전택부,『양화진 선교사 열전』, 홍성사, 2005, 45~46쪽.
89) 조동일,『한국문학통사 4: 중세에서 근대로의 이행기문학 제2기, 1860~1918년』, 지식산업사, 2005, 50쪽; 이은직, 정홍준 옮김,『인물로 보는 한국사』, 일빛, 2003, 270쪽.
90) 조동일,『한국문학통사 4: 중세에서 근대로의 이행기문학 제2기, 1860~1918년』, 지식산업사, 2005, 61쪽.
91) 정출헌,「신재효의 판소리를 재론한다」,『역사비평』, 계간25호(1994년 여름), 322~324쪽; 하일식,『연표와 사진으로 보는 한국사』, 일빛, 1998, 207쪽.
92) 이은직, 정홍준 옮김,『인물로 보는 한국사』, 일빛, 2003, 276~277쪽.
93) 조동일,『한국문학통사 4: 중세에서 근대로의 이행기문학 제2기, 1860~1918년』, 지식산업사, 2005, 90~91쪽; 하일식,『연표와 사진으로 보는 한국사』, 일빛, 1998, 197~198쪽.
94) 백대웅,『전통음악의 랑그와 빠롤』, 통나무, 2003, 246~249쪽.
95) 프레데릭 블레스텍스, 이향·김정연 옮김,『착한 미개인 동양의 현자』, 청년사, 2001, 108쪽.
96) 김진우,「"'유럽시각의 한국관 팽배 우리만의 가치관 창조를': '왜곡된 한국…' 펴낸 이지은 교수」,『경향신문』, 2006년 12월 2일, K1면.
97) 이지은,『왜곡된 한국 외로운 한국: 300년 동안 유럽이 본 한국』, 책세상, 2006, 19쪽.

98) 신복룡, 『동학사상과 갑오농민혁명』, 평민사, 1985, 48~49쪽.
99) 신복룡, 『동학사상과 갑오농민혁명』, 평민사, 1985, 48쪽.

제5장

1) 송병기, 『한국, 미국과의 첫만남: 대미개국사론』, 고즈윈, 2005, 77~78쪽.
2) 신용하, 『갑오개혁과 독립협회운동의 사회사』, 서울대학교 출판부, 2001, 179쪽.
3) 박명규, 「개화파와 도막파의 사회경제적 배경과 근대 지향성에 관한 비교 연구」, 한국사회사연구회, 『한말 일제하의 사회사상과 사회운동』, 문학과지성사, 1994, 15쪽.
4) 손형부, 『박규수의 개화사상연구』, 일조각, 1997, 47쪽.
5) 「구한말의 변혁 세력, 개화파」, 허동현·박노자, 『우리 역사 최전선: 박노자·허동현 교수의 한국 근대 100년 논쟁』, 푸른역사, 2003, 118쪽; 역사학연구소, 『강좌 한국근현대사』, 풀빛, 1995, 39쪽.
6) 서사봉, 「10대초 율곡사상 몰두 "혁명의 싹"(개혁 풍운아 김옥균:14)」, 『한국일보』, 1994년 2월 22일, 11면.
7) 신복룡, 「신복룡교수의 한국사 새로보기 (16) 김옥균의 생애: 김옥균은 실패한 이상주의자」, 『동아일보』, 2001년 7월 21일, A14면; 문일평, 정해렴 편역, 『호남사론사화선집』, 현대실학사, 1996, 225쪽.
8) 서영희, 「명성황후 재평가」, 『역사비평』, 통권60호(2002년 가을), 332쪽.
9) 강재언, 『신편 한국근대사 연구』, 한울, 1995, 89쪽.
10) 강재언, 『한국의 근대사상』, 한길사, 1985, 60~61쪽; 송두율, 『민족은 사라지지 않는다』, 한겨레신문사, 2000, 36~37쪽에서 재인용.
11) 서영희, 「명성황후 재평가」, 『역사비평』, 통권60호(2002년 가을), 332쪽.
12) 주진오, 「역사비평 기획시리즈:조선 개화파 논의⟨2⟩: '시대' 고려한 개화파에 대한 연구를」, 『교수신문』, 2007년 5월 28일.
13) 서영희, 「명성황후 재평가」, 『역사비평』, 통권60호(2002년 가을), 333쪽.
14) 이선민, 「개화파 4인·민영익 '동지에서 적으로'」, 『조선일보』, 2004년 3월 5일, A9면.
15) 김용옥, 『독기학설: 최한기의 삶과 생각』, 통나무, 1990, 59~60쪽.
16) 김태수, 『꽃가치 피어 매혹케 하라: 신문광고로 본 근대의 풍경』, 황소자리, 2005, 62쪽.
17) 강재언, 이규수 옮김, 『서양과 조선: 그 이문화 격투의 역사』, 학고재, 1998, 207쪽.
18) 강재언, 이규수 옮김, 『서양과 조선: 그 이문화 격투의 역사』, 학고재, 1998, 207쪽.
19) 권오영, 「최한기 '기측체의': 새 문명에 대한 갈망, 조선을 흔들다」, 『조선일보』, 2007년 3월 31일, D7면.
20) 금장태, 「혜강 최한기⟨1803~1877⟩(새로 쓰는 선비론:18)」, 『동아일보』, 1998년 2월 13일, 30면.
21) 이광표, 「'혜강'의 학문세계/실용주의적 세계관 중시/물리학 '파동' 개념 첫 소개/ 지구전

요' 선 알파벳 등장」, 『동아일보』, 1998년 2월 13일, 30면.
22) 배우성, 「'대동여지도'는 어떻게 만들어졌을까」, 한국역사연구회, 『조선시대 사람들은 어떻게 살았을까 2: 정치・문화생활 이야기』, 청년사, 2005, 144~155쪽; 신규호, 『한국역사인물사전』, 석필, 1998, 118쪽.
23) 김용헌, 「책 1000권 쓴 최한기를 아시나요(『운화와 근대』 서평)」, 『동아일보』, 2003년 9월 27일, B5면.
24) 박희병, 『운화와 근대: 최한기 사상에 대한 음미』, 돌베개, 2003, 189쪽.
25) 조운찬, 「"최한기는 기학(氣學) 통해 세계화 예견": 혜강 탄생 200돌 첫 국제학술대회 여는 임형택원장」, 『경향신문』, 2003년 11월 21일, S6면.
26) 신용하, 『갑오개혁과 독립협회운동의 사회사』, 서울대학교 출판부, 2001, 166~171쪽.
27) 신용하, 『초기 개화사상과 갑신정변연구』, 지식산업사, 2000, 40~41쪽.
28) 신용하, 『갑오개혁과 독립협회운동의 사회사』, 서울대학교 출판부, 2001, 260쪽.
29) 이광린, 『개화기의 인물』, 연세대학교 출판부, 1993, 96쪽.
30) 이규태, 『한국인의 의식구조 2: 한국인의 동질성이란?』, 신원문화사, 1983, 352쪽.
31) 김경택, 「한말 중인층의 개화활동과 친일개화론: 오세창의 활동을 중심으로」, 『역사비평』, 계간21호(1993년 여름), 252쪽.
32) 신동준, 「한국사 인물탐험/ 갑신정변의 주역에서 일본의 귀족된 박영효: '양반 타파'를 외친 철종의 사위 고종 제거-대통령을 꿈꾸다!」, 『월간조선』, 2007년 7월, 496쪽.
33) 권재현, 「"개화사상가 유대치는 양반 출신"」, 『동아일보』, 2007년 1월 9일, A21면.
34) 이정식, 『구한말의 개혁・독립투사 서재필』, 서울대학교 출판부, 2003, 16쪽; 안종묵, 「황성신문의 애국계몽운동에 관한 연구」, 한국외국어대학교 박사학위 논문, 1997년 8월, 66쪽.
35) 임혜봉, 「불교계의 친일인맥」, 『역사비평』, 계간22호(1993년 가을), 81쪽.
36) 김용구, 『세계관 충돌과 한말 외교사, 1866~1882』, 문학과지성사, 2001, 267쪽.
37) 신동준, 「한국사 인물탐험/ 자주적 개화론자 김옥균: '아시아의 프랑스'를 꿈꾼 풍운아 일본의 조선 침탈 야욕에 농락당하다!」, 『월간조선』, 2007년 5월, 493~494쪽.
38) 신동준, 「한국사 인물탐험/ 자주적 개화론자 김옥균: '아시아의 프랑스'를 꿈꾼 풍운아 일본의 조선 침탈 야욕에 농락당하다!」, 『월간조선』, 2007년 5월, 494쪽.
39) 신동준, 「한국사 인물탐험/ 자주적 개화론자 김옥균: '아시아의 프랑스'를 꿈꾼 풍운아 일본의 조선 침탈 야욕에 농락당하다!」, 『월간조선』, 2007년 5월, 493~494쪽.
40) 손세일, 「연재: 손세일의 비교 전기/ 한국 민족주의의 두 유형: 이승만과 김구」, 『월간조선』, 2002년 5월호.
41) 손세일, 「연재: 손세일의 비교 전기/ 한국 민족주의의 두 유형: 이승만과 김구」, 『월간조선』, 2002년 5월호.
42) 주진오, 「기존 개화파 용어에 대한 비판과 대안」, 『역사비평』, 통권73호(2005년 겨울), 23쪽.
43) 김문용, 「동도서기론의 논리와 전개」, 한국근현대사회연구회, 『한국근대 개화사상과 개화운동』, 신서원, 1998, 205쪽; 홍성욱, 「'동도서기론'의 한계」, 『뉴스위크 한국판』, 2004년 12월

22일, 16면.
44) 이광린, 『한국개화사상연구』, 일조각, 1995, 88쪽.
45) 「위정척사운동과 구한말의 상황」, 허동현·박노자, 『우리 역사 최전선: 박노자·허동현 교수의 한국 근대 100년 논쟁』, 푸른역사, 2003, 74쪽.
46) 이상익, 「인권과 경제적 생활양식에 대한 '이견': 조선 개화파 논의」, 『교수신문』, 2007년 4월 30일, 6면.
47) 강재언, 하우봉 옮김, 『선비의 나라 한국유학 2천년』, 한길사, 2003, 437~438쪽.
48) 김용삼, 「인터뷰/조선시대 문과 급제자 1만4600명 분석한 송준호교수: "전쟁이 없었기 때문에 지배 엘리트는 공리공론에서 헤어나지 못했다"」, 『월간조선』, 2000년 12월, 506~517쪽.
49) 조흥윤, 『한국문화론』, 동문선, 2001, 32~33쪽.
50) 김대중, 『김대중 옥중서신: 민족의 한을 안고』, 청사, 1984, 93쪽.
51) 이상익, 「역사비평 기획시리즈:조선 개화파 논의 반론: #2 '패도적' 중화주의와 '왕도적' 중화주의 구별부터」, 『교수신문』, 2007년 5월 21일.
52) 김영환, 「역사비평 기획시리즈:조선 개화파 논의 반론: #1 유학의 중화주의에 대한 자각, 철학·문학 연구에 필수」, 『교수신문』, 2007년 5월 21일.
53) 최영창, 「"갑신정변은 사조(思潮)갈등이 도화선: 상명대 주진오교수, 개화파내분설 반박」, 『문화일보』, 1997년 4월 22일, 17면.
54) 주진오, 「기존 개화파 용어에 대한 비판과 대안」, 『역사비평』, 통권73호(2005년 겨울), 25쪽.
55) 이상익, 『서구의 충격과 근대 한국사상』, 한울아카데미, 1997, 323쪽.
56) 강만길, 『분단시대의 역사인식: 강만길 사론집』, 창작과비평사, 1978, 92~93쪽.
57) 한승동, 「왜 뜬금없이 '개화—쇄국' 대립론인가」, 『한겨레』, 2007년 1월 12일, 책·지성 섹션, 25면.
58) 홍성욱, 「'동도서기론'의 한계」, 『뉴스위크 한국판』, 2004년 12월 22일, 16면.

제6장

1) 박은숙, 『갑신정변연구: 조선의 근대적 개혁구상과 민중의 인식』, 역사비평사, 2005, 447쪽.
2) 김용구, 『세계관 충돌과 한말 외교사, 1866~1882』, 문학과지성사, 2001, 274쪽.
3) 임종국, 반민족연구소 엮음, 『실록 친일파』, 돌베개, 1996, 24~25쪽.
4) 박진희, 「과학기술, 우리의 일상을 바꾸어 놓다」, 국사편찬위원회 편, 『근현대과학기술과 삶의 변화』, 두산동아, 2005, 289쪽.
5) 최인진, 『한국사진사 1631~1945』, 눈빛, 1999, 85쪽.
6) 백성현·이한우, 『파란 눈에 비친 하얀 조선』, 새날, 1999, 118~119쪽.
7) 이이화, 「성냥과 석유를 처음 쓰던 시절」, 역사문제연구소 엮음, 『사회사로 보는 우리 역사의 7가지 풍경』, 역사비평사, 1999, 306쪽.
8) 이사벨라 버드 비숍, 이인화 옮김, 『한국과 그 이웃 나라들』, 살림, 1994, 199쪽.

9) 서영희, 「명성황후 재평가」, 『역사비평』, 통권60호(2002년 가을), 334쪽.
10) 서영희, 「명성황후 재평가」, 『역사비평』, 통권60호(2002년 가을), 334쪽; 임혜봉, 『한권으로 보는 불교사 100장면』, 가람기획, 1994, 275쪽.
11) 임종국, 반민족연구소 엮음, 『실록 친일파』, 돌베개, 1996, 24~25쪽; 임혜봉, 「불교계의 친일인맥」, 『역사비평』, 계간22호(1993년 가을), 82쪽; 이광린, 「개화승 이동인」, 『개화당연구』, 일조각, 1997, 93~110쪽.
12) 정일성, 『후쿠자와 유키치: 탈아론을 어떻게 펼쳤는가』, 지식산업사, 2001, 66쪽.
13) 서영희, 「명성황후 재평가」, 『역사비평』, 통권60호(2002년 가을), 333~334쪽; 신동준, 「한국사 인물탐험/ 갑신정변의 주역에서 일본의 귀족된 박영효: '양반 타파'를 외친 철종의 사위 고종 제거-대통령을 꿈꾸다!」, 『월간조선』, 2007년 7월, 496쪽.
14) 장인성, 「유럽을 목표로 '인민의 기풍'을 가져라: 21세기와 고전: 4. 아시아의 시련과 도전 ① 후쿠자와 유키치 '문명론의 개략'」, 『조선일보』, 2007년 5월 26일.
15) 한상일, 『일본 지식인과 한국: 한국관의 원형과 변형』, 오름, 2000, 13쪽; 정명환, 「문명과 국가주의: 후쿠자와 유키치 '문명론의 개략'」, 『조선일보』, 2000년 10월 7일, 38면; 정일성, 『후쿠자와 유키치: 탈아론을 어떻게 펼쳤는가』, 지식산업사, 2001, 234쪽.
16) 한상일, 『일본 지식인과 한국: 한국관의 원형과 변형』, 오름, 2000, 52쪽.
17) 이정식, 『구한말의 개혁·독립투사 서재필』, 서울대학교 출판부, 2003, 30쪽.
18) 정명환, 「문명과 국가주의: 후쿠자와 유키치 '문명론의 개략'」, 『조선일보』, 2000년 10월 7일, 38면.
19) 윤건차, 하종문·이애숙 옮김, 『일본 그 국가·민족·국민』, 일월서각, 1997, 101쪽.
20) 최덕수, 「후쿠자와 유키치」, 『역사비평』, 계간39호(1997년 겨울), 355~356쪽.
21) 한승동, 「신식민주의 완결판 '한-미 FTA'」, 『한겨레』, 2007년 4월 20일, 책·지성섹션 21면.
22) 정명환, 「문명과 국가주의: 후쿠자와 유키치 '문명론의 개략'」, 『조선일보』, 2000년 10월 7일, 38면.
23) 이승환, 「황색 피부, 하얀 가면: 철학의 식민화」, 역사문제연구소 엮음, 『전통과 서구의 충돌: '한국적 근대성'은 어떻게 형성되었는가』, 역사비평사, 2001, 150쪽.
24) 박홍규, 「후쿠자와와 우치무라」, 『경향신문』, 2007년 7월 13일.
25) 정일성, 『후쿠자와 유키치: 탈아론을 어떻게 펼쳤는가』, 지식산업사, 2001, 46~47쪽.
26) 정일성, 『후쿠자와 유키치: 탈아론을 어떻게 펼쳤는가』, 지식산업사, 2001, 46~51쪽.
27) 양현혜, 「재일대한기독교회의 역사와 상황」, 이인하, 양현혜 엮어옮김, 『기류민의 신학: 일본인들이 말하는 "재일 조선인"의 사회와 역사적 맥락에서』, 대한기독교서회, 1998, 214쪽.
28) 양현혜, 「재일대한기독교회의 역사와 상황」, 이인하, 양현혜 엮어옮김, 『기류민의 신학: 일본인들이 말하는 "재일 조선인"의 사회와 역사적 맥락에서』, 대한기독교서회, 1998, 217쪽.
29) 이기백, 「반도적 성격론 비판」, 『한국사 시민강좌』, 제1집, 일조각, 1987, 1~19쪽.
30) 한승동, 「FTA는 제2의 '조선책략'?」, 『한겨레21』, 2007년 3월 27일, 160면; 안영배, 「1899년 대한제국과 1999년 대한민국/ 어설픈 근대화론이 조선 망쳤고, 서툰 세계화가 국난 불렀

다'」, 『신동아』, 1999년 3월, 528~545쪽.
31) 전재성 외, 「19C서 배우는 21C 국난 해법③ 외세 활용 어떻게 할 것인가: 미 · 일 · 중 모두 품는 '복합 외교' 펴라」, 『주간조선』, 2003년 6월 26일, 72~75면; 한승동, 「FTA는 제2의 '조선책략'?」, 『한겨레21』, 2007년 3월 27일, 160면.
32) 안영배, 「1899년 대한제국과 1999년 대한민국/ '어설픈 근대화론이 조선 망쳤고, 서툰 세계화가 국난 불렀다'」, 『신동아』, 1999년 3월, 528~545쪽; 이광린, 『한국개화사상연구』, 일조각, 1995, 214~216쪽.
33) 송병기, 『한국, 미국과의 첫만남: 대미개국사론』, 고즈윈, 2005, 197~198쪽.
34) 안영배, 「1899년 대한제국과 1999년 대한민국/ '어설픈 근대화론이 조선 망쳤고, 서툰 세계화가 국난 불렀다'」, 『신동아』, 1999년 3월, 528~545쪽; 송병기, 『한국, 미국과의 첫만남: 대미개국사론』, 고즈윈, 2005, 199쪽.
35) 김호일, 『다시 쓴 한국 개항 전후사』, 중앙대학교 출판부, 2004, 140쪽; 안영배, 「1899년 대한제국과 1999년 대한민국/ 어설픈 근대화론이 조선 망쳤고, 서툰 세계화가 국난 불렀다'」, 『신동아』, 1999년 3월, 528~545쪽.
36) 송병기, 『한국, 미국과의 첫만남: 대미개국사론』, 고즈윈, 2005, 200쪽.
37) 권오영, 『조선 후기 유림의 사상과 활동』, 돌베개, 2003, 434쪽.
38) 김용구, 『세계관 충돌과 한말 외교사, 1866~1882』, 문학과지성사, 2001, 291~292쪽.
39) 안영배, 「1899년 대한제국과 1999년 대한민국/ 어설픈 근대화론이 조선 망쳤고, 서툰 세계화가 국난 불렀다'」, 『신동아』, 1999년 3월, 528~545쪽; 김용구, 『세계관 충돌과 한말 외교사, 1866~1882』, 문학과지성사, 2001, 292~293쪽.
40) 강재언, 『신편 한국근대사 연구』, 한울, 1995, 82쪽.
41) 한영우, 『명성황후와 대한제국』, 효형출판, 2001, 30~31쪽.
42) 송병기, 『한국, 미국과의 첫만남: 대미개국사론』, 고즈윈, 2005, 207~209쪽.
43) 이재호, 「120년 전의 친중—결일—연미」, 『동아일보』, 2007년 3월 17일, 38면.
44) 한승동, 「FTA는 제2의 '조선책략'?」, 『한겨레21』, 2007년 3월 27일, 160면.
45) 구선희, 「개화파의 대외인식과 그 변화」, 한국근현대사회연구회, 『한국근대 개화사상과 개화운동』, 신서원, 1998, 151쪽.
46) 서영희, 「명성황후 재평가」, 『역사비평』, 통권60호(2002년 가을), 334쪽.
47) 송병기, 『한국, 미국과의 첫만남: 대미개국사론』, 고즈윈, 2005, 192~193쪽; 강재언, 『신편 한국근대사 연구』, 한울, 1995, 77쪽.
48) 강재언, 『신편 한국근대사 연구』, 한울, 1995, 80쪽.
49) 이현희, 『한국개화백년사』, 한국학술정보, 2004, 75쪽.
50) 임혜봉, 『한권으로 보는 불교사 100장면』, 가람기획, 1994, 273쪽.
51) 김호일, 『다시 쓴 한국 개항 전후사』, 중앙대학교 출판부, 2004, 128~130쪽.
52) 이이화, 「신사유람단은 1881년 일본시찰단으로」, 『역사비평』, 통권73호(2005년 겨울), 21쪽.
53) 한홍구, 『대한민국사: 단군에서 김두한까지』, 한겨레신문사, 2003, 263쪽.

54) 김영희, 「생성기 한국 근대언론사상의 형성」, 『언론학보』, 한양대 언론문화연구소, 제14집, 1994, 114면; 이광린, 『개화기의 인물』, 연세대학교 출판부, 1993, 44쪽.
55) 정진석, 『인물 한국언론사: 한국언론을 움직인 사람들』, 나남, 1995, 37쪽.
56) 후쿠자와 유키치, 허호 옮김, 『후쿠자와 유키치 자서전』, 이산, 2006, 350~351쪽.
57) 최덕수, 「후쿠자와 유키치」, 『역사비평』, 계간39호(1997년 겨울), 358쪽.
58) 이광린, 『개화기의 인물』, 연세대학교 출판부, 1993, 45쪽.
59) 강범석, 『잃어버린 혁명 갑신정변 연구』, 솔, 2006, 269쪽.
60) 이종호, 『김옥균: 신이 사랑한 혁명가』, 일지사, 2002, 32~35쪽; 김원모, 『한미수교사: 조선보빙사의 미국사행편(1883)』, 철학과현실사, 1999, 326쪽.
61) 박노자, 『우승열패의 신화』, 한겨레신문사, 2005, 209, 216~217쪽.

제7장

1) 김정기, 「1882년 조미수호통상조약과 이권침탈」, 『역사비평』, 계간17호(1992년 여름), 20~21쪽.
2) 이정식, 『대한민국의 기원』, 일조각, 2006, 29쪽.
3) 김정기, 「1882년 조미수호통상조약과 이권침탈」, 『역사비평』, 계간17호(1992년 여름), 22쪽.
4) 신복룡, 『한국정치사』, 박영사, 1991, 299쪽; 안영배, 「1899년 대한제국과 1999년 대한민국/ 어설픈 근대화론이 조선 망쳤고, 서툰 세계화가 국난 불렀다'」, 『신동아』, 1999년 3월, 528~545쪽.
5) 장양환, 「[책갈피 속의 오늘]1882년 조미수호통상조약 체결」, 『동아일보』, 2007년 5월 22일자.
6) 김정기, 「1882년 조미수호통상조약과 이권침탈」, 『역사비평』, 계간17호(1992년 여름), 22~23쪽.
7) 안영배, 「1899년 대한제국과 1999년 대한민국/ '어설픈 근대화론이 조선 망쳤고, 서툰 세계화가 국난 불렀다'」, 『신동아』, 1999년 3월, 528~545쪽.
8) 하원호, 『한국근대경제사연구』, 신서원, 1997, 17쪽.
9) 김정기, 「1882년 조미수호통상조약과 이권침탈」, 『역사비평』, 계간17호(1992년 여름), 32쪽.
10) 김정기, 「1882년 조미수호통상조약과 이권침탈」, 『역사비평』, 계간17호(1992년 여름), 23쪽.
11) 허영란, 「일제시기 상업의 근대성과 식민지성」, 『역사비평』, 계간25호(1994년 여름), 209쪽.
12) 조현범, 『문명과 야만: 타자의 시선으로 본 19세기 조선』, 책세상, 2002, 123, 177쪽; 정성화, 「W. 그리피스, 『은자의 나라 한국』: 그리피스의 한국관을 중심으로」, 연세대학교 현대한국학연구소 편, 『해외한국학평론』, 창간호(2000년 봄), 11~42쪽.
13) 이태진, 『고종시대의 재조명』, 태학사, 2000, 136~137쪽.
14) 이태진, 『고종시대의 재조명』, 태학사, 2000, 135쪽.
15) 이태진, 『고종시대의 재조명』, 태학사, 2000, 163쪽.
16) 강재언, 이규수 옮김, 『서양과 조선: 그 이문화 격투의 역사』, 학고재, 1998, 254쪽.

17) 주진오, 「미국제국주의의 조선침략과 친미파」, 『역사비평』, 계간3호(1988년 겨울), 64쪽.
18) 송호근, 「우리, 살아 남을까?」, 『중앙일보』, 2006년 8월 1일, 35면.
19) 배영대, 「조미수호통상조약과 한미FTA, 무엇이 달라졌나」, 『중앙일보』, 2007년 4월 3일, 18면.
20) 대한축구협회 홈페이지.
21) 이규태, 「경평 대항 축구」, 『조선일보』, 1990년 9월 21일, 5면.
22) 주강현, 『레드 신드롬과 히딩크 신화』, 중앙M&B, 2002, 159쪽.
23) 이은호, 『축구의 문화사』, 살림, 2004, 5쪽.
24) 윤경헌·최창신, 『국기(國技) 축구 그 찬란한 아침: 이야기 한국체육사 3』, 국민체육진흥공단, 1997, 20~21쪽.
25) 윤경헌·최창신, 『국기(國技) 축구 그 찬란한 아침: 이야기 한국체육사 3』, 국민체육진흥공단, 1997, 20~21쪽.
26) 김성원, 『한국 축구 발전사』, 살림, 2006, 3쪽.
27) 김성원, 『한국 축구 발전사』, 살림, 2006, 3쪽.
28) 박진용, 「축구협, 韓·英해군 구한말 축구 재현행사」, 『한국일보』, 2004년 6월 18일, 43면.
29) 김정기, 「임오년에 다시 보는 120년 전의 '임오군란'」, 『역사비평』, 통권60호(2002년 가을), 313쪽.
30) 박성수, 「임오군란/ 풍악 탐닉 왕비… 배곯은 오영군 궐기(비록 남가몽:3)」, 『서울신문』, 1998년 3월 11일, 11면.
31) 배항섭, 『조선후기 민중운동과 동학농민전쟁의 발발』, 경인문화사, 2002, 29~31쪽.
32) 김양식, 『새야 새야 파랑새야: 근대의 여명을 밝힌 '동학농민전쟁'』, 서해문집, 2005, 30~34쪽; 송찬섭, 『농민이 난(亂)을 생각하다: 1890년 한말 함창 고을의 농민항쟁을 찾아서』, 서해문집, 2004, 15쪽.
33) 김양식, 『근대한국의 사회변동과 농민전쟁』, 신서원, 1996, 89쪽.
34) 김양식, 『새야 새야 파랑새야: 근대의 여명을 밝힌 '동학농민전쟁'』, 서해문집, 2005, 33쪽.
35) 이규태, 『한국인의 의식구조 2: 한국인의 동질성이란?』, 신원문화사, 1983, 343~344쪽.
36) 박성수, 「임오군란/ 풍악 탐닉 왕비… 배곯은 오영군 궐기(비록 남가몽:3)」, 『서울신문』, 1998년 3월 11일, 11면.
37) 김정기, 「임오년에 다시 보는 120년 전의 '임오군란'」, 『역사비평』, 통권60호(2002년 가을), 315쪽; 박성수, 『이야기 독립운동사: 121 가지 사건으로 보는 한국근대사』, 교문사, 1996, 27쪽.
38) 이광린, 『한국사강좌 5:근대편』, 일조각, 1997, 146~147쪽.
39) 박은숙, 『갑신정변연구: 조선의 근대적 개혁구상과 민중의 인식』, 역사비평사, 2005, 450쪽.
40) 신주백, 「'병합' 전 일본군의 조선주둔」, 『역사비평』, 통권54호(2001년 봄), 405쪽.
41) 강성학, 『시베리아 횡단열차와 사무라이: 러일전쟁의 외교와 군사전략』, 고려대학교 출판부, 1999, 119쪽.
42) 김정기, 「임오년에 다시 보는 120년 전의 '임오군란'」, 『역사비평』, 통권60호(2002년 가을),

316쪽.
43) 배항섭, 「개항기(1876~1894) 민중들의 일본에 대한 인식과 대응」, 『역사비평』, 계간27호 (1994년 겨울), 225쪽.
44) 김정기, 「임오년에 다시 보는 120년 전의 '임오군란'」, 『역사비평』, 통권60호(2002년 가을), 318쪽.
45) 김정기, 「임오년에 다시 보는 120년 전의 '임오군란'」, 『역사비평』, 통권60호(2002년 가을), 320쪽.
46) 김호일, 『다시 쓴 한국 개항 전후사』, 중앙대학교 출판부, 2004, 145쪽.
47) 이정식, 『구한말의 개혁·독립투사 서재필』, 서울대학교 출판부, 2003, 22쪽.
48) 김정기, 「임오년에 다시 보는 120년 전의 '임오군란'」, 『역사비평』, 통권60호(2002년 가을), 322쪽.
49) 김정기, 「임오년에 다시 보는 120년 전의 '임오군란'」, 『역사비평』, 통권60호(2002년 가을), 323쪽.
50) 박성수, 「격동의 대한제국 이면사 비록 남가몽 (4): 명성황후 피란 일화」, 『서울신문』, 1998년 3월 25일, 11면.
51) 서영희, 「명성황후 연구」, 『역사비평』, 통권57호(2001년 겨울), 113쪽.
52) 김정기, 「청의 원세개 파견과 조선군사정책」, 『역사비평』, 통권54호(2001년 봄), 395쪽.
53) 김정기, 「임오년에 다시 보는 120년 전의 '임오군란'」, 『역사비평』, 통권60호(2002년 가을), 324쪽.
54) 김양식, 『근대한국의 사회변동과 농민전쟁』, 신서원, 1996, 68쪽.
55) 이태진, 『고종시대의 재조명』, 태학사, 2000, 192쪽.
56) 서영희, 「일제의 폭력과 수탈 잊었는가」, 이태진·김재호 외, 『고종황제 역사청문회』, 푸른역사, 2005, 159쪽.
57) 「대면논쟁」, 이태진·김재호 외, 『고종황제 역사청문회』, 푸른역사, 2005, 238쪽.
58) 「대면논쟁」, 이태진·김재호 외, 『고종황제 역사청문회』, 푸른역사, 2005, 238~239쪽.
59) 신주백, 「'병합' 전 일본군의 조선주둔」, 『역사비평』, 통권54호(2001년 봄), 406쪽.
60) 정용화, 『문명의 정치사상: 유길준과 근대 한국』, 문학과지성사, 2004, 167쪽.
61) 김정기, 「임오년에 다시 보는 120년 전의 '임오군란'」, 『역사비평』, 통권60호(2002년 가을), 326쪽.
62) 강만길 외, 『한국노동운동사 1: 근대 노동자계급의 형성과 노동운동 조선후기~1919』, 지식마당, 2004, 84쪽.
63) 김정기, 「자본주의 열강의 이권침탈 연구: 19세기말 20세기초 미·일·러·청의 이권침략 총정리」, 『역사비평』, 계간11호(1990년 겨울), 94~95쪽; 박은숙, 「갑신정변연구: 조선의 근대적 개혁구상과 민중의 인식」, 역사비평사, 2005, 476쪽; 이규태, 「한국인의 의식구조 2: 한국인의 동질성이란?」, 신원문화사, 1983, 223쪽.
64) 유승주, 「개항전후 지식인들의 산업관에 대한 일고찰」, 서암 조항래교수화갑기념논총간행

위원회, 『한국사학논총』, 아세아문화사, 1992, 456~457쪽.
65) 김성우, 「개화파의 경제사상과 경제정책」, 한국근현대사회연구회, 『한국근대 개화사상과 개화운동』, 신서원, 1998, 141쪽.
66) 변태섭, 『한국사통론』, 삼영사, 1998, 387~388쪽.
67) 주진오, 「기존 개화파 용어에 대한 비판과 대안」, 『역사비평』, 통권73호(2005년 겨울), 26쪽.
68) 주진오, 「역사비평 기획시리즈:조선 개화파 논의⟨2⟩: '시대' 고려한 개화파에 대한 연구를」, 『교수신문』, 2007년 5월 28일.
69) 신복룡, 『한국의 정치사상가: 전기정치학을 위한 시론』, 집문당, 1999, 119~212쪽.
70) 신동준, 「한국사 인물탐험/ 갑신정변의 주역에서 일본의 귀족된 박영효: '양반 타파'를 외친 철종의 사위 고종 제거-대통령을 꿈꾸다!」, 『월간조선』, 2007년 7월, 497쪽.
71) 박은숙, 「갑신정변연구: 조선의 근대적 개혁구상과 민중의 인식」, 역사비평사, 2005, 61쪽; 신동준, 「한국사 인물탐험/ 갑신정변의 주역에서 일본의 귀족된 박영효: '양반 타파'를 외친 철종의 사위 고종 제거-대통령을 꿈꾸다!」, 『월간조선』, 2007년 7월, 499쪽; 이종호, 『김옥균: 신이 사랑한 혁명가』, 일지사, 2002, 47~48쪽.
72) 박성수, 「격동의 대한제국 이면사 비록 남가몽 (4): 명성황후 피란 일화」, 『서울신문』, 1998년 3월 25일, 11면.
73) 김수진, 「[新한국교회사] (10) 일본에서의 이수정의 활동」, 『국민일보』, 2001년 3월 28일, 21면; 백낙준, 『한국개신교사 1832~1910』, 연세대학교 출판부, 1973, 91~95쪽.
74) 조재곤, 『한국 근대사회와 보부상』, 혜안, 2001, 111쪽.
75) 이욱, 「보부상과 혜상공국・황국협회」, 국사편찬위원회 편, 『거상, 전국 상권을 장악하다』, 두산동아, 2005, 79쪽.
76) 이욱, 「보부상과 혜상공국・황국협회」, 국사편찬위원회 편, 『거상, 전국 상권을 장악하다』, 두산동아, 2005, 80쪽.
77) 이방원, 「급변하는 먹거리 문화」, 이배용 외, 『우리나라 여성들은 어떻게 살았을까 2: 개화기부터 해방기까지』, 청년사, 1999, 108~109쪽; 허우이제, 장지용 옮김, 『원세개』, 지호, 2003), 19쪽; 임인택, 「자장면 100년 오늘도 700만이 비빈다」, 『한겨레』, 2005년 10월 6일, 25면; 조운찬・한대광, 「자장면 원조 '공화춘' 문화재됐다」, 『경향신문』, 2006년 3월 3일, 9면.
78) 윤희일, 「명성황후 '잃어버린 51일' 찾았다: 1882년 임오군란 '피란일기'」, 『경향신문』, 2006년 7월 1일, 10면.
79) 김정기, 「청의 원세개 파견과 조선 군사정책」, 『역사비평』, 통권54호(2001년 봄), 395쪽.
80) 김재엽, 『100년전 한국사: 개항에서 한일합방까지』, 살림, 2006, 118~120쪽.
81) 「용산공원의 첫발을 정치연설로 내딛다니(사설)」, 『조선일보』, 2006년 8월 25일, A31면.
82) 김정형, 「역사속의오늘: 고종, 1883년 태극기를 국기로 제정・선포」, 『조선일보』, 2003년 3월 6일, C5면.
83) 한홍구, 『대한민국사: 단군에서 김두한까지』, 한겨레신문사, 2003, 51쪽.
84) 이태진, 『고종시대의 재조명』, 태학사, 2000, 238쪽.

85) 한홍구, 『대한민국사: 단군에서 김두한까지』, 한겨레신문사, 2003, 51~53쪽.
86) 김정형, 「역사속의오늘: 고종, 1883년 태극기를 국기로 제정·선포」, 『조선일보』, 2003년 3월 6일, C5면.
87) 이광표, 「최초 태극기 원본 발견」, 『동아일보』, 1998년 1월 18일, 1, 4면.
88) 조덕현, 「태극기 원형 밝힌 문헌 발견: 청나라 외교문서 모은 책서 고려국기로 표기」, 『서울신문』, 1998년 2월 17일, 22면.
89) 김병철, 「현존최고 추정 태극기 찾았다」, 『국민일보』, 2001년 4월 6일, 1~2면.
90) 송평인, 「제2의 '최고 태극기' 찾았다」, 『동아일보』, 2001년 4월 6일, A29면.
91) 김기철, 「태극기 국내 공식게양 첫기록 발굴: "1884년 우정국 구내에"… 일본인 여행기 '조선경성기담' 서」, 『조선일보』, 2003년 4월 24일, A18면.

제8장
1) 김정기, 「1882년 조미수호통상조약과 이권침탈」, 『역사비평』, 계간17호(1992년 여름), 29쪽.
2) 장인성, 『장소의 국제정치사상: 동아시아 질서변동기의 요코이 쇼난과 김윤식』, 서울대학교 출판부, 2002, 100~102쪽.
3) 이정식, 『초대 대통령 이승만의 청년시절』, 동아일보사, 2002, 241쪽; 허동현, 「수출할 수 있는 것은 소가죽·쌀·머리털·전복껍데기뿐: 사회모습 어땠나」, 『조선일보』, 2004년 3월 19일, A25면.
4) 유영렬, 『개화기의 윤치호연구』, 한길사, 1985, 273~274쪽.
5) 김명배, 문은경 엮음, 『개화기의 영어 이야기』, 국제영어대학원대학교 출판부, 2006, 45~47쪽; 유영렬, 『개화기의 윤치호연구』, 한길사, 1985, 273~274쪽; 전봉관, 『럭키경성: 근대조선을 들썩인 투기 열풍과 노블레스 오블리주』, 살림, 2007, 306~307쪽.
6) 김명배, 문은경 엮음, 『개화기의 영어 이야기』, 국제영어대학원대학교 출판부, 2006, 71~77쪽; 박광희, 「들뜬 김옥균 영어 한마디… "아차 실수"」, 『한국일보』, 2007년 5월 12일, 18면; 유석재, 「상투 튼 '잉글리시 티처'를 아십니까?」, 『조선일보』, 2007년 5월 12일, D1면.
7) 이광린, 『개화당연구』, 일조각, 1997, 52쪽.
8) 김인숙, 「무너져가는 나라가 기댈 것은 미래뿐… 고종, 학교설립 흔쾌히 허락: 광혜원·배재학당 등 설립… 민간의 근대화 움직임」, 『조선일보』, 2004년 4월 9일, A26면.
9) 김태익, 「최초의 대미사절 보빙사(유길준과 개화의 꿈 4)」, 『조선일보』, 1994년 11월 14일, 7면.
10) 김태익, 「최초의 대미사절 보빙사(유길준과 개화의 꿈 4)」, 『조선일보』, 1994년 11월 14일, 7면.
11) 김태익, 「최초의 대미사절 보빙사(유길준과 개화의 꿈 4)」, 『조선일보』, 1994년 11월 14일, 7면; 김정기, 「1882년 조미수호통상조약과 이권침탈」, 『역사비평』, 계간17호(1992년 여름), 29쪽.
12) 전봉관, 『럭키경성: 근대조선을 들썩인 투기 열풍과 노블레스 오블리주』, 살림, 2007, 307쪽.
13) 김태익, 「최초의 대미사절 보빙사(유길준과 개화의 꿈 4)」, 『조선일보』, 1994년 11월 14일, 7면; 이광린, 『개화당연구』, 일조각, 1997, 52쪽.

14) 김태익, 「'유길준과 개화의 꿈' (2) 유길준과 모스교수」, 『조선일보』, 1994년 11월 10일, 7면.
15) 김태익, 「'유길준과 개화의 꿈' (2) 유길준과 모스교수」, 『조선일보』, 1994년 11월 10일, 7면.
16) 김태익, 「'유길준과 개화의 꿈' (2) 유길준과 모스교수」, 『조선일보』, 1994년 11월 10일, 7면.
17) 김태익, 「유학생활(유길준과 개화의 꿈 3)」, 『조선일보』, 1994년 11월 11일, 8면.
18) 김태익, 「'유길준과 개화의 꿈' (2) 유길준과 모스교수」, 『조선일보』, 1994년 11월 10일, 7면.
19) 유길준, 허경진 옮김, 『서유견문』, 서해문집, 2004, 22쪽; 김태익, 「'유길준과 개화의 꿈' (2) 유길준과 모스교수」, 『조선일보』, 1994년 11월 10일, 7면.
20) J. K. 갤브레이스, 지길홍 옮김, 『불확실성의 시대』, 홍신문화사, 1995, 48쪽; 쿠로타 신이치로, 「문화 진화론」, 아야베 쓰네오, 이종원 옮김, 『문화를 보는 열다섯 이론』, 인간사랑, 1987, 6~7쪽.
21) 고종석, 『코드 훔치기: 한 저널리스트의 21세기 산책』, 마음산책, 2000, 53~54쪽.
22) 박지향, 『제국주의: 신화와 현실』, 서울대학교 출판부, 2000, 76~78쪽.
23) 이경원, 「미국학과 미국경제」, 김형인 외, 『미국학』, 살림, 2003, 207쪽; J. K. 갤브레이스, 지길홍 옮김, 『불확실성의 시대』, 홍신문화사, 1995, 49~50쪽.
24) J. K. 갤브레이스, 지길홍 옮김, 『불확실성의 시대』, 홍신문화사, 1995, 51쪽.
25) 김병곤, 「사회진화론의 발생과 전개」, 『역사비평』, 계간32호(1996년 봄), 311쪽.
26) 박찬승, 「한말·일제시기 사회진화론의 성격과 영향」, 『역사비평』, 계간32호(1996년 봄), 343쪽.
27) 윤건차, 「일본의 사회진화론과 그 영향」, 『역사비평』, 계간32호(1996년 봄), 314쪽.
28) 박노자, 『우승열패의 신화』, 한겨레신문사, 2005, 229~230쪽.
29) 정용화, 『문명의 정치사상: 유길준과 근대 한국』, 문학과지성사, 2004, 126~127쪽.
30) 전복희, 『사회진화론과 국가사상: 구한말을 중심으로』, 한울아카데미, 1996, 193~194쪽.
31) 정용화, 『문명의 정치사상: 유길준과 근대 한국』, 문학과지성사, 2004, 134~135쪽.
32) 이명화, 『도산 안창호의 독립운동과 통일노선』, 경인문화사, 2002, 22쪽.
33) 마루야마 마사오·가토 슈이치, 임성모 옮김, 『번역과 일본의 근대』, 이산, 2000, 151쪽.
34) 강재언, 정창렬 역, 『한국의 개화사상』, 비봉출판사, 1989, 283쪽; 허동현, 「수출할 수 있는 것은 소가죽·쌀·머리털·전복껍데기뿐: 사회모습 어땠나」, 『조선일보』, 2004년 3월 19일, A25면.
35) 김태웅, 『뿌리깊은 한국사 샘이깊은 이야기 6: 근대』, 솔, 2003, 135쪽; 하일식, 『연표와 사진으로 보는 한국사』, 일빛, 1998, 205쪽.
36) 강만길, 『고쳐쓴 한국근대사』, 창작과비평사, 1994, 287~288쪽.
37) 신용하, 『초기 개화사상과 갑신정변연구』, 지식산업사, 2000, 175쪽; 신용하, 『한국근대사와 사회변동』, 문학과지성사, 1980, 55쪽.
38) 이만열, 『한국기독교와 민족의식: 한국기독교사연구논고』, 지식산업사, 1991, 464쪽.
39) 김인숙, 「무너져가는 나라가 기댈 것은 미래뿐… 고종, 학교설립 흔쾌히 허락: 광혜원·배재학당 등 설립… 민간의 근대화 움직임」, 『조선일보』, 2004년 4월 9일, A26면.

40) 박은숙, 『갑신정변연구: 조선의 근대적 개혁구상과 민중의 인식』, 역사비평사, 2005, 62쪽.
41) 이정식, 『구한말의 개혁·독립투사 서재필』, 서울대학교 출판부, 2003, 211쪽.
42) 이광린, 『개화기의 인물』, 연세대학교 출판부, 1993, 109~110쪽.
43) 이광린, 『개화기의 인물』, 연세대학교 출판부, 1993, 114~115쪽.
44) 이노우에 가쿠고로, 「한성지잔몽」, 한상일 역·해설, 『서울에 남겨둔 꿈: 19세기말 일본인이 본 조선』, 건국대학교 출판부, 1995, 33쪽.
45) 최준, 『한국신문사』, 일조각, 1987, 21쪽.
46) 최준, 『한국신문사』, 일조각, 1987, 20쪽.
47) 김민환, 『개화기 민족지의 사회사상』, 나남, 1988, 97쪽.
48) 정진석, 『한국언론사연구』, 일조각, 1995, 348쪽.
49) 김복수, 「유길준의 개화운동과 근대신문 창간에 미친 영향」, 『한국언론학보』, 제44-4호 (2000년 가을), 16쪽.
50) 최준, 『한국신문사』, 일조각, 1987, 17쪽; 김을한, 『한국신문사화』, 탐구당, 1975, 19쪽.
51) 이광린, 『한국사강좌 5: 근대편』, 일조각, 1997, 235쪽.
52) 정일성, 『후쿠자와 유키치: 탈아론을 어떻게 펼쳤는가』, 지식산업사, 2001, 91쪽.
53) 차배근, 「한국 근대신문의 생성과정과 『독립신문』: 이식설에 관한 몇 가지 의문점을 중심으로」, 『언론과 사회』, 96년 겨울, 19쪽.
54) 윤병철, 「조선조 말 개화세력의 형성과 커뮤니케이션 혁신」, 『한국언론학보』, 제46-1호 (2001년 겨울), 289쪽.
55) 임종국, 반민족문제연구소 엮음, 『실록 친일파』, 돌베개, 1996, 57쪽.
56) 이태진, 『고종시대의 재조명』, 태학사, 2000, 21~22쪽.
57) 정진석, 『한국현대언론사론』, 전예원, 1985, 107쪽.
58) 구선희, 「개화파의 대외인식과 그 변화」, 한국근현대사회연구회, 『한국근대 개화사상과 개화운동』, 신서원, 1998, 146쪽; 최인진, 『한국신문사진사』, 열화당, 1992, 39쪽.
59) 차배근, 「한국 근대신문의 생성과정과 『독립신문』: 이식설에 관한 몇 가지 의문점을 중심으로」, 『언론과 사회』, 96년 겨울, 19쪽.
60) 야마베 겐타로, 안병무 역, 『한일합병사』, 범우사, 1991, 89쪽.
61) 박노자, 『나를 배반한 역사』, 인물과사상사, 2003, 280쪽.
62) 유일상, 「제2장 근대언론의 출현」, 김민남 외, 『새로 쓰는 한국언론사』, 아침, 1993, 77~78쪽.
63) 구선희, 「개화파의 대외인식과 그 변화」, 한국근현대사회연구회, 『한국근대 개화사상과 개화운동』, 신서원, 1998, 146쪽.
64) 박노자, 『나를 배반한 역사』, 인물과사상사, 2003, 234쪽.
65) 구선희, 「개화파의 대외인식과 그 변화」, 한국근현대사회연구회, 『한국근대 개화사상과 개화운동』, 신서원, 1998, 147쪽.
66) 김민남 외, 『새로 쓰는 한국 언론사』, 아침, 1993, 77~79쪽.
67) 구선희, 「개화파의 대외인식과 그 변화」, 한국근현대사회연구회, 『한국근대 개화사상과 개

화운동』, 신서원, 1998, 141쪽.
68) 이완재, 『초기개화사상연구』, 민족문화사, 1989, 137쪽에서 재인용.
69) 김성우, 「개화파의 경제사상과 경제정책」, 한국근현대사회연구회, 『한국근대 개화사상과 개화운동』, 신서원, 1998, 173쪽에서 재인용.
70) 최인진, 『한국사진사 1631~1945』, 눈빛, 1999, 283쪽.
71) 윤병철, 「조선조 말 개화세력의 형성과 커뮤니케이션 혁신」, 『한국언론학보』, 제46-1호(2001년 겨울), 294쪽.
72) 최연진, 「"이메일·휴대폰이 미워"…설 땅 잃어가는 '빨간 우체통'」, 『한국일보』, 2007년 4월 10일, 15면.
73) 박진희, 「서양과학기술과의 만남」, 국사편찬위원회 편, 『근현대과학기술과 삶의 변화』, 두산동아, 2005, 21쪽.
74) 이광린, 『한국사강좌 5:근대편』, 일조각, 1997, 244쪽.
75) 최연진, 「"이메일·휴대폰이 미워"… 설 땅 잃어가는 '빨간 우체통'」, 『한국일보』, 2007년 4월 10일, 15면.
76) 김영주, 「조선왕조 초기 공론과 공론형성과정 연구: 간쟁·공론·공론수렴제도의 개념과 종류, 특성」, 『언론과학연구』, 제2권3호(2002년 12월), 70~110쪽.
77) 손문호, 「언론(言論)과 언관(言官)」, 『전통과 현대』, 1997년 가을, 97쪽; KBS〈TV조선왕조실록〉제작팀, 『전하! 뜻을 거두어주소서』, 가람기획, 1999, 79~83쪽.
78) 이덕일, 「언로(言路)」, 『조선일보』, 2007년 5월 25일.
79) 이덕일, 「언로(言路)」, 『조선일보』, 2007년 5월 25일.
80) 김문식, 「죽음 불사한 조선 유생들의 직언(『조선시대 유생상소와 공론정치』 서평)」, 『동아일보』, 2002년 8월 17일, B5면.
81) 손문호, 「언론(言論)과 언관(言官)」, 『전통과 현대』, 1997년 가을, 102쪽.
82) 유성운, 「10,094명이 서명 '만인소' 보셨나요?」, 『동아일보』, 2007년 6월 27일.
83) 이성무, 『조선의 부정부패 어떻게 막았을까』, 청아출판사, 2000, 21쪽.
84) 이성무, 『조선의 부정부패 어떻게 막았을까』, 청아출판사, 2000, 143~144쪽.
85) 김영주, 「조선왕조 초기 공론과 공론형성과정 연구: 간쟁·공론·공론수렴제도의 개념과 종류, 특성」, 『언론과학연구』, 제2권3호(2002년 12월), 103~104쪽.
86) 김세철·김영재, 『조선시대의 언론문화』, 커뮤니케이션북스, 2000, 49~50쪽; 이상희, 『조선조 사회의 커뮤니케이션 현상연구』, 나남, 1993, 82~101쪽; 구덕회, 「백성들이 정말 신문고를 두드릴 수 있었는가」, 한국역사연구회, 『조선시대 사람들은 어떻게 살았을까 2: 정치·문화생활 이야기』, 청년사, 2005, 118쪽.
87) 김경수, 『'언론'이 조선왕조 500년을 일구었다』, 가람기획, 2000, 59~60쪽.
88) 김경수, 『'언론'이 조선왕조 500년을 일구었다』, 가람기획, 2000, 56~60쪽.
89) 김영주, 「조선조 민간인쇄조보의 몇가지 쟁점」, 『언론학연구』, 부경언론학회, 제3집, (1999년 12월), 267쪽.

90) 채백, 「조선신보에 관한 일연구」, 『신문학보』, 한국언론학회, 제26호, 1991, 345~374쪽.
91) 김경수, 『'언론'이 조선왕조 500년을 일구었다』, 가람기획, 2000.
92) 설석규, 『조선시대 유생 상소의 공론정치』, 선인, 2002, 414쪽.
93) 이성무, 『조선의 부정부패 어떻게 막았을까』, 청아출판사, 2000, 26~32쪽.
94) 구덕회, 「백성들이 정말 신문고를 두드릴 수 있었는가」, 한국역사연구회, 『조선시대 사람들은 어떻게 살았을까 2: 정치·문화생활 이야기』, 청년사, 2005, 119~120쪽.

제9장

1) 최문형, 『한국을 둘러싼 제국주의 열강의 각축』, 지식산업사, 2001, 46쪽.
2) 최문형, 『한국을 둘러싼 제국주의 열강의 각축』, 지식산업사, 2001, 46쪽.
3) 최문형, 『한국을 둘러싼 제국주의 열강의 각축』, 지식산업사, 2001, 48~50쪽.
4) 최문형, 『한국을 둘러싼 제국주의 열강의 각축』, 지식산업사, 2001, 50쪽.
5) 최문형, 『한국을 둘러싼 제국주의 열강의 각축』, 지식산업사, 2001, 269쪽.
6) 이광린, 『한국사강좌 5: 근대편』, 일조각, 1997, 115쪽; 안영배, 「1899년 대한제국과 1999년 대한민국/ '어설픈 근대화론이 조선 망쳤고, 서툰 세계화가 국난 불렀다'」, 『신동아』, 1999년 3월, 528~545쪽.
7) 박노자·허동현, 『열강의 소용돌이에서 살아남기』, 푸른역사, 2005, 112~113쪽; 최문형, 『한국을 둘러싼 제국주의 열강의 각축』, 지식산업사, 2001, 271쪽.
8) 노주석, 「러 외교문서로 밝혀진 구한말 비사 (2) 오락가락하는 대 한반도정책」, 『대한매일』, 2002년 5월 13일, 17면.
9) 이완재, 『초기개화사상연구』, 민족문화사, 1989, 161쪽.
10) 김인숙, 「무너져가는 나라가 기댈 것은 미래뿐… 고종, 학교설립 흔쾌히 허락: 광혜원·배재학당 등 설립… 민간의 근대화 움직임」, 『조선일보』, 2004년 4월 9일, A26면.
11) 서영희, 「명성황후 재평가」, 『역사비평』, 통권60호(2002년 가을), 343쪽.
12) 서영희, 「명성황후 재평가」, 『역사비평』, 통권60호(2002년 가을), 338쪽.
13) 이정식, 『구한말의 개혁·독립투사 서재필』, 서울대학교 출판부, 2003, 41쪽.
14) 이정식, 『구한말의 개혁·독립투사 서재필』, 서울대학교 출판부, 2003, 43쪽.
15) 신복룡, 『동학사상과 갑오농민혁명』, 평민사, 1985, 182~183쪽.
16) F. H. 해링튼, 이광린 역, 『개화기의 한미관계: 알렌박사의 활동을 중심으로』, 일조각, 1973, 47쪽.
17) 민경배, 『알렌의 선교와 근대한미외교』, 연세대학교 출판부, 1991, 66~67쪽.
18) 류대영, 『개화기 조선과 미국 선교사: 제국주의 침략, 개화자강, 그리고 미국 선교사』, 한국기독교역사연구소, 2004, 51쪽.
19) 박용규, 「미국 선교사들, 조선을 가장 선호」, 『주간조선』, 2006년 5월 8일, 76~77면.
20) 정성희, 『한권으로 보는 한국사 101장면』, 가람기획, 1997, 247~248쪽.

21) 정성희,「한권으로 보는 한국사 101장면」, 가람기획, 1997, 248~249쪽; 박은봉,「개정판 한국사 100장면」, 실천문학사, 1997, 291쪽; 이덕주,「한국교회 처음 이야기」, 홍성사, 2006, 66쪽.
22) 김승태,「한국 개신교와 근대 사학」,「역사비평」, 통권70호(2005년 봄), 125쪽; 김수진,「新한국교회사: (11) 일본주재 선교사들의 역할」,「국민일보」, 2001년 4월 4일, 18면; 이선민,「미, 1884년말 북장로회·감리회의 선교사 줄줄이 파견」,「조선일보」, 2004년 4월 9일, A26면.
23) 장석만,「'근대문명'이라는 이름의 개신교」,「역사비평」, 통권46호(1999년 봄), 255~256쪽; 김수진,「新한국교회사: (13) 의료선교사들의 활동」,「국민일보」, 2001년 4월 18일, 18면.
24) 김영재,「한국교회사」, 개혁주의신행협회, 1992, 147쪽.
25) 신용하,「신용하교수가 보는 '갑신정변'」/ 신용하교수(개혁풍운아김옥균:15·끝)」,「한국일보」, 1994년 3월 2일, 11면.
26) 서사봉,「갑신정변 전야(개혁풍운아 김옥균:5)」,「한국일보」, 1993년 12월 21일, 11면.
27) 이선민,「개화파 4인·민영익 '동지에서 적으로'」,「조선일보」, 2004년 3월 5일, A9면.
28) 서사봉,「갑신정변 전야(개혁풍운아 김옥균:5)」,「한국일보」, 1993년 12월 21일, 11면.
29) 신용하,「신용하교수가 보는 '갑신정변'/신용하교수(개혁풍운아김옥균:15·끝)」,「한국일보」, 1994년 3월 2일, 11면.
30) 이덕주,「조선은 왜 일본의 식민지가 되었는가」, 에디터, 2004, 81쪽.
31) 신동준,「한국사 인물탐험/ 자주적 개화론자 김옥균: '아시아의 프랑스'를 꿈꾼 풍운아 일본의 조선 침탈 야욕에 농락당하다!」,「월간조선」, 2007년 5월, 500쪽.
32) 김인숙,「고종, 김옥균이 재촉하자 일(日)공사에 밀지… "짐을 지키라": 군주를 장악하라-갑신정변 둘째날」,「조선일보」, 2004년 3월 12일, A20면.
33) 김인숙,「김옥균 "오늘밤, 수구파 민영익을 못죽이면 내가 죽는다": 우정총국 파티장-갑신정변 첫날」,「조선일보」, 2004년 3월 5일, A8~9면.
34) 김인숙,「고종, 김옥균이 재촉하자 일(日)공사에 밀지… "짐을 지키라": 군주를 장악하라-갑신정변 둘째날」,「조선일보」, 2004년 3월 12일, A20면.
35) 김인숙,「고종, 김옥균이 재촉하자 일(日)공사에 밀지… "짐을 지키라": 군주를 장악하라-갑신정변 둘째날」,「조선일보」, 2004년 3월 12일, A20면.
36) 김인숙,「고종, 김옥균이 재촉하자 일(日)공사에 밀지… "짐을 지키라": 군주를 장악하라-갑신정변 둘째날」,「조선일보」, 2004년 3월 12일, A20면.
37) 신동준,「한국사 인물탐험/ 자주적 개화론자 김옥균: '아시아의 프랑스'를 꿈꾼 풍운아 일본의 조선 침탈 야욕에 농락당하다!」,「월간조선」, 2007년 5월, 501쪽.
38) 박은숙,「갑신정변연구: 조선의 근대적 개혁구상과 민중의 인식」, 역사비평사, 2005, 160쪽.
39) 신용하,「신용하교수가 보는 '갑신정변'/ 신용하교수(개혁풍운아김옥균:15·끝)」,「한국일보」, 1994년 3월 2일, 11면.
40) 박은숙,「갑신정변연구: 조선의 근대적 개혁구상과 민중의 인식」, 역사비평사, 2005, 144쪽.

41) 김용구, 『세계외교사』, 서울대학교 출판부, 2006, 525~526쪽.
42) 전재성 외, 「19C서 배우는 21C 국난 해법③ 외세 활용 어떻게 할 것인가: 미·일·중 모두 품는 '복합 외교' 펴라」, 『주간조선』, 2003년 6월 26일, 72~75면.
43) 김인숙, 「실패한 혁명 뒤엔 민중의 분노만… 나라는 청 손아귀로: 갑신정변 마지막 날-3일 만에 끝난 '친일 쿠데타'」, 『조선일보』, 2004년 3월 19일, A24면.
44) 신주백, 「'병합' 전 일본군의 조선주둔」, 『역사비평』, 통권54호(2001년 봄), 406쪽; 정일성, 『후쿠자와 유키치: 탈아론을 어떻게 펼쳤는가』, 지식산업사, 2001, 139쪽; 박은식, 김도형 역주, 『한국통사』, 계명대학교 출판부, 1997, 77쪽.
45) 박은숙, 『갑신정변연구: 조선의 근대적 개혁구상과 민중의 인식』, 역사비평사, 2005, 495쪽.
46) 박은숙, 『갑신정변연구: 조선의 근대적 개혁구상과 민중의 인식』, 역사비평사, 2005, 527~530쪽.
47) 신복룡, 「신복룡교수의 한국사 새로보기 (16) 김옥균의 생애: 김옥균은 실패한 이상주의자」, 『동아일보』, 2001년 7월 21일, A14면.
48) 서사봉, 「김옥균 인도 거절에 자객파견/ 일본망명:상(개혁풍운아 김옥균:10)」, 『한국일보』, 1994년 1월 25일, 11면.
49) 박은숙, 『갑신정변연구: 조선의 근대적 개혁구상과 민중의 인식』, 역사비평사, 2005, 524~525쪽.
50) 김원모, 『한미수교사: 조선보빙사의 미국사행편(1883)』, 철학과현실사, 1999, 164, 193쪽; 강재언, 『신편 한국근대사 연구』, 한울, 1995, 105쪽; 이오누에 가쿠고로, 「한성지잔몽」, 한상일 역.해설, 『서울에 남겨둔 꿈: 19세기말 일본인이 본 조선』, 건국대학교 출판부, 1995, 56쪽.
51) 윤승아, 「갑신정변때 '일사내위' 고종친서 "일(日)공사가 위조한 가짜": 이태진 서울대교수 논문서 주장」, 『경향신문』, 1997년 10월 22일, 23면; 이태진, 『고종시대의 재조명』, 태학사, 2000, 165~190쪽.
52) 정재왈, 「"고종은 개화 추진한 개혁파"(『고종시대의 재조명』 서평)」, 『중앙일보』, 2000년 8월 9일, 15면; 강근주, 「학술: "고종의 근대화 노력 복권돼야": 『고종시대의 재조명』 펴낸 이태진 교수」, 『뉴스메이커』, 2000년 8월 31일, 44~45면; 이태진, 『고종시대의 재조명』, 태학사, 2000, 189~190쪽.
53) 강범석, 『잃어버린 혁명 갑신정변 연구』, 솔, 2006, 14~15쪽; 신용하, 『갑오개혁과 독립협회운동의 사회사』, 서울대학교 출판부, 2001, 291~292쪽.
54) 유석재, 「"갑신정변 '김옥균 일기'는 일인이 쓴 위작": 강범석 히로시마대 명예교수 주장」, 『조선일보』, 2006년 11월 13일, A2면.
55) 유석재, 「"갑신정변 '김옥균 일기'는 일인이 쓴 위작": 강범석 히로시마대 명예교수 주장」, 『조선일보』, 2006년 11월 13일, A2면.
56) 신동준, 「한국사 인물탐험/ 자주적 개화론자 김옥균: '아시아의 프랑스'를 꿈꾼 풍운아 일본의 조선 침탈 야욕에 농락당하다!」, 『월간조선』, 2007년 5월, 493쪽.

57) 이덕주, 『조선은 왜 일본의 식민지가 되었는가』, 에디터, 2004, 81~83쪽.
58) 이태진, 「한국 근대의 수구·개화 구분과 일본 침략주의」, 『한국사 시민강좌』, 제33집, 일조각, 2003, 59~60쪽.
59) 안영배, 「1899년 대한제국과 1999년 대한민국/ 어설픈 근대화론이 조선 망쳤고, 서툰 세계화가 국난 불렀다'」, 『신동아』, 1999년 3월, 528~545쪽.
60) 신용하, 「신용하교수가 보는「갑신정변」/신용하교수(개혁풍운아김옥균:15·끝)」, 『한국일보』, 1994년 3월 2일, 11면.
61) 이완재, 『초기개화사상연구』, 민족문화사, 1989, 165쪽
62) 이완재, 『초기개화사상연구』, 민족문화사, 1989, 164쪽.
63) 최영, 『근대 한국의 지식인과 그 사상』, 문학과지성사, 1997, 34~35쪽.
64) 오세웅, 『서재필의 개혁운동과 오늘의 과제』, 고려원, 1993, 65쪽.
65) 송우혜, 「"조선 장악의 가장 큰 장애물, 명성황후를 제거하라": 여우사냥-일의 조선 황후 시해작전」, 『조선일보』, 2004년 7월 28일, A18면.
66) 김을한, 『한국신문사화』, 탐구당, 1975, 31~32쪽.
67) 강만길, 『고쳐쓴 한국근대사』, 창작과비평사, 1994, 189쪽.
68) 최영창, 「"갑신정변은 사조(思潮)갈등이 도화선: 상명대 주진오교수, 개화파내분설 반박」, 『문화일보』, 1997년 4월 22일, 17면; 안영배, 「1899년 대한제국과 1999년 대한민국/ '어설픈 근대화론이 조선 망쳤고, 서툰 세계화가 국난 불렀다'」, 『신동아』, 1999년 3월, 528~545쪽.
69) 박은숙, 『갑신정변연구: 조선의 근대적 개혁구상과 민중의 인식』, 역사비평사, 2005, 189, 204쪽.
70) 권재현, 「3일천하 '양반만의 혁명' 아니었다: 새롭게 드러난 '갑신정변'의 진실」, 『동아일보』, 2005년 11월 22일, A22면.
71) 박은숙, 『갑신정변연구: 조선의 근대적 개혁구상과 민중의 인식』, 역사비평사, 2005, 599~600쪽.
72) 한철호, 「[역사비평 기획시리즈] 조선 개화파 논의: #2 개화파 시도는 '민주국가 형성의 귀중한 밑거름'」, 『교수신문』, 2007년 5월 14일자.
73) 허동현·박노자, 『우리 역사 최전선: 박노자·허동현 교수의 한국 근대 100년 논쟁』, 푸른역사, 2003, 145, 151, 153쪽.
74) 한철호, 「[역사비평 기획시리즈] 조선 개화파 논의: #2 개화파 시도는 '민주국가 형성의 귀중한 밑거름'」, 『교수신문』, 2007년 5월 14일자.
75) 서사봉, 「조선근대화 불씨만 남기고…/ 삼일천하:하(개혁풍운아 김옥균:9)」, 『한국일보』, 1994년 1월 18일, 13면; 신동준, 「한국사 인물탐험/ 자주적 개화론자 김옥균: '아시아의 프랑스'를 꿈꾼 풍운아 일본의 조선 침탈 야욕에 농락당하다!」, 『월간조선』, 2007년 5월, 503쪽.
76) 황현, 김종익 옮김, 『번역 오하기문: 황현이 쓴 동학농민전쟁의 역사』, 역사비평사, 1995, 49쪽.

77) 서사봉,「김옥균 인도 거절에 자객파견/ 일본망명:상(개혁풍운아 김옥균:10)」,『한국일보』, 1994년 1월 25일, 11면.
78) 서사봉,「김옥균 인도 거절에 자객파견/ 일본망명:상(개혁풍운아 김옥균:10)」,『한국일보』, 1994년 1월 25일, 11면.
79) 최덕수,「후쿠자와 유키치」,『역사비평』, 계간39호(1997년 겨울), 360~361쪽.
80) 이덕주,『조선은 왜 일본의 식민지가 되었는가』, 에디터, 2004, 87쪽.
81) 정일성,『후쿠자와 유키치: 탈아론을 어떻게 펼쳤는가』, 지식산업사, 2001, 105, 135쪽.
82) 정일성,『후쿠자와 유키치: 탈아론을 어떻게 펼쳤는가』, 지식산업사, 2001, 25쪽.
83) 박노자,『나를 배반한 역사』, 인물과사상사, 2003, 85쪽.
84) 강창일,「일본인 망언의 뿌리」, 한국역사연구회,『우리는 지난 100년 동안 어떻게 살았을까 3』, 역사비평사, 1999, 127~128쪽.
85) 서사봉,「상하이서 '혁명의 꿈' 쓰러지다, 개혁풍운아 김옥균:1)」,『한국일보』, 1993년 11월 23일, 11면.
86) 서사봉,「김옥균 인도 거절에 자객파견/일본망명:상, 개혁풍운아 김옥균:10)」,『한국일보』, 1994년 1월 25일, 11면.
87) 방선주,「한국인의 미국 이주: 그 애환의 역사와 전망」,『한국사 시민강좌』, 제28집, 일조각, 2001, 92쪽.
88) 신동준,「한국사 인물탐험/ 자주적 개화론자 김옥균: '아시아의 프랑스'를 꿈꾼 풍운아 일본의 조선 침탈 야욕에 농락당하다!」,『월간조선』, 2007년 5월, 504쪽.
89) 서사봉,「김옥균 인도 거절에 자객파견/ 일본망명:상(개혁풍운아 김옥균:10)」,『한국일보』, 1994년 1월 25일, 11면; 신동준,「한국사 인물탐험/ 자주적 개화론자 김옥균: '아시아의 프랑스'를 꿈꾼 풍운아 일본의 조선 침탈 야욕에 농락당하다!」,『월간조선』, 2007년 5월, 505쪽; 이종호,『김옥균: 신이 사랑한 혁명가』, 일지사, 2002, 150~163쪽.
90) 권태억 외,『자료모음 근현대 한국탐사』, 역사비평사, 1994, 69~70쪽.
91) 서사봉,「고산유배생활서도 인품"명성"/ 일본망명:중(개혁풍운아 김옥균:11)」,『한국일보』, 1994년 2월 1일, 11면.
92) 서사봉,「일본망명:하(개혁 풍운아 김옥균:12)」,『한국일보』, 1994년 2월 8일, 11면.